독학사 3단계

국어국문학과

국어의미론

SD에듀
(주)시대고시기획

머리말

학위를 얻는 데 시간과 장소는 더 이상 제약이 되지 않습니다. 대입 전형을 거치지 않아도 '학점은행제'를 통해 학사학위를 취득할 수 있기 때문입니다. 그중 독학학위제도는 고등학교 졸업자이거나 이와 동등 이상의 학력을 가지고 있는 사람들에게 효율적인 학점 인정 및 학사학위 취득의 기회를 줍니다.

학습을 통한 개인의 자아실현 도구이자 자신의 실력을 인정받을 수 있는 스펙으로서의 독학사는 짧은 기간 안에 학사학위를 취득할 수 있는 가장 빠른 지름길로 많은 수험생들의 선택을 받고 있습니다.

독학학위취득시험은 1단계 교양과정 인정시험, 2단계 전공기초과정 인정시험, 3단계 전공심화과정 인정시험, 4단계 학위취득 종합시험의 1~4단계 시험으로 이루어집니다. 4단계까지의 과정을 통과한 자에 한해 학사학위 취득이 가능하고, 이는 대학에서 취득한 학위와 동등한 지위를 갖습니다.

이 책은 독학사 시험에 응시하는 수험생들이 단기간에 효과적인 학습을 할 수 있도록 다음과 같이 구성하였습니다.

01 단원 개요
핵심이론을 학습하기에 앞서 각 단원에서 파악해야 할 중점과 학습목표를 정리하여 수록하였습니다.

02 핵심이론
2023년 시험부터 적용되는 개정 평가영역을 철저히 반영하였으며, 시험에 꼭 출제되는 내용을 '핵심이론'으로 선별하여 수록하였습니다.

03 실전예상문제
해당 출제영역에 맞는 핵심포인트를 분석하여 구성한 '실전예상문제'를 수록하였습니다.

04 최종모의고사
최신출제유형을 반영한 '최종모의고사(2회분)'를 통해 자신의 실력을 점검해볼 수 있으며, 실제 시험에 임하듯이 시간을 재고 풀어본다면 시험장에서의 실수를 줄일 수 있을 것입니다.

국어학을 공부하려는 수험생 여러분의 열정과 애정, 그리고 국어의미론을 선택해주심에 깊은 감사를 표합니다. 국어의미론은 자칫 어렵게 느껴질 수 있지만, 어휘론 및 통사론과 깊은 관련을 맺고 있어 실생활에서 가장 많이 활용되는 과목이라고 할 수 있습니다. 본 책은 다양한 예시를 통해 수험생 여러분의 이해를 돕고, 국어의미론의 매력을 알려드릴 수 있도록 노력하였습니다.

편저자 드림

BDES

독학학위제 소개

독학학위제란?

「독학에 의한 학위취득에 관한 법률」에 의거하여 국가에서 시행하는 시험에 합격한 사람에게 학사학위를 수여하는 제도

- ⊘ 고등학교 졸업 이상의 학력을 가진 사람이면 누구나 응시 가능
- ⊘ 대학교를 다니지 않아도 스스로 공부해서 학위취득 가능
- ⊘ 일과 학습의 병행이 가능하여 시간과 비용 최소화
- ⊘ 언제, 어디서나 학습이 가능한 평생학습시대의 자아실현을 위한 제도
- ⊘ 학위취득시험은 4개의 과정(교양, 전공기초, 전공심화, 학위취득 종합시험)으로 이루어져 있으며 각 과정별 시험을 모두 거쳐 학위취득 종합시험에 합격하면 학사학위 취득

독학학위제 전공 분야 (11개 전공)

국어 국문학 | 영어 영문학 | 심리학 | 경영학 | 컴퓨터 공학 | 간호학

법학 | 행정학 | 가정학 | 유아 교육학 | 정보 통신학

※ 유아교육학 및 정보통신학 전공 : 3, 4과정만 개설
  (정보통신학의 경우 3과정은 2025년까지, 4과정은 2026년까지만 응시 가능하며, 이후 폐지)
※ 간호학 전공 : 4과정만 개설
※ 중어중문학, 수학, 농학 전공 : 폐지 전공으로 기존에 해당 전공 학적 보유자에 한하여 응시 가능

※ SD에듀는 현재 4개 학과(심리학과, 경영학과, 컴퓨터공학과, 간호학과) 개설 완료
※ 2개 학과(국어국문학과, 영어영문학과) 개설 진행 중

독학학위제 시험안내

과정별 응시자격

단계	과정	응시자격	과정(과목) 시험 면제 요건
1	교양	고등학교 졸업 이상 학력 소지자	• 대학(교)에서 각 학년 수료 및 일정 학점 취득 • 학점은행제 일정 학점 인정 • 국가기술자격법에 따른 자격 취득 • 교육부령에 따른 각종 시험 합격 • 면제지정기관 이수 등
2	전공기초		
3	전공심화		
4	학위취득	• 1~3과정 합격 및 면제 • 대학에서 동일 전공으로 3년 이상 수료 (3년제의 경우 졸업) 또는 105학점 이상 취득 • 학점은행제 동일 전공 105학점 이상 인정 (전공 28학점 포함) ➔ 22.1.1. 시행 • 외국에서 15년 이상의 학교교육과정 수료	없음(반드시 응시)

응시방법 및 응시료

- 접수방법 : 온라인으로만 가능
- 제출서류 : 응시자격 증빙서류 등 자세한 내용은 홈페이지 참조
- 응시료 : 20,400원

독학학위제 시험 범위

- 시험 과목별 평가영역 범위에서 대학 전공자에게 요구되는 수준으로 출제
- 시험 범위 및 예시문항은 독학학위제 홈페이지(bdes.nile.or.kr) ➔ 학습정보 ➔ 과목별 평가영역에서 확인

문항 수 및 배점

과정	일반 과목			예외 과목		
	객관식	주관식	합계	객관식	주관식	합계
교양, 전공기초 (1~2과정)	40문항×2.5점 =100점	–	40문항 100점	25문항×4점 =100점	–	25문항 100점
전공심화, 학위취득 (3~4과정)	24문항×2.5점 =60점	4문항×10점 =40점	28문항 100점	15문항×4점 =60점	5문항×8점 =40점	20문항 100점

※ 2017년도부터 교양과정 인정시험 및 전공기초과정 인정시험은 객관식 문항으로만 출제

합격 기준

■ 1~3과정(교양, 전공기초, 전공심화) 시험

단계	과정	합격 기준	유의 사항
1	교양	매 과목 60점 이상 득점을 합격으로 하고, 과목 합격 인정(합격 여부만 결정)	5과목 합격
2	전공기초		6과목 이상 합격
3	전공심화		

■ 4과정(학위취득) 시험 : 총점 합격제 또는 과목별 합격제 선택

구분	합격 기준	유의 사항
총점 합격제	• 총점(600점)의 60% 이상 득점(360점) • 과목 낙제 없음	• 6과목 모두 신규 응시 • 기존 합격 과목 불인정
과목별 합격제	• 매 과목 100점 만점으로 하여 전 과목(교양 2, 전공 4) 60점 이상 득점	• 기존 합격 과목 재응시 불가 • 1과목이라도 60점 미만 득점하면 불합격

시험 일정

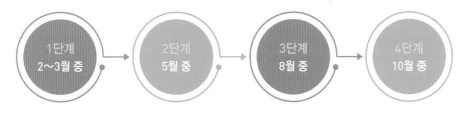

■ 국어국문학과 3단계 시험 과목 및 시간표

구분(교시별)	시간	시험 과목명
1교시	09:00~10:40(100분)	국어음운론, 한국문학사
2교시	11:10~12:50(100분)	문학비평론, 국어정서법
중식 12:50~13:40(50분)		
3교시	14:00~15:40(100분)	구비문학론, 국어의미론
4교시	16:10~17:50(100분)	한국한문학, 고전시가론

※ 시험 일정 및 세부사항은 반드시 독학학위제 홈페이지(bdes.nile.or.kr)를 통해 확인하시기 바랍니다.
※ SD에듀에서 개설되었거나 개설 예정인 과목은 빨간색으로 표시했습니다.

독학학위제 과정

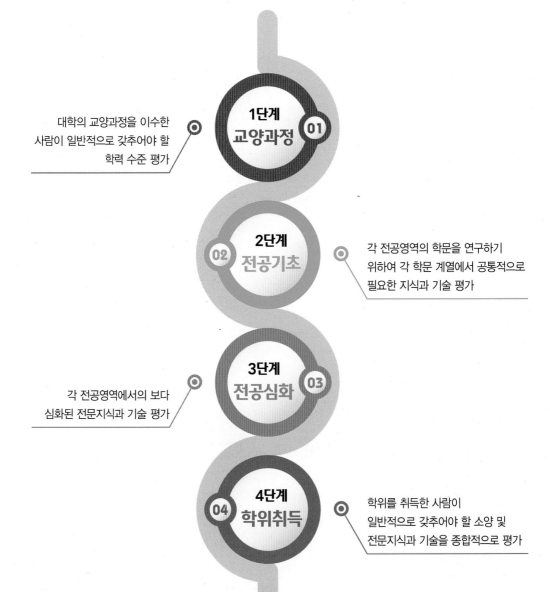

대학의 교양과정을 이수한
사람이 일반적으로 갖추어야 할
학력 수준 평가

1단계
교양과정
01

02
2단계
전공기초

각 전공영역의 학문을 연구하기
위하여 각 학문 계열에서 공통적으로
필요한 지식과 기술 평가

각 전공영역에서의 보다
심화된 전문지식과 기술 평가

3단계
전공심화
03

04
4단계
학위취득

학위를 취득한 사람이
일반적으로 갖추어야 할 소양 및
전문지식과 기술을 종합적으로 평가

DIRECTION

독학학위제 출제방향

국가평생교육진흥원에서 고시한 과목별 평가영역에 준거하여 출제하되, 특정한 영역이나 분야가 지나치게 중시되거나 경시되지 않도록 한다.

교양과정 인정시험 및 전공기초과정 인정시험의 시험방법은 객관식(4지택1형)으로 한다.

단편적 지식의 암기로 풀 수 있는 문항의 출제는 지양하고, 이해력 · 적용력 · 분석력 등 폭넓고 고차원적인 능력을 측정하는 문항을 위주로 한다.

독학자들의 취업 비율이 높은 점을 감안하여, 과목의 특성상 가능한 경우에는 학문적이고 이론적인 문항 뿐만 아니라 실무적인 문항도 출제한다.

교양과정 인정시험(1과정)은 대학 교양교재에서 공통적으로 다루고 있는 기본적이고 핵심적인 내용을 출제 하되, 교양과정 범위를 넘는 전문적이거나 지엽적인 내용의 출제는 지양한다.

이설(異說)이 많은 내용의 출제는 지양하고 보편적이고 정설화된 내용에 근거하여 출제하며, 그럴 수 없는 경우에는 해당 학자의 성명이나 학파를 명시한다.

전공기초과정 인정시험(2과정)은 각 전공영역의 학문을 연구하기 위하여 각 학문 계열에서 공통적으로 필요한 지식과 기술을 평가한다.

전공심화과정 인정시험(3과정)은 각 전공영역에 관하여 보다 심화된 전문적인 지식과 기술을 평가한다.

학위취득 종합시험(4과정)은 시험의 최종 과정으로서 학위를 취득한 자가 일반적으로 갖추어야 할 소양 및 전문지식과 기술을 종합적으로 평가한다.

전공심화과정 인정시험 및 학위취득 종합시험의 시험방법은 객관식(4지택1형)과 주관식(80자 내외의 서술형)으로 하되, 과목의 특성에 따라 다소 융통성 있게 출제한다.

독학학위제 단계별 학습법

1단계 평가영역에 기반을 둔 이론 공부!

독학학위제에서 발표한 평가영역에 기반을 두어 효율적으로 이론 공부를 해야 합니다. 각 장별로 정리된 '핵심이론'을 통해 핵심적인 개념을 파악합니다. 모든 내용을 다 암기하는 것이 아니라, 포괄적으로 이해한 후 핵심내용을 파악하여 이 부분을 확실히 알고 넘어가야 합니다.

2단계 시험경향 및 문제유형 파악!

독학사 시험 문제는 지금까지 출제된 유형에서 크게 벗어나지 않는 범위에서 비슷한 유형으로 줄곧 출제되고 있습니다. 본서에 수록된 이론을 충실히 학습한 후 '실전예상문제'를 풀어 보면서 문제의 유형과 출제의도를 파악하는 데 집중하도록 합니다. 교재에 수록된 문제는 시험 유형의 가장 핵심적인 부분이 반영된 문항들이므로 실제 시험에서 어떠한 유형이 출제되는지에 대한 감을 잡을 수 있을 것입니다.

3단계 '실전예상문제'를 통한 효과적인 대비!

독학사 시험 문제는 비슷한 유형들이 반복되어 출제되므로 다양한 문제를 풀어 보는 것이 필수적입니다. 각 단원의 끝에 수록된 '실전예상문제'를 통해 단원별 내용을 제대로 학습했는지 꼼꼼하게 확인하고, 실력점검을 합니다. 이때 부족한 부분은 따로 체크해 두고 복습할 때 중점적으로 공부하는 것도 좋은 학습 전략입니다.

4단계 복습을 통한 학습 마무리!

이론 공부를 하면서, 혹은 문제를 풀어 보면서 헷갈리고 이해하기 어려운 부분은 따로 체크해 두는 것이 좋습니다. 중요 개념은 반복학습을 통해 놓치지 않고 확실하게 익히고 넘어가야 합니다. 마무리 단계에서는 '최종모의고사'를 통해 실전연습을 할 수 있도록 합니다.

COMMENT

합격수기

저는 학사편입 제도를 이용하기 위해 2~4단계를 순차로 응시했고 한 번에 합격했습니다.
아슬아슬한 점수라서 부끄럽지만 독학사는 자료가 부족해서 부족하나마 후기를 쓰는 것이 도움이 될까 하여
제 합격전략을 정리하여 알려 드립니다.

#1. 교재와 전공서적을 가까이에!

학사학위 취득은 본래 4년을 기본으로 합니다. 독학사는 이를 1년으로 단축하는 것을 목표로 하는 시험이
라 실제 시험도 변별력을 높이는 몇 문제를 제외한다면 기본이 되는 중요한 이론 위주로 출제됩니다. SD
에듀의 독학사 시리즈 역시 이에 맞추어 중요한 내용이 일목요연하게 압축·정리되어 있습니다. 빠르게
훑어보기 좋지만 내가 목표로 한 전공에 대해 자세히 알고 싶다면 전공서적과 함께 공부하는 것이 좋습니
다. 교재와 전공서적을 함께 보면서 교재에 전공서적 내용을 정리하여 단권화하면 시험이 임박했을 때 교
재 한 권으로도 자신 있게 시험을 치를 수 있습니다.

#2. 시간확인은 필수!

쉬운 문제는 금방 넘어가지만 지문이 길거나 어렵고 헷갈리는 문제도 있고, OMR 카드에 마킹까지 해야
하니 실제로 주어진 시간은 더 짧습니다. 1번에 어려운 문제가 있다고 해서 시간을 많이 허비하면 쉽게 풀
수 있는 마지막 문제들을 놓칠 수 있습니다. 문제 푸는 속도도 느려지니 집중력도 떨어집니다. 그래서 어
차피 배점은 같으니 아는 문제를 최대한 많이 맞히는 것을 목표로 했습니다.
① 어려운 문제는 빠르게 넘기면서 문제를 끝까지 다 풀고 ② 확실한 답부터 우선 마킹한 후 ③ 다시 시험
지로 돌아가 건너뛴 문제들을 다시 풀었습니다. 확실히 시간을 재고 문제를 많이 풀어봐야 실전에 도움이
되는 것 같습니다.

#3. 문제풀이의 반복!

여느 시험과 마찬가지로 문제는 많이 풀어볼수록 좋습니다. 이론을 공부한 후 실전예상문제를 풀다보니
부족한 부분이 어딘지 확인할 수 있었고, 공부한 이론이 시험에 어떤 식으로 출제될지 예상할 수 있었습니
다. 그렇게 부족한 부분을 보충해가며 문제유형을 파악하면 이론을 복습할 때도 어떤 부분을 중점적으로
암기해야 할지 알 수 있습니다. 이론 공부가 어느 정도 마무리되었을 때 시계를 준비하고 최종모의고사를
풀었습니다. 실제 시험시간을 생각하면서 예행연습을 하니 시험 당일에는 덜 긴장할 수 있었습니다.

학위취득을 위해 오늘도 열심히 학습하시는 동지 여러분에게도 합격의 영광이 있으시길 기원하면서 이만 줄입니다.

이 책의 구성과 특징

01 단원 개요

핵심이론을 학습하기에 앞서 각 단원에서 파악해야 할 중점과 학습목표를 정리하여 수록하였습니다.

| 단원 개요 |
언어는 사회생활을 유지하게 하는 의사소통 수단이다. 국어의미론을 공부하기 전, 언어 의미에 대한 보편적인 이론을 먼저 살펴보고, 기능에 따라 언어의 의미를 바라보는 다섯 가지 관점인 지시설, 개념설, 행동설, 용법설, 진리조건설을 살펴본다. 의미의 의미를 살펴본 후에는 리치(G. Leech)의 일곱 가지 분류를 통해 의미의 유형을 파악해 본다. 마지막으로 의미론 연구의 흐름이 어떻게 발전해 왔는지 확인한다.

| 출제 경향 및 수험 대책 |
이 단원에서는 언어의 개별적 의미를 파악해 본다. 언어의 의미를 바라보는 다섯 가지 관점의 의미·특징·한계를 확실하게 파악하고, 의미 연구의 흐름을 순서대로 확인하는 것이 좋다.

02 핵심이론

독학사 시험의 출제경향에 맞춰 시행처의 평가영역을 바탕으로 '핵심이론'을 정리하여 수록하였습니다.

제 1 장 | 의미의 의미

언어의 의미란 무엇일까? 사과가 무엇이냐는 질문에 실제 사과를 보여주며 '이것이 사과다.'라고 답하거나, '사과는 빨갛고 동그란 먹을 수 있는 과일이야.'라고 답할 수도 있다. 오그덴-리차즈(Ogden-Richards)의 의미 삼각형에서 이와 같은 언어의 의미에 대한 두 가지 관점을 확인할 수 있다. 의미 삼각형은 언어 의미의 성격을 제시하는 가장 널리 알려진 모형이다.

개념(reference)	우리 머릿속에 있는 추상적 개념, 사고
언어기호(symbol)	개념을 나타내는 상징
지시물(referent)	실제로 존재하는 구체적인 대상

※ 언어기호와 지시물은 점선으로 이어져 있는데, 이는 지시물이 언어기호에 직접적으로 이어지는 것이 아니라 먼저 개념화의 과정을 거치고 기호화된다는 것을 보여 준다.

위의 설명에서 실제 세계의 사과를 보여주는 것을 지시설, 사과를 말로 설명한 것을 개념설에 대응할 수 있다. 이 외에도 언어의 의미를 바라보는 행동설, 용법설, 진리조건설을 살펴본다.

제 1 편 | 실전예상문제

제1장 의미의 의미

01 ① 지시설에 대한 설명이다. 개념설에서 의미는 지시물에 대해 머릿속에 떠올리는 개념이다.
② 지시설에 대한 설명이다.
④ 개념설은 지시설과 달리 추상적인 표현에 대해서도 개념을 설정할 수 있다는 장점이 있다.

01 다음 중 개념설에 대한 설명으로 옳은 것은?
① 개념설에서 '학교'의 의미는 실제 세계 속 모든 학교의 집합을 의미한다.
② 실제 세계의 구체적인 지시물을 이용하여 의미를 명시적으로 나타낼 수 있다.
③ 언중이 공유하는 개념이 무엇인가에 대한 명확한 실체를 밝힐 수 없다는 한계를 지닌다.
④ 추상적인 표현의 의미를 명시적으로 나타내기 어렵다는 한계가 있다.

02 '사랑', '우정'과 같은 추상적인 표현

02 다음 중 지시설에 대한 설명으로 옳지 않은 것은?

---

03 실전예상문제

학습자가 해당 교과정에서 반드시 알아야 할 내용을 문제로 정리하였습니다. '실전예상문제'를 통해 객관식 · 주관식 문제를 충분히 연습할 수 있도록 구성하였습니다.

제1회 최종모의고사 | 국어의미론

제한시간: 50분 | 시작 ___시 ___분 ~ 종료 ___시 ___분

⊐ 정답 및 해설 281p

01 다음 설명에 해당하는 이론은?

> 의미란 실제 세계의 지시물을 뜻한다.

① 지시설 ♪
② 개념설
③ 행동설
④ 용법설

02 다음 예문에 해당하는 의미 유형으로 옳은 것은?

> (가) 그는 가난하지만 행복하다.

---

04 최종모의고사

실전감각을 기르고 최종점검을 할 수 있도록 '최종모의고사(총 2회분)'를 수록하였습니다.

CONTENTS
목 차

제 1 편

의미론 일반

| 단원 개요 |

언어는 사회생활을 유지하게 하는 의사소통 수단이다. 국어의미론을 공부하기 전, 언어 의미에 대한 보편적인 이론을 먼저 살펴보고, 기능에 따라 언어의 의미를 바라보는 다섯 가지 관점인 지시설, 개념설, 행동설, 용법설, 진리조건설을 살펴본다. 의미의 의미를 살펴본 후에는 리치(G. Leech)의 일곱 가지 분류를 통해 의미의 유형을 파악해 본다. 마지막으로 의미론 연구의 흐름이 어떻게 발전해 왔는지 확인한다.

| 출제 경향 및 수험 대책 |

이 단원에서는 언어의 개괄적 의미를 파악해 본다. 언어의 의미를 바라보는 다섯 가지 관점의 의미·특징·한계를 확실하게 파악하고, 의미 연구의 흐름을 순서대로 확인하는 것이 좋다.

제 1 장 │ 의미의 의미

언어의 의미란 무엇일까? 사과가 무엇이냐는 질문에 실제 사과를 보여주며 '이것이 사과다.'라고 답하거나, '사과는 빨갛고 동그란 먹을 수 있는 과일이야.'라고 답할 수도 있다. 오그덴-리차즈(Ogden-Richards)의 의미 삼각형에 서 이와 같은 언어의 의미에 대한 두 가지 관점을 확인할 수 있다. 의미 삼각형은 언어 의미의 성격을 제시하는 가장 널리 알려진 모형이다.

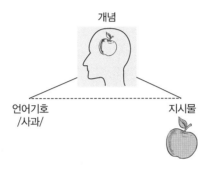

개념(reference)	우리 머릿속에 있는 추상적 개념, 사고
언어기호(symbol)	개념을 나타내는 상징
지시물(referent)	실제로 존재하는 구체적인 대상

※ 언어기호와 지시물은 점선으로 이어져 있는데, 이는 지시물이 언어기호에 직접적으로 이어지는 것이 아니라 먼저 개념화의 과정 을 거치고 기호화된다는 것을 보여 준다.

위의 설명에서 실제 세계의 사과를 보여주는 것을 지시설, 사과를 말로 설명한 것을 개념설에 대응할 수 있다. 이 외에도 언어의 의미를 바라보는 행동설, 용법설, 진리조건설을 살펴본다.

제1절　지시설 중요

지시설에서 의미란 실제 지시물을 뜻한다. 예를 들어, 고유명사 '김영희'의 의미는 김영희라는 실제 사람을 뜻한다. 보통명사 '학교'의 의미는 실제 세계 속 모든 학교의 집합을 의미한다.
실제 세계의 구체적인 지시물을 이용하여 의미를 명시적으로 나타낼 수 있다는 장점이 있지만, '사랑', '우정'과 같 은 추상적인 표현이나 '용', '마법'과 같은 가상의 표현은 구체적인 지시물이 없으므로 의미를 명시적으로 나타내기 어렵다는 한계를 가진다.

제2절　개념설 중요

개념(槪念)은 다양한 관념 속에서 공통된 요소를 종합하여 얻은 하나의 보편적인 관념을 말한다. 개념설은 지시물에 대해 머릿속에 떠올리는 개념이 곧 의미라고 본다. 예시로, '얼음'은 '차갑다', '딱딱하다', '미끄럽다'와 같은 개념을 떠올리게 한다.
'사랑', '우정'과 같은 추상적인 표현에 대해서도 개념을 설정할 수 있다는 장점이 있지만, 대중이 공유하는 개념이 무엇인가에 대한 명확한 실체를 밝힐 수 없다는 한계를 가진다.

제3절　행동설 중요

행동설은 미국의 언어학자 블룸필드(L. Bloomfield)가 주장하였는데, 언어의 의미는 화자의 자극(Stimulus)과 청자의 반응(Response)으로 이루어진다는 것을 의미한다.
행동설은 관찰 가능한 구체적 행동을 제시하여 의미를 객관적으로 기술하였다는 특징을 갖지만, 지시설과 마찬가지로 '사랑', '우정'과 같은 추상적이고 관측할 수 없는 단어는 그 의미를 설명하기 어렵다는 한계를 가진다.

$$S \rightarrow [\, r \cdots\cdots s \,] \rightarrow R$$

구분	설명	예시
S	화자가 말을 하게 하는 자극	영수가 목이 마르다고 느낌
r	화자의 반응	영수가 "나 물 좀 줘."라고 말함
s	청자의 자극	영수의 말을 들음
R	청자에게 불러일으키는 반응	물을 영수에게 건넴

제4절　용법설 중요

어휘의 의미는 실제 사용되는 문맥에서 알 수 있다. 용법설에서 어휘의 의미는 그 자체로 규정되는 것이 아니라, 구체적 맥락 속에서만 존재하는 것으로 본다. 다른 이론에서 설명하기 어려웠던 추상적인 개념을 문맥 속에서 설명하는 것이 가능하며, '은, 는, 이, 가'와 같은 조사의 의미를 설명하는 것도 가능하다.

하지만 용법설은 의미의 본질을 구체적으로 설명하기 어렵고, 문맥 없이 '가지다', '희망'의 실제 의미는 무엇인지 알 수 없다는 한계를 가진다.

가지다	원하던 물건을 <u>가지다</u>.
	정기 모임을 <u>가지다</u>.
	아이를 <u>가지다</u>.
희망	<u>희망</u>이 보인다.
	이제 <u>희망</u>은 없다.

제5절　진리조건설 (중요)

언어의 의미는 진리조건과 동일하다. 예를 들어, "희연의 언니는 대학생이다."라는 문장의 의미는 다음 표의 진리조건 (가), (나)와 동일하다. 진리조건은 문장의 의미가 참이 되도록 하는 조건을 의미한다. "희연의 언니는 대학생이다."라는 문장은 (가), (나)의 진리조건을 충족해야 의미를 가진다. 그렇지 못하면 이 문장은 의미 없는 문장이 된다.

> 희연의 언니는 대학생이다.
>
> (가) 희연이는 언니가 있다.
> (나) 희연의 언니가 실제로 대학생이다.

참, 거짓을 따지는 진리조건은 평서문에만 한정되고, 추상 표현은 진리조건설을 통해 설명할 수 없다는 한계를 가진다.

제6절　언어의 의미에 대한 이론별 요약

이론	의미의 의미
지시설	의미란 실제 지시물이다.
개념설	지시물에 대해 머릿속에 떠올리는 개념이 곧 의미이다.
행동설	의미는 화자의 자극과 청자의 반응으로 이루어진다.
용법설	문맥 속 어휘의 용법이 어휘의 의미이다.
진리조건설	문장의 의미가 참이 되도록 하는 조건이 언어의 의미이다.

제 2 장 | 의미의 유형

언어의 의미는 상황과 문맥 속에서 다양하게 나타난다. 의미의 유형에 대해 리치(G. Leech)의 일곱 가지 분류가 있다. 리치는 의미 유형을 개념적 의미·연상 의미·주제적 의미로 나누고, 연상 의미를 다시 내포적·문체적·감정적·반사적·배열적 의미의 다섯 가지 의미로 나누었다.

제1절   개념적 의미 [중요]

개념적 의미는 언어가 가지는 고유한 의미이다. 같은 언어를 사용하는 사람들이 보편적·공통적으로 공유하는 의미로, 사회통념적 의미라고도 한다. 일차적이고 가장 핵심적인 요소이므로 기본 의미이다. 지시하는 모든 개체들의 공통 속성을 의미하므로 외연적 의미라고도 하고, 언어를 정확하게 사용하기 위해 습득해야 하기에 인지적 의미라고도 한다. 다음 예시의 (가)와 (나)에서도 볼 수 있듯이, 주로 사전적 정의로 표시되어 사전적 의미라고도 한다.

> (가) '손'의 개념적 의미 : 사람의 팔목 끝에 달린 부분. 손등, 손바닥, 손목으로 나뉘며 그 끝에 다섯 개의 손가락이 있어, 무엇을 만지거나 잡거나 한다. (표준국어대사전)
> (나) '얼음'의 개념적 의미 : 물이 얼어서 굳어진 물질 (표준국어대사전)

제2절   연상 의미 [중요]

연상 의미는 개념적 의미 이외에 부수적이고 주변적인 의미를 뜻한다. 언어가 사용되는 상황, 문맥, 개인의 경험, 같이 사용된 표현 등에 따라 의미가 달라질 수 있다. 연상 의미는 가변적이고 개방적인 의미를 나타낼 수 있다.

1 내포적 의미

내포적 의미는 개인의 경험, 느낌, 정서 등을 바탕으로 나타나는 의미로, 개인의 정서적 연상에 기초를 둔 언어 의미이다. 개인의 경험에 따라 내포적 의미는 달라질 수 있는데, 예를 들어 태어나서 친근한 성격의 고양이만 보았다면, 고양이의 내포적 의미는 '도도하다'가 아닌 '친근하다', '살갑다'가 될 것이다.

(가) '고양이'의 개념적 의미 : 고양잇과의 하나. 원래 아프리카의 리비아살쾡이를 길들인 것으로, 턱과 송곳니가 특히 발달해서 육식을 주로 한다. 발톱은 자유롭게 감추거나 드러낼 수 있으며, 눈은 어두운 곳에서도 잘 볼 수 있다. 애완동물로도 육종하여 여러 품종이 있다. (표준국어대사전)

(나) '고양이'의 내포적 의미 : 귀엽다, 도도하다, 부드럽다

2 문체적 의미

언어가 사용되는 사회적 환경과 관련되는 의미로, 사회적 의미라고도 한다. 방언 차이, 화자의 출신 지역, 신분, 대화 참여자의 사회적 관계 등에 따라 같은 말이어도 다른 표현을 사용한다.

동의성 논의와 관련될 수도 있는데, 예를 들어 다음 (가)와 (나)의 '큰아배'와 '할부지'는 '할아버지'를 의미하므로 동의어라 할 수 있으나, 엄밀히 말하면 문체적 의미가 다르다. 따라서 동의어를 이를 때, 비교 대상이 되는 의미는 개념적 의미에 한정한다.

(가) '할아버지'의 반촌어 : 큰아배
(나) '할아버지'의 민촌어 : 할부지

더 알아두기

반촌어와 민촌어

반촌(班村)은 양반들이 모여 사는 동네를, 민촌(民村)은 이와 반대로 상민 또는 평민들이 모여 사는 동네를 말한다. 즉, 반촌어는 양반들이 주로 사용하는 언어를, 민촌어는 평민들이 주로 사용하는 언어를 이른다.

3 감정적 의미

언어에는 화자의 감정, 태도가 반영된다. 같은 표현이라도 어떤 감정이 반영되었는지에 따라 의미가 달라질 수 있다. 말을 하는 상황에서 언어 표현의 고저, 강세, 길이, 억양 등과 같은 반언어적 표현에 의해 드러날 수 있는 의미로, 글을 쓰는 상황에서는 문체나 부사, 감탄사에 의해 드러날 수 있다.

다음의 (가)에서 화자의 표현에 따라 기대, 흥분, 슬픔, 분노, 불쾌 등을 드러낼 수 있고, (나)에서 어떤 단어를 선택하는가에 따라 경찰에 대한 태도를 드러낼 수 있다.

> (가) 어서 가요.
> (나) 짭새/경찰 온다.

4 반사적 의미

여러 의미를 가지는 단어에서 하나의 의미가 다른 의미적 반응을 일으킬 때 나타나는 의미이다. 다의어, 동음어와 관련이 있는데, 예를 들어 '여인숙(旅人宿)'의 '여인(旅人)'이 '여인(女人)'과 발음이 같아 '여성 전용 숙소'라 의미를 착각하는 경우가 이에 해당한다.

5 배열적 의미

한 단어가 함께 배열된 다른 단어의 의미로 얻게 되는 의미이다. 단어들의 계열적(paradigmatic) 관계와 관련이 있다. 다음 (가)의 괄호 안에는 '과자', '빵', '떡' 등이 들어갈 수 있고, (나)의 괄호 안에는 '아이', '강아지' 등이 들어갈 수 있다. 이와 같이 문맥상 괄호에 들어갈 수 있는 단어들은 보편적으로 그렇지 않은 단어들과 달리 특별한 계열적 관계를 맺고 있다고 본다. 배열적 의미는 이러한 계열적 관계를 위배하면서 얻는 의미이다. (나)의 괄호에 '언니', '오빠'가 들어간다면 '노는'의 의미는 괄호 안에 '아이'가 들어갈 때와 달라진다. 이처럼 어떤 단어가 배열되는 환경에서 연상되는 의미를 배열적 의미라 한다.

> (가) 간식으로 (   )을/를 먹었다.
> (나) 노는 (   )

제3절 | 주제적 의미 (중요)

문장 속에서 단어가 배열된 순서에 의해 얻게 되는 의미이다. 화자가 의도하는 바에 따라 전달 내용을 조직할 수 있으므로 의도 의미라고도 한다.

(1) 능동문과 피동문을 통해 주제적 의미를 나타낼 수 있다.

다음의 (가)와 (나)는 문장의 의미는 동일하지만 (가)는 '과학자', (나)는 '오랜 궁금증'을 강조하려는 의도가 있다.

> (가) 과학자가 오랜 궁금증을 밝혀냈다.
> (나) 오랜 궁금증이 과학자에 의해 밝혀졌다.

(2) 화제 표지 '은/는'에 결합하는 것은 강조의 의미를 가진다.

다음의 (다)는 영희를 만난 날이 '월요일'임을, (라)는 월요일에 만난 사람이 '영희'임을 강조하고자 한다.

> (다) 월요일은 영희를 만난 날이다.
> (라) 영희는 월요일에 만났다.

(3) 어순에 따라 의도가 달라질 수 있다.

강조하고자 하는 것을 보통 뒤에 두는데, 다음의 (마)는 그가 가난한 것보다는 '행복하다'는 사실에, (바)는 그가 행복하다는 것보다는 '가난하다'는 사실을 강조하고 있다.

> (마) 그는 가난하지만 행복하다.
> (바) 그는 행복하지만 가난하다.

(4) 강세나 억양의 차이에 의해 의미가 달라질 수 있다.

굵은 글씨가 음운적 강세를 나타낸다고 할 때 다음의 (사)는 '지수가'에 강세를 주어 지수를 강조하고, (아)에서는 '학교에서'를 강조하여 학교를 강조하고 있다.

> (사) **지수가** 학교에서 공부한다.
> (아) 지수가 **학교에서** 공부한다.

제 3 장 | 의미론 연구의 흐름

언어 의미에 대한 연구가 시작된 것은 음운이나 어휘, 문법에 비해 상대적으로 늦다. 의미론 연구의 시작은 일반적으로 19세기 초 독일의 라이지히(C. K. Reisig)로 보고 있다.

제1절 사적의미론

사적의미론은 언어의 의미 변화 등 어휘의 역사적 변화를 연구하는 분야이다.

1825년경 독일의 **라이지히** 교수가 '의미학(Semasiologie)'이라는 학문을 최초로 규정하였다. 이후 관심을 끌지 못하다가 1883년 프랑스의 언어학자 브레알(M. Bréal)이 의미 연구를 시작하면서 '의미론(sémantique)'라 명명하였다. 이후 파울(H. Paul), 다르메스테테르(A. Darmesteter), 브레알(M. Bréal), 슈테른(G. Stern) 등에 의해 사적의미론이 활발하게 연구되었다.

제2절 구조의미론 종요

구조의미론에 따르면, 언어는 체계를 이루고, 유기적으로 연결되어 있는 것이다. 예를 들어, '따뜻하다'의 의미는 단독적으로 검토할 수 없으며, '덥다, 서늘하다, 춥다'의 구조 속에서 함께 검토해야 비로소 그 의미를 명확하게 알 수 있다. 구조의미론을 통해 사적의미론의 통시적 연구에서 벗어나 공시적 연구가 시작되었다.

소쉬르의 구조주의에 영향을 받아 등장한 구조의미론은 1931년 독일의 언어학자 **트리어**(J. Trier)가 장 이론을 창시하면서 어휘 체계에 대한 연구가 활발하게 이루어지게 되었다.

제3절 변형생성의미론 종요

변형생성의미론에서는 언어를 표층 구조와 심층 구조로 나누어 설명한다. 표층 구조는 문장의 구체적인 형태를 뜻하는데, 심층 구조는 변형 규칙이라는 문법 규칙을 적용해 표층 구조를 만들어 낸다.

촘스키(N. Chomsky)의 변형생성문법에 영향을 받아 등장하였고, 1963년 카츠와 포더(Katz & Fodor)에 의해 어휘가 아닌 문장 중심의 통사의미론으로 전환되었다.

제4절   형식의미론

형식의미론에서는 자연언어의 중의성을 배제한 형식언어를 이용하여 언어의 의미를 연구한다. 자연언어 대신 기호를 사용한 기호논리 체계의 언어를 '형식언어(formal language)'라고 하는데, 예를 들어 '비가 온다'라는 명제를 p라 하면 '비가 오지 않는다'라는 p의 부정은 '~p'와 같이 나타낼 수 있다.
형식의미론은 타르스키(A. Tarski), 프레게(G. Frege) 등 여러 철학자에 의해 시작되었으며, 몬태규(R. Montague)가 중요한 역할을 하였다.

제5절   화용론

화용론은 발화의 의미에 관심을 가지고, 발화의 맥락, 화자와 청자 등을 주목하였다.
1930년대에 미국의 철학자 모리스(C. Morris)가 '화용론(pragmatics)'라는 용어를 제안하였고, 1962년 영국의 철학자 오스틴(J. L. Austin)이 『언어행동론(How to Do Things with Words)』을 발간하여 화행 이론이 시작되었다.

제6절   인지의미론

인지의미론은 인지과학의 관점에서 언어학을 연구하는 분야이다. '인지'는 인간이 정보를 획득・저장・분류・사용하는 과정을 의미하는데, 구조언어학과 생성언어학이 언어 자체의 자율적 체계만을 연구하는 것에서 벗어나 언어를 사용하는 인간의 인지능력을 함께 연구하고자 한다.
1970년대 탈미(L. Talmy)에 의해 시작되었고, 1987년 레이코프(J. Lakoff)와 래너커(R. W. Langacker)에 의해 본격적으로 전개되었다.

01 ① 지시설에 대한 설명이다. 개념설에서 의미는 지시물에 대해 머릿속에 떠올리는 개념이다.
② 지시설에 대한 설명이다.
④ 개념설은 지시설과 달리 추상적인 표현에 대해서도 개념을 설정할 수 있다는 장점이 있다.

01 다음 중 개념설에 대한 설명으로 옳은 것은?

① 개념설에서 '학교'의 의미는 실제 세계 속 모든 학교의 집합을 의미한다.

② 실제 세계의 구체적인 지시물을 이용하여 의미를 명시적으로 나타낼 수 있다.

③ 언중이 공유하는 개념이 무엇인가에 대한 명확한 실체를 밝힐 수 없다는 한계를 지닌다.

④ 추상적인 표현의 의미를 명시적으로 나타내기 어렵다는 한계가 있다.

02 '사랑', '우정'과 같은 추상적인 표현이나 '용', '마법'과 같은 가상의 표현은 구체적인 지시물이 없어, 지시설은 의미를 명시적으로 나타내기 어렵다는 한계를 가진다.

02 다음 중 지시설에 대한 설명으로 옳지 <u>않은</u> 것은?

① 지시설에서 의미란 실제 지시물을 뜻한다.

② 추상적인 표현을 명시적으로 표현할 수 있다.

③ 고유명사 '김영희'의 의미는 김영희라는 실제 사람을 뜻한다.

④ 보통명사 '학교'의 의미는 실제 세계 속 모든 학교의 집합을 의미한다.

정답 (01 ③ 02 ②)

03 다음 의미 삼각형에 대한 설명으로 옳지 <u>않은</u> 것은?

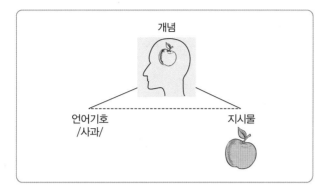

① 개념은 우리 머릿속에 있는 추상적 개념, 사고이다.
② 언어기호는 개념을 나타내는 상징이다.
③ 지시물은 실제로 존재하는 구체적인 대상이다.
④ 언어기호와 지시물은 직접적으로 연결되어 있다.

04 다음 중 추상 표현을 설명할 수 있는 언어 의미 이론을 옳게 고른 것은?

> ㉠ 지시설
> ㉡ 개념설
> ㉢ 행동설
> ㉣ 용법설
> ㉤ 진리조건설

① ㉠, ㉢, ㉤
② ㉠, ㉡, ㉢
③ ㉡, ㉣, ㉤
④ ㉡, ㉣

03 언어기호와 지시물은 점선으로 이어져 있는데, 이는 지시물이 언어기호에 직접적으로 이어지는 것이 아니라 먼저 개념화의 과정을 거치고 기호화된다는 것을 보여 준다.

04 추상 표현을 설명할 수 있는 이론은 개념설과 용법설이다. 나머지 이론은 추상 표현을 설명하는데 어려움이 있다.

정답 03 ④   04 ④

05 행동설은 미국의 언어학자 블룸필드가 주장한 이론으로, 언어의 의미는 화자의 자극과 청자의 반응으로 이루어지는 것으로 보았다.

05 다음 설명에 해당하는 이론은 무엇인가?

> 언어의 의미는 화자의 자극과 청자의 반응으로 이루어진다.

① 지시설
② 개념설
③ 행동설
④ 용법설

06 용법설은 어휘의 의미는 실제 사용되는 구체적인 문맥에서 알 수 있다고 본다.

06 다음 설명에 해당하는 이론은 무엇인가?

> 어휘의 의미는 그 자체로 규정되는 것이 아니라, 구체적 맥락 속에서만 존재하는 것이다.

① 지시설
② 개념설
③ 행동설
④ 용법설

07 ① 지시설, 행동설, 진리조건설의 한계이다.
③ 용법설의 한계이다.
④ 행동설의 특징이다.

07 다음 중 개념설의 한계로 옳은 것은?

① 추상적인 표현이나 가상의 표현은 의미를 명시적으로 나타내기 어렵다.
② 언중이 공유하는 개념이 무엇인가에 대한 명확한 실체를 밝힐 수 없다.
③ 문맥 없이 의미의 본질을 구체적으로 설명하기 어렵다.
④ 관찰 가능한 구체적 행동을 제시하여 의미를 객관적으로 기술하였다.

정답 (05 ③ 06 ④ 07 ②)

08 다음 중 행동설에 대한 설명으로 옳지 <u>않은</u> 것은?

① 미국의 언어학자 블룸필드가 주장하였다.

② 관찰 가능한 구체적 행동을 제시하여 의미를 객관적으로 기술하였다.

③ 추상적인 표현이나 가상의 표현은 의미를 명시적으로 나타내기 어렵다.

④ 언어의 의미는 청자의 자극과 화자의 반응으로 이루어진다.

09 다음 설명에 해당하는 개념은?

> 문장의 의미가 참이 되도록 하는 조건

① 참조건

② 의미조건

③ 문장조건

④ 진리조건

10 다음 중 의미 이론과 그 이론에서 설명하는 '의미'의 개념이 옳게 연결된 것은?

① 지시설 – 지시물에 대해 머릿속에 가지고 있는 개념이 곧 의미이다.

② 개념설 – 의미란 실제 지시물이다.

③ 용법설 – 의미는 화자의 자극과 청자의 반응으로 이루어진다.

④ 진리조건설 – 문장의 의미가 참이 되도록 하는 조건이 언어의 의미이다.

---

08 행동설에서 언어의 의미는 화자의 자극과 청자의 반응으로 이루어진다.

09 진리조건은 진리조건설에서 문장의 의미가 참이 되도록 하는 조건이다.

10 ① 개념설에 대한 설명이다.
② 지시설에 대한 설명이다.
③ 행동설에 대한 설명이다.

정답 08 ④ 09 ④ 10 ④

11 진리조건설에서 진리조건을 충족하지 못하는 문장은 의미 없는 문장이 된다.

11 다음 설명 중에서 옳지 않은 것은?

① 개념은 다양한 관념 속에서 공통된 요소를 종합하여 얻은 하나의 보편적인 관념을 말한다.

② 용법설에서 어휘의 의미는 그 자체로 규정되는 것이 아니라, 구체적 맥락 속에서만 존재하는 것으로 본다.

③ 진리조건설에서 진리조건을 충족하지 못하는 문장은 거짓의 의미를 가지는 문장이 된다.

④ 진리조건설에서 참, 거짓을 따지는 진리조건은 평서문에만 한정된다.

01 **정답**
㉠ 언어기호
㉡ 지시물

주관식 문제

01 다음 그림에서 괄호 안에 들어갈 적절한 용어를 순서대로 쓰시오.

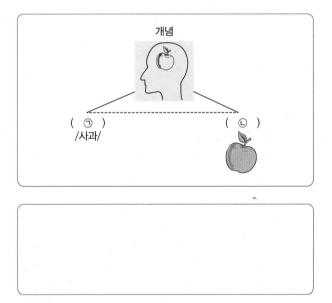

정답 11 ③

02 다음 문장의 의미를 진리조건설로 서술하시오.

> 철수의 동생은 일곱 살이다.

정답

진리조건설에서 언어의 의미는 문장의 진리조건과 같다. 예문의 진리조건은 다음과 같은데, 첫째는 '철수는 동생이 있다', 둘째는 '철수의 동생이 실제로 일곱 살이다'이다. 이 두 조건을 만족해야 예문이 참이 되므로 예문의 의미는 이 두 진리조건과 동일하다.

01 관어적 의미는 언어의 기능에 해당하는 것이다.

01 다음 중 리치(G. Leech)의 의미 유형에 해당하지 <u>않는</u> 것은?

① 개념적 의미
② 관어적 의미
③ 연상 의미
④ 주제적 의미

02 연상 의미는 개념적 의미 이외에 부수적이고 주변적인 의미를 뜻한다. 연상 의미는 가변적이고 개방적인 의미를 나타낼 수 있다.

02 다음 설명에 해당하는 의미 유형으로 옳은 것은?

> 개념적 의미 이외에 부수적이고 주변적인 의미를 뜻한다. 언어가 사용되는 상황, 문맥, 개인의 경험, 같이 사용된 표현 등에 따라 의미가 달라질 수 있다.

① 개념적 의미
② 연상 의미
③ 미학적 의미
④ 주제적 의미

03 연상적 의미는 내포적, 문체적, 감정적, 반사적, 배열적 의미의 다섯 가지 의미로 나뉜다. 주제적 의미는 해당하지 않는다.

03 다음 중 연상적 의미에 해당하지 <u>않는</u> 것은?

① 내포적 의미
② 감정적 의미
③ 반사적 의미
④ 주제적 의미

정답 (01② 02② 03④)

04 다음 중 개념적 의미에 대한 설명으로 옳은 것은?

① 외연적 의미, 인지적 의미라고도 한다.

② 개인의 정서적 연상에 기초를 둔 언어 의미이다.

③ 여러 의미를 가지는 단어에서 하나의 의미가 다른 의미적 반응을 일으킬 때 나타나는 의미이다.

④ 화자가 의도하는 바에 따라 전달 내용을 조직할 수 있다.

05 연상 의미에 대한 설명으로 옳지 <u>않은</u> 것은?

① 개인의 경험에 따라 의미가 달라질 수 있다.

② 방언 차이, 출신 지역, 신분, 사회적 관계 등에 따라 같은 말이어도 다른 표현을 사용한다.

③ 문장 속에서 단어가 배열된 순서에 의해 얻게 되는 의미이다.

④ 여러 의미를 가지는 단어에서 하나의 의미가 다른 의미적 반응을 일으킬 때 나타나는 의미이다.

06 다음 설명에 해당하는 의미 유형으로 옳은 것은?

> 언어가 사용되는 사회적 환경과 관련되는 의미로, 사회적 의미라고도 한다. 방언 차이, 화자의 출신 지역, 신분, 대화 참여자의 사회적 관계 등에 따라 같은 말이어도 다른 표현을 사용한다.

① 문체적 의미

② 감정적 의미

③ 반사적 의미

④ 개념적 의미

---

04 개념적 의미는 지시하는 모든 개체들의 공통 속성을 의미하므로 외연적 의미라고도 하고, 어떤 언어를 정확하게 사용하기 위해 습득해야 하기에 인지적 의미라고도 한다.
② 연상 의미 중 내포적 의미에 대한 설명이다.
③ 연상 의미 중 반사적 의미에 대한 설명이다.
④ 주제적 의미에 대한 설명이다.

05 주제적 의미에 대한 설명이다.
① 연상 의미 중 내포적 의미에 대한 설명이다.
② 연상 의미 중 문체적 의미와 관련된 옳은 설명이다.
④ 연상 의미 중 반사적 의미에 대한 설명이다.

06 언어가 사용되는 사회적 환경과 관련되는 의미는 문체적 의미이다.

정답 (04 ① 05 ③ 06 ①)

07 제시문은 주제적 의미에 대한 설명이다.

07 다음 설명에 해당하는 의미 유형으로 옳은 것은?

> 문장 속에서 단어가 배열된 순서에 의해 얻게 되는 의미이다. 화자가 의도하는 바에 따라 전달 내용을 조직할 수 있으므로 의도 의미라고도 한다.

① 개념적 의미
② 내포적 의미
③ 문체적 의미
④ 주제적 의미

08 여러 의미를 가지는 단어에서 하나의 의미가 다른 의미적 반응을 일으킬 때 나타나는 의미이다.

08 다음 설명에 해당하는 의미 유형으로 옳은 것은?

> '여인숙(旅人宿)'의 '여인(旅人)'이 '여인(女人)'과 발음이 같아 '여성 전용 숙소'라 의미를 착각하는 경우가 이에 해당한다.

① 문체적 의미
② 감정적 의미
③ 반사적 의미
④ 배열적 의미

09 '여인숙(旅人宿)'의 '여인(旅人)'이 '여인(女人)'과 발음이 같아 '여성 전용 숙소'라 의미를 착각하는 경우가 반사적 의미의 예에 해당한다.

09 다음 중 다의어, 동음어와 가장 관련이 있는 의미는?

① 개념적 의미
② 반사적 의미
③ 내포적 의미
④ 배열적 의미

정답 07 ④ 08 ③ 09 ②

10 다음 중 주제적 의미에 대한 설명으로 옳지 <u>않은</u> 것은?

① 문장 속에서 단어가 배열된 순서에 의해 얻게 되는 의미이다.
② 능동문과 피동문을 통해 주제적 의미를 나타낼 수 있다.
③ 화제 표지 '은/는'에 결합하는 것은 강조의 의미를 가진다.
④ 단어들의 계열적 관계와 관련이 있다.

11 다음 밑줄 친 부분에서 드러나는 의미는?

> 이 동네에는 <u>노는 언니</u>들이 많으니까 조심해.

① 문체적 의미
② 감정적 의미
③ 반사적 의미
④ 배열적 의미

12 다음 밑줄 친 부분에서 드러나는 의미는?

> 경찰 온다. → <u>짭새</u> 온다.

① 문체적 의미
② 감정적 의미
③ 반사적 의미
④ 배열적 의미

10 연상 의미의 배열적 의미에 대한 설명이다.

11 배열적 의미는 단어가 배열된 환경에 의해 얻는 의미이다. '노는'이라는 단어 뒤에 '아이', '강아지' 등의 단어가 오면 '노는'은 '놀다'라는 단어가 가지는 일반적인 의미로 해석되지만, '노는 언니'의 경우는 다른 의미로 암시된다.

12 언어에는 화자의 감정, 태도가 반영된다. 같은 표현이라도 어떤 감정이 반영되었는지에 따라 의미가 달라질 수 있다.
'경찰'과 '짭새' 중 어떤 단어를 쓰느냐에 따라 경찰에 대한 감정을 다르게 드러낼 수 있다.

정답 10 ④ 11 ④ 12 ②

13 주제적 의미를 드러낼 수 있는 방법에는 능동문과 피동문, 화제 표지 '은/는', 어순, 강세나 억양의 차이 등이 있다.

13 다음 중 주제적 의미를 드러낼 수 있는 방법이 <u>아닌</u> 것은?

① 명령문

② 화제 표지 '은/는'

③ 어순

④ 억양

14 반사적 의미는 여러 의미를 가지는 단어에서 하나의 의미가 다른 의미적 반응을 일으킬 때 나타나는 의미이다. 따라서 다의어, 동음어와 관련된다.

14 다음 설명 중에서 옳지 <u>않은</u> 것은?

① 문체적 의미를 사회적 의미라고도 한다.

② 내포적 의미는 개인의 경험에 따라 의미가 달라질 수 있다.

③ 감정적 의미는 언어 표현의 고저, 강세, 길이, 억양 등과 같은 반언어적 표현에서도 드러날 수 있다.

④ 하나의 의미를 가지는 단어에서 하나의 의미가 다른 의미적 반응을 일으킬 때 나타나는 의미를 반사적 의미라고 한다.

정답 (13 ① 14 ④)

주관식 문제

01 개념적 의미에 대해 서술하시오.

01 정답
언어가 가지는 고유한 의미이다. 같은 언어를 사용하는 사람들이 보편적, 공통적으로 공유하는 의미로 사회통념적 의미라고도 한다. 일차적이고 가장 핵심적인 요소이므로 기본 의미이다. 표제어에 대한 설명인 사전적 정의가 개념적 의미에 해당한다.

02 다음 내용에서 괄호 안에 들어갈 적절한 용어를 쓰시오.

> 언어의 의미는 상황과 문맥 속에서 다양하게 나타난다. 의미의 유형에 대해 리치(G. Leech)의 일곱 가지 분류가 있다. 리치는 의미 유형을 개념적 의미, 연상 의미, (　　) 의미로 나누고, 연상 의미를 내포적·문체적·감정적·반사적·배열적 의미의 다섯 가지 의미로 다시 나누었다.

02 정답
주제적

03 **정답**
계열적

03 다음은 배열적 의미에 대한 설명이다. 괄호 안에 공통적으로
들어갈 적절한 용어를 쓰시오.

> 한 단어가 함께 배열된 다른 단어의 의미로 얻게 되는 의미
> 로, 단어들의 (   ) 관계와 관련이 있다. '간식으로 과자를
> 먹었다.'라는 문장에서 '과자'라는 단어 대신 '빵', '떡', '국수'
> 등이 들어갈 수 있다. 이 단어들은 (   ) 관계를 맺고 있다
> 고 볼 수 있다.

04 **정답**
내포적 의미는 개인의 경험, 느낌, 정
서 등을 바탕으로 나타나는 의미이
다. '고양이'에 대한 내포적 의미의
예로는 '귀엽다, 도도하다, 부드럽다'
와 같은 것이 있다. 이러한 내포적 의
미는 개인의 경험에 따라 달라질 수
있다. 예를 들어 태어나서 친근한 성
격의 고양이만 보았다면, 고양이의
내포적 의미는 '도도하다'가 아닌 '친
근하다', '살갑다'가 될 것이다.

04 내포적 의미에 대해 예를 들어 서술하시오.

제3장   의미론 연구의 흐름

01 다음 중 의미론 연구 흐름의 순서로 옳은 것은?

① 사적의미론 – 구조의미론 – 변형생성의미론
② 사적의미론 – 변형생성의미론 – 구조의미론
③ 구조의미론 – 사적의미론 – 변형생성의미론
④ 변형생성의미론 – 사적의미론 – 구조의미론

01 의미론은 사적의미론 – 구조의미론 – 변형생성의미론의 순서로 연구되었다. 변형생성의미론 이후에는 형식의미론, 화용론 등 다양한 이론이 등장하였다.

02 다음 중 사적의미론과 관련되지 <u>않은</u> 학자는?

① 파울
② 다르메스테테르
③ 브레알
④ 소쉬르

02 소쉬르는 구조의미론과 관련 있는 학자이다.

03 다음 중 의미 연구 분야의 주제가 <u>잘못</u> 연결된 것은?

① 사적의미론 – 어휘의 역사적 변화
② 구조의미론 – 발화의 의미, 맥락
③ 변형생성의미론 – 언어의 표층 구조와 심층 구조
④ 형식의미론 – 기호를 사용한 기호논리 체계의 언어

03 발화를 연구하는 분야는 화용론이다.

정답 (01 ① 02 ④ 03 ②)

04 ① 몬태규는 형식의미론의 대표 학
   자이다.
   ② 라이지히는 사적의미론의 대표
   학자이다.
   ④ 프레게는 형식의미론의 대표 학
   자이다.

04 다음 중 의미 연구 분야와 대표 학자가 옳게 연결된 것은?

① 사적의미론 – 몬태규
② 구조의미론 – 라이지히
③ 변형생성의미론 – 촘스키
④ 화용론 – 프레게

05 언어 의미에 대한 연구가 시작된 것
   은 음운이나 어휘, 문법에 비해 상대
   적으로 늦다.

05 다음 설명 중에서 옳지 <u>않은</u> 것은?

① 언어 의미에 대한 연구는 음운론, 문법론 등과 같이 아주 오
   래 전부터 이루어져 왔다.
② 의미론의 시작은 독일의 라이지히 교수이다.
③ 소쉬르의 영향을 받아 구조의미론이 등장했다.
④ 형식의미론에서는 자연언어의 중의성을 배제한 형식언어를
   이용하여 언어의 의미를 연구한다.

06 언어가 체계를 이루고, 유기적으로
   연결되어 있다는 것은 구조의미론에
   대한 설명이다.

06 다음 설명에 해당하는 의미 연구 분야로 옳은 것은?

> 언어는 체계를 이루고, 유기적으로 연결되어 있다. 예를 들
> 어, '따뜻하다'의 의미는 단독적으로 검토할 수 없으며, '덥
> 다, 서늘하다, 춥다'와 함께 검토해야 비로소 그 의미를 명확
> 하게 알 수 있다.

① 사적의미론
② 구조의미론
③ 인지의미론
④ 형식의미론

정답 (04 ③ 05 ① 06 ②)

07 다음 설명에 해당하는 의미 연구 분야로 옳은 것은?

> 자연언어 대신 기호를 사용하여 언어를 표현한다. 예를 들어 '비가 온다'라는 명제를 p라 하면 '비가 오지 않는다'라는 p의 부정은 '~p'와 같이 나타낼 수 있다.

① 형식의미론
② 인지의미론
③ 구조의미론
④ 사적의미론

08 다음 설명에 해당하는 의미 연구 분야로 옳은 것은?

> 발화의 의미에 관심을 가진다. 발화의 맥락, 화자와 청자 등을 주목하였다.

① 형식의미론
② 인지의미론
③ 구조의미론
④ 화용론

09 다음 중 구조의미론에 대한 설명으로 옳지 <u>않은</u> 것은?

① 소쉬르의 영향을 받았다.
② 언어를 구조와 체계 속에서 파악하고자 하였다.
③ 사적의미론의 공시적 연구에서 벗어나 통시적 연구가 시작되었다.
④ 트리어가 장 이론을 창시하면서 어휘 체계에 대한 연구가 활발하게 이루어지게 되었다.

---

07 형식의미론에서는 자연언어의 중의성을 배제한 형식언어로 언어의 의미를 연구한다. 자연언어 대신 기호를 사용한 기호논리 체계의 언어를 '형식언어(formal language)'라고 한다.

08 제시문은 화용론에 대한 설명이다.

09 사적의미론은 어휘의 역사적 변화 등의 통시적 연구를 중시했다. 구조의미론을 통해 언어의 공시적 연구가 시작되었다.

정답 07 ① 08 ④ 09 ③

10 ① 화용론과 관련된 학자이다.
② 구조의미론과 관련된 학자이다.
③ 변형생성의미론과 관련된 학자이다.

10 다음 중 사적의미론과 관련 있는 학자는?

① 오스틴
② 소쉬르
③ 촘스키
④ 라이지히

11 카츠와 포더에 의해 어휘가 아닌 문장 중심의 통사의미론으로 전환된 연구 분야는 변형생성의미론이다.

11 다음 중 카츠와 포더(Katz & Fodor)에 의해 어휘가 아닌 문장 중심의 통사의미론으로 전환된 연구 분야는?

① 화용론
② 인지의미론
③ 형식의미론
④ 변형생성의미론

주관식 문제

01 정답
구조의미론

01 다음은 의미론 연구 흐름을 순서대로 나타낸 것이다. 괄호 안에 들어갈 적절한 연구 분야를 쓰시오.

사적의미론 → (   ) → 변형생성의미론

정답 10 ④ 11 ④

02 사적의미론과 관련된 학자를 두 명 이상 쓰시오.

03 다음 내용에서 괄호 안에 들어갈 용어를 순서대로 쓰시오.

> 변형생성의미론에서는 언어를 (㉠) 구조와 (㉡) 구조
> 로 나누어 설명한다. (㉠) 구조는 문장의 구체적인 형태
> 를 뜻하는데, (㉡) 구조는 변형 규칙이라는 문법 규칙을
> 적용해 (㉠) 구조를 만들어 낸다.

04 인지의미론에 대해 약술하시오.

SD에듀와 함께, 합격을 향해 떠나는 여행

제 2 편

의미장과 성분 분석

| 단원 개요 |

언어 사용자들은 발화할 때, 수만 개의 단어에서 순식간에 적절한 단어를 찾아 조합한다. 이는 장 이론(field theory)을 통해 설명할 수 있다. 장 이론이란 의미상으로 밀접한 관계를 가지는 말들이 하나의 집합을 이루고 있다고 보는 이론이다. 1930년대에 소쉬르와 트리어에 의해 장 이론은 크게 발전하였다. 장 이론을 이해하기 위해 의미장과 성분 분석에 대해 살펴본다.

| 출제 경향 및 수험 대책 |

장 이론의 개념에 대한 이해가 필요하며, 장 이론이 어떻게 발전하였는지 이론가의 이름과 함께 기억하는 것이 중요하다. 또한 예시와 함께 성분 분석의 원리를 이해해 두는 것이 좋다.

제 1 장 | 의미장

1 의미장 중요

언어는 형식과 의미의 자의적 결합체이다. 언어 형식의 단위에는 형태소, 단어, 구, 절, 문장 등이 있는데 이 중 단어는 언어의 가장 기본적인 단위로 인식된다. 따라서 의미론에서는 일반적으로 단어를 의미 분석의 출발점으로 본다. 언어 사용자들은 수만 개의 단어 중에서 적절한 몇 개의 단어를 순식간에 찾아내고 결합하여 의사소통한다. 이를 보고 의미상으로 밀접한 관계를 가지는 말들이 하나의 집합을 이루고 있다고 보는 장 이론(field theory)이 제시되었다.

특정 단어와 의미 관련이 있는 단어를 모아 집합을 구성한 것을 의미장이라고 하는데, 낱말밭, 단어장이라고도 한다. 예를 들어 '빨강, 주황, 노랑, 파랑'은 색채어 의미장을, '부장, 차장, 과장, 대리'는 직위의 의미장을 이룬다고 볼 수 있다.

(1) 단어의 의미는 다른 단어들의 관계 속에서 결정된다. '금상'의 의미는 '금상-은상-동상' 체계와 '대상-금상-은상-동상'의 체계에서 서로 다르다.

(2) 의미장은 개별적이지 않다. 언어 전체를 반영하는 큰 의미장에서 작은 의미장으로 세분화되면서 의미장끼리 서로 관계를 맺는다.

(3) 의미장은 언어마다 다르게 나타난다. 한국어는 '검다, 희다, 누르다, 푸르다, 붉다'로 기본 색채어 의미장을 이루는데, 어떤 언어는 단 두 개의 단어로 색채어 의미장이 구성되기도 하고, 많으면 열한 개의 단어로 이루어지기도 한다. 이러한 차이는 언어적 상대성을 주장하는 근거로도 사용되었다. 다음은 한국어의 복잡한 친족어 의미장을 다른 언어와 비교한 표이다.[1]

구분	한국어	헝가리어	일본어	영어	말레이어
elder brother	형/오빠	bátya	兄	brother	sudarā
younger brother	남동생	öcs	弟		
elder sister	누나/언니	néne	姉	sister	
younger sister	여동생	hug	妹		

---

1) 홍승우, 『언어학의 의미론 입문』, 청록출판사, 1988.

2 의미장의 기본 구조

클라크 & 클라크는 대부분의 의미장은 균형형(paradigm)과 분류형(taxonomy) 사이에 놓여 있다고 하였다.

(1) 균형형

대등관계의 의미들이 병렬되어 하나의 장을 이루고 있는 유형으로, 구조의 긴밀도가 가장 높다. 서로 다른 언어에서 의미장이 어떻게 실현되는지 대조할 수 있고, 구조의 긴밀성이나 체계의 빈자리를 쉽게 확인할 수 있다. '남성, 여성, 소년, 소녀'와 같은 것이 그 예이다.

[종]	[남성]	[여성]	[-1세대]
사람	남자	여자	아이
닭	수탉	암탉	병아리
꿩	장끼	까투리	꺼병이
코끼리	-	-	-

(2) 분류형

횡적 대립관계로 묶이는 의미들이 보여주는 장의 유형으로, 균형형에 비해 구조의 긴밀도가 다소 느슨하다. 분류형은 어휘를 동물명, 식물명, 금속명, 악기명 등으로 나누는 것이다. 예를 들어 악기명에는 '피아노, 기타, 콘트라베이스, 호른, 드럼' 등이 있다.

서로 다른 언어에서 다른 분류를 행할 수도 있다. 예를 들어 한국에서 '감자'는 채소로 분류되지만, 독일에서는 주식이기 때문에 채소로 분류되지 않는다.

(3) 의미 분야형

분류 기준에 따라 단어가 특정 분야로 통합되거나 분리되는 장의 유형으로, 균형형과 분류형의 중간적 성격을 가진다. 구조의 긴밀도 역시 균형형과 분류형의 중간 정도이다.

예를 들어 '문지르다, 두드리다, 만지다, 때리다'와 같은 단어들은 접촉이라는 기준으로 보면 같은 의미장에 속하지만, 충격이라는 기준으로 보면 '두드리다, 때리다'와 '문지르다, 만지다'로 나뉘게 된다.

(4) 의미장의 빈자리 _{중요}

의미 체계상 존재 가능한 의미가 실제 의미장 내에서 공란으로 나타나는 부분을 말하며, 어휘 공백이라고도 한다. 빈자리는 계층관계, 서열관계, 상관관계로 유형화된다.

① 계층관계

계층관계의 빈자리는 상의어나 하의어가 비는 유형이다. 상의어 '손가락'에는 하의어 다섯 개가 기대되지만, 네 번째 손가락의 명칭이 비어 있다. 이 경우 한자어를 빌려 '약지(藥指)', '무명지(無名指)' 등으로 계층관계의 빈자리를 채운다.

[하의어의 빈자리]

상의어	손가락				
하의어	엄지손가락	집게손가락	가운뎃손가락	–	새끼손가락

상의어에 빈자리가 나타나는 경우는 다음과 같다. '아버지, 어머니'를 아울러 부르는 '어버이'라는 상의어가 있으나, '아저씨'와 '아주머니'를 묶어 부를 수 있는 상의어는 존재하지 않는다.

[상의어의 빈자리]

상의어	–	
하의어	아저씨	아주머니

② 서열관계

서열관계의 빈자리는 한 계열을 이루는 일련의 의미 중 어떤 의미가 비어 있는 경우이다. 예를 들어 '그제－어제－오늘－(내일)－모레'에서 '내일'에 해당하는 고유어가 없었기에 '내일(來日)'이라는 한자어를 빌려와 공백을 채웠다.

③ 상관관계

상관관계의 빈자리는 상호 관련되어 있는 단어 집단 속에서 빈자리가 드러나는 유형이다. 예를 들어 '기르다, 가꾸다, 먹이다, 키우다' 등은 의미 속에서 상관관계를 가진다. 그 중 '기르다'는 인간, 식물, 동물에게 모두 적용될 수 있지만, '가꾸다'는 식물에게만, '먹이다'는 동물에게만 쓰일 수 있다. 그러나 인간에게만 쓰이는 폐쇄적인 고유 단어는 존재하지 않는다. 이와 같은 빈자리를 상관관계의 빈자리라 한다.

제2절　의미장과 문화, 언어 상대성 가설 : 사피어-워프 가설

인간은 태어나서 자연스럽게 언어를 습득하게 된다. 이 언어는 나름의 구조, 질서, 규칙을 가지고 있는데, 이것은 언어 차원에서 그치지 않고 세계를 바라보는 방식에도 영향을 미친다고 본다. 대표적인 것이 **사피어-워프 가설**(Sapir-Whorf hypothesis)이다.

사피어-워프 가설은 강한 언어 상대론으로, 언어 상대론이란 언어에 의해 형성된 인지 세계를 언어의 중간 세계로 보고 언어가 다르면 의식 세계도 다르다는 것이다.

영화 'Arrival(2017, 한국 제목 '컨택트')'에 등장하는 외계인 헵타포드가 쓰는 언어의 문법은 인간이 사용하는 '과거－현재－미래'의 단선적(lineal) 문법과는 다른 비단선적 구조이다. 이들이 사용하는 문법처럼, 헵타포드는 미래의 일을 알 수 있고, 이 언어를 습득한 주인공도 비단선적 사고를 가지게 되어 미래를 볼 수 있게 된다.

러시아어 화자와 영어 화자를 대상으로 파란색의 다양한 색조를 비교하게 한 '러시안 블루 실험'이 사피어-워프의 가설을 뒷받침한다. 러시아어는 다른 언어에 비해 파란색을 부르는 단어가 세분화되어 있는데, 러시아어 색채어에 대응하는 파란색을 제시하였을 때 러시아어 화자가 더 민감하게 차이를 인식하는 반응을 보였다.

제3절   장 이론의 전개

계열적 관계와 통합적 관계는 낱말의 입체적 관계를 나타낸다. 1930년대에 트리어(Trier)에 의해 계열적 의미장이, 포르지히(Porzig)에 의해 통합적 의미장이 주도되었다.

1 계열적 장 이론

(1) 바이스게르버의 초기 의미장 이론

① 장 이론의 근원은 훔볼트(W. von Humbolt)로 거슬러 올라간다. 그는 언어는 그물처럼 얽혀 있으며, 그 물 속에서 각 요소는 유기체를 형성한다고 주장하였다.

② 훔볼트의 이론은 바이스게르버(L. Weisgerber)에서 언어적 중간 세계로 발전하였다. 우리는 외부 사물을 인식할 때 모국어라는 중간 세계를 거쳐 인식한다는 것이다.

언어공동체는 같은 언어를 쓰는 집단을 말한다. 예를 들어 '개'라는 것은 외부 현실 세계에 실제로 존재하지 않는다. 현실 세계에는 '진돗개1, 진돗개2, 치와와1, 치와와2, 불독1, 불독2'와 같이 특정한 강아지가 존재한다. 이것을 '개'라는 언어적 표현을 이용하여 한국어를 사용하는 언어공동체가 인식하는 것이다.

(2) 트리어의 계열적 장 이론

① 1930년대에 소쉬르의 구조주의가 등장하면서 장 이론에 큰 영향을 미쳤다. 언어는 체계를 이루고, 유기적 으로 연결되어 있다는 것이다.

② 트리어는 계열적 장 이론을 통해 다음과 같이 주장했다.

㉠ 어휘들은 서로 연관이 있는 것끼리 모여 있다. 어휘들의 내적인 관계는 '개념장', 개념장을 외적으로 나타낸 것은 '어휘장'이라 하는데, 결과적으로 이 둘은 동일하다.

의미장은 다음 도식처럼 나타낼 수 있다. '생물' 의미장은 '동물', '식물' 의미장으로 이루어져 있고, '동물' 의미장은 '포유류', '조류' 의미장으로 나뉜다. 이러한 계층 구조는 상하관계를 이룬다.

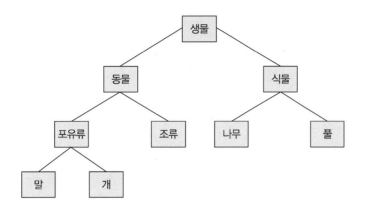

ⓛ 어휘의 변화는 해당 어휘를 포함하는 의미장의 변화와 관련된다. 다음 그림을 보면, 독일어의 '지성(知性)'의 의미장이 변함에 따라 해당 의미장의 단어 의미도 변하는 것을 볼 수 있다.

1200년경에는 'kunst'와 'list'가 각각 귀족 계급의 고급 지식과 하층 계급의 실용적 지식을 의미하고, 'wîsheit'는 이들을 어우르는 의미였다. 그러나 1300년경에는 봉건 사회가 무너지고 지성의 의미장이 변화하였다. 'list'는 하층 계급을 연상시킨다는 이유로 사용되지 않게 되었으며, 'wîsheit'가 종교적 혹은 철학적 지식을 나타내게 되었다. 'kunst'는 'list'에 해당하는 기술적 지식을 뜻하게 되었으며, 'wissen'이라는 새로운 단어가 일상 지식을 의미하게 되었다. 이처럼 의미장 변화를 통해 각 단어의 의미 변화 또한 발견할 수 있다.

[1200년경의 지성의 의미장]   [1300년경의 지성의 의미장]

kunst
list

wîsheit
kunst
wissen

• wîsheit : 지식 전반   • wîsheit : 종교적, 철학적 지식
• kunst : 귀족 계급의 고급 지식   • kunst : 'list'에 해당하는 기술적 지식
• list : 하층 계급의 실용적 지식   • wissen : 일상 지식

한국에는 다음과 같은 의미장 변화의 예를 들 수 있다. 현재 나이의 의미장에는 '늙다, 젊다, 어리다'가 있지만, 과거에는 '어리다'가 존재하지 않았다. 과거의 '어리다'는 '어리석다'의 의미로 쓰였지만, 과거의 '졈다'가 '젊다, 어리다'로 나뉜 것을 확인할 수 있다.

과거	현재
늙다	늙다
졈다	젊다
	어리다

(3) 바이스게르버의 후기 의미장 이론

1930년대에 바이스게르버는 트리어의 이론을 수용하여 후기 의미장 이론을 발전시킨다.

① 바이스게르버는 초기 의미장 이론에서 음성 형식은 외부 세계와 직접적으로 관련되지 않고, 모국어라는 중간 세계를 거친다고 보았다. 그러나 후기 의미장 이론에서는 외부 세계가 중간 세계에 녹아들어 음성 형식에까지 관련을 맺게 된다고 설명하였다.

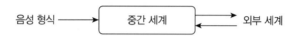

② 바이스게르버는 단어의 의미가 각각의 단어에서 드러나는 것이 아닌, 관련된 단어의 전체 구조 안에서 나타나는 것으로 보았다. 예를 들어 다음 세 개의 표에서 '금상'이 드러내는 의미는 서로 모두 다르다. 즉 '금상'은 개별적인 단어로서는 의미를 드러내지 않는다. 단어의 의미는 그 단어가 속한 의미장의 구조 속에서 결정된다.

대상	금상	은상	동상	장려상

대상	금상	은상	동상

금상	은상	동상

③ 바이스게르버는 '단층적인 의미장'과 '다층적인 의미장'으로 의미장의 유형을 구분하였다.

　㉠ 단층적인 의미장

　　의미장의 분절 구조가 하나의 기준으로 구분되는 의미장이다. 이는 '서열적 장, 평면적 장, 입체적 장'으로 나뉜다.

　　ⓐ 서열적 장은 의미장 속의 하위 어휘들이 일정한 기준에 따라 순서대로 배열되어 있는 의미장이다.

> 예
> • 대상-금상-은상-동상
> • 부장-차장-과장-대리

　　ⓑ 평면적 장에는 친척의 명칭을 나타내는 친족어 의미장이 있다. 평면적 장은 의미장이 한 가지 모습으로만 구성된다.

> 예
>
> 친족어 의미장 : 아버지, 어머니, 형, 누나, 언니, 오빠, 이모, 삼촌

ⓒ 입체적 장에는 색채어 의미장이 있다. 이는 여러 가지 모습으로 구성될 수 있다는 특징이 있다.

> 예
>
> • 기본 색채어 : 희다, 검다, 푸르다, 누르다, 붉다
> • 대상에 결합된 색채어 : 하늘색, 살색, 먹색

ⓛ 다층적인 의미장

여러 가지 기준에 의해 구분되는 의미장이다. 예를 들어, '죽다'라는 어휘는 다음과 같이 구분될 수 있다.

대상에 따른 구분	죽다, (꽃이) 지다
원인에 따른 구분	병사하다, 굶어 죽다, 전사하다
양상에 따른 구분	잠들다, 뒈지다

※ 출처 : 임지룡, 『국어 의미론』, 탑출판사, 1992.

2 통합적 장 이론

(1) 통합적(syntagmatic) 관계

통합적 관계에 의해 형성되는 의미장을 통합적 의미장이라고 한다. 단어는 모든 단어와 결합할 수 없고, 특정한 단어들에만 결합할 수 있다. 예를 들어 '신다'는 '신발, 양말, 장화, 구두, 버선'과 결합할 수 있지만, '모자'와는 결합할 수 없다. '모자'는 '쓰다'와 결합하는데, '쓰다'는 '모자, 안경, 우산, 마스크, 가면'과 결합한다. '신다, 끼다, 차다'과 같은 착용동사들은 목적어로 취할 수 있는 명사들이 한정되어 있다. 정리하자면 다음의 표에서 Y 안의 단어들은 서로 계열적 의미장을 형성하고, X-Y는 통합적 의미장을 형성한다.

X	Y
신다	신발, 양말, 장화, 구두, 버선
쓰다	모자, 안경, 우산, 마스크, 가면

(2) 은유의 원리

포르지히는 통합적 의미장을 이용해 은유의 원리를 설명했다. 다음 표에서 (가)의 '꽃'과 '피다'는 통합적 관계를 맺는 단어쌍이다. 이때 (나)는 '꽃' 대신 '얼굴'을 연결하여 은유를 만들어 냈다. 즉, 의도적으로 통합적 관계를 벗어남으로써 새로운 은유적 의미를 나타내는 것이 가능하다.

> (가) 꽃-피다
> (나) 오랜만에 본 승희의 얼굴이 활짝 피어 있었다.

제 2 장 | 성분 분석

제1절 | 성분 분석 방법

1 의미 성분 (중요)

(1) 의미 성분

음운론에서 음소를 변별 성분들의 묶음으로 파악하는 것처럼, 성분 분석을 통해 단어의 의미를 의미 성분들의 묶음으로 나타내고 그 의미를 분석한다.

① 의미 성분은 의미 체계의 설명에 크게 기여한다.
② 의미 성분의 실현에는 **이분법**(binarism)이 작동한다. 예를 들어 '할머니'의 의미 성분 중 하나인 [+늙음]의 경우 [+늙음], [−늙음]만이 존재하며, 늙음의 정도는 관여하지 않는다.
③ 의미 성분을 설정할 때 어떤 의미 성분을, 얼마나 많이 설정하는가의 어려움이 있다.

(2) 의미 성분의 유형

① **공통적 성분과 변별적 성분**

　㉠ 공통적 성분

　　공통적 성분은 특정 의미장에 속해 있는 단어들이 공통적으로 가지는 성분이다. 공통적 성분은 해당 성분을 가진 어휘들을 하나의 의미장으로 묶는다. 예를 들어 다음 표에서 [+동물]은 모든 단어가 가지고 있는 공통적 성분이며, [+사람]은 '남자', '여자', '소년', '소녀'가 가지는 공통적 성분이다.

　㉡ 변별적 성분

　　변별적 성분은 의미장 안에서 단어들의 의미 차이를 보여주는 성분이다. 다음의 표에서 '남자', '여자', '소년', '소녀'와 '말', '소', '송아지'는 [사람]의 의미 성분에 의해 구분되는데, 이때 [사람]이라는 의미 성분이 각각의 단어들을 구분하는 변별적 성분이 된다.

구분	남자	여자	소년	소녀	말	소	송아지
[동물]	+	+	+	+	+	+	+
[사람]	+	+	+	+	−	−	−
[성체]	+	+	−	−	+	+	−

② **분류적 성분과 관계적 성분**

㉠ 분류적 성분

분류적 성분은 지시물 자체의 고유한 특성을 나타낸다. 분류적 성분 중 하위 의미 성분은 상위 의미 성분을 함의하는 특징이 있다. 예를 들어 [+사람]이라는 의미 성분을 가지면 반드시 [+동물]의 의미 성분을 가지며, [+동물]의 의미 성분을 가지면 반드시 [+생물]의 의미 성분을 가지게 된다.

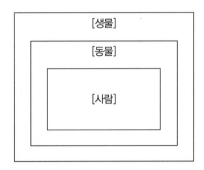

㉡ 관계적 성분

관계적 성분은 사물 자체의 속성을 나타내지 못하고, 다른 사물과의 관계에서만 나타나는 상대적인 의미 성분이다. 관계적 성분은 반드시 대립되는 의미 성분이 있다. 예를 들어 다음의 표에서 나타나는 [+~의 어버이], [+~의 자식]이라는 관계적 성분은 다른 단어와의 관계에서만 나타나는 상대적인 의미 성분이다. '아버지', '어머니'는 '자식'과의 관계에서 [+~의 어버이]라는 의미 성분을 가지고, '아들', '딸'은 '어버이'와의 관계에서 [+~의 자식]이라는 의미 성분을 가질 수 있다, 여기서 [+~의 어버이]와 [+~의 자식]은 서로 대립되는 의미 성분이다. '선생님'과 '제자'와 같은 단어에서 나타나는 [+~의 스승], [+~의 제자] 또한 서로 대립되는 관계적 성분이다.

구분	분류적 성분	관계적 성분
아버지	[+남성]	[+~의 어버이]
어머니	[−남성]	
아들	[+남성]	[+~의 자식]
딸	[−남성]	

③ **보조적 성분과 잉여적 성분**

㉠ 보조적 성분

보조적 성분은 어떤 단어에 나타나는 보조적인 특성을 나타내는 의미 성분이다. 보조적 성분은 주로 비유 표현에서 성분 전이가 일어날 때 사용된다. 다음 표의 (가)에서 '김철수 선생님'은 '호랑이'에 비유되는데, 두 단어는 [사람]이라는 변별적 성분을 가진다. 그런데 두 단어는 [+포악함]이라는 의미 성분을 공유하는데, 이는 '호랑이'의 의미 성분이 '김철수 선생님'에게 전이된 것이다. 이 때 [+포악함]이 보조적 성분에 해당한다.

> (가) 김철수 선생님은 호랑이다.
> • '호랑이' : [+동물], [−사람], ..., [+포악함]
> • '김철수 선생님' : [+동물], [+사람], ..., [+포악함]

ⓛ 잉여적 성분

잉여적 성분은 어떤 단어를 성분 분석할 때, 예측 가능한 의미 성분을 의미한다. 다음의 (나)와 (다)를 비교해보면 같은 단어인 '할아버지'를 분석하는데도 의미 성분의 개수가 다르다. [+사람]의 의미 성분이 이미 [+생물], [+동물]을 포함하므로 [+생물], [+동물]은 기술되지 않아도 예측과 생략 가능하다. 이를 잉여적 성분이라 한다. (다)처럼 잉여적 성분을 생략하고 간결하게 성분 분석하는 것이 일반적이다.

> (나) '할아버지'의 성분 분석 ① : [+생물], [+동물], [+사람], [+남성], [+늙음]
> (다) '할아버지'의 성분 분석 ② : [+사람], [+남성], [+늙음]

2 성분 분석 표시 방법

의미론에서는 단어를 의미 분석의 가장 작은 단위로 본다. 그러나 단어는 의미 성분(semantic component)으로 의미를 더 세분화하는 것이 가능하다. 이를 성분 분석이라 부르고, 의미 성분은 **대괄호([ ])** 안에 넣어서 표기한다.

> 할머니 : [+사람], [+늙음], [+여자]

제2절 성분 분석의 효용성과 한계

1 성분 분석의 효용성

(1) 단어의 의미관계 검증[2]

① 의미 성분 분석을 통해 단어의 의미관계를 설명하는 것이 가능하다.

② 다음 표의 (가)와 같은 상하관계에서 하의어는 상의어의 의미 성분을 모두 가지고 추가적인 의미 성분을 가진다. '동물'의 하의어인 '인간'은 상의어의 의미 성분 [+생물], [+동작성]을 모두 가지고 [+인간]의 의미 성분을 추가로 가진다. '인간'의 하의어인 '여자'도 마찬가지이다.

③ 다음 표의 (나)와 같은 반의관계에서 반의어 단어쌍은 하나의 의미 성분을 반대되게 가지고, 나머지는 공통적으로 가진다. '할머니'와 '할아버지'는 반의관계인데 [+인간], [+늙음]을 공통으로 가지고 [남성] 의미 성분만 그 특성을 달리한다.

④ 이 외에도 다의어, 동의어 등을 설명하는 것도 가능하다.

(가) 상하관계

동물	[+생물], [+동작성]
인간	[+생물], [+동작성], [+인간]
여자	[+생물], [+동작성], [+인간], [+여성]

(나) 반의관계

할머니	[+인간], [+늙음], [−남성]
할아버지	[+인간], [+늙음], [+남성]

(2) 문장의 속성 검증[3]

① 의미 성분 분석을 통해 항진성, 모순성과 같은 문장의 속성을 설명하는 것이 가능하다.

② 어떤 문장이 항상 참이 되는 것을 항진성이라 한다. '(하의어)는 (상의어)이다.'의 형태로 항진성을 가진 문장을 만드는 것이 가능하다. 다음 표의 (가)에서 '할머니'는 '사람'의 의미 성분을 모두 가지고 [+늙음], [−남성]의 의미 성분을 추가로 가지는 '사람'의 하의어이다. 이 경우 (가)의 예문은 항진성을 가진다.

③ 모순성은 항진성과 반대로 언제나 거짓인 문장이다. 'A는 B이다.'의 문장 구조에서 A와 B가 반대되는 의미 성분을 가지고 있으면 이 문장은 모순성을 가진다. 다음 표의 (나)의 예문에서 '할머니'는 [−남성]을, '남자'는 [+남성]을 가지므로 이 문장은 모순성을 가진다.

---

2) 단어의 의미관계는 '제3편 어휘의 의미관계'에서 자세히 살펴본다.
3) 문장의 속성은 '제5편 문장 의미론'에서 자세히 살펴본다.

(가) 항진성

할머니는 사람이다.	
'할머니'	[+생물], [+동작성], [+인간], [+늙음], [−남성]
'사람'	[+생물], [+동작성], [+인간]

(나) 모순성

[?]우리 할머니는 남자이다.⁴⁾	
'할머니'	[+생물], [+동작성], [+인간], [+늙음], [−남성]
'남자'	[+생물], [+동작성], [+인간], [+남성]

(3) 선택 제약 검증

① 서술어로 쓰이는 용언이 다른 문장 성분으로 선택할 때 의미적으로 특정한 단어를 선택하는데 이를 통사적 선택 제약이라 한다.

② 다음의 (가)는 '마시다'라는 서술어가 목적어를 선택할 때 어떤 제약을 가지는지 보여준다. '마시다'는 [+유동체]라는 의미 자질을 가진 단어를 목적어로 가진다는 선택 제약이 있다.

③ 다음의 (나)는 '쓰다'라는 서술어는 '안경', '모자'라는 목적어는 가질 수 있지만, '양말', '장갑'을 목적어로 가질 수는 없음을 보여준다. '쓰다'는 [+착용], [+머리], [+안경]이라는 의미 자질을 가지기 때문에 '머리에'라는 부사어를 가지고, 특정 의미 자질을 가지는 목적어를 가지는 선택 제약이 있다.

(가) {물/우유/*빵}을/를 마시다.⁵⁾
(나) 외출할 때 머리에 {안경/모자/*양말/*장갑}을/를 쓴다.

2 성분 분석의 한계 중요

(1) 의미 성분의 보편성이 보장되지 않는다. 보편적인 의미 성분이 모든 언어에 목록으로 존재하고, 그 의미 또한 모든 언어에서 동일한가에 대해서는 의문이 있다. 예를 들어, '할머니 : [+사람], [+늙음], [+여자]'의 성분 분석에서 [+늙음]의 기준이 언어마다 다를 수 있다.

(2) 의미 성분의 목록을 만드는 것이 불가능하다. 성분 분석에 필요한 메타언어로서 의미 성분의 목록이 얼마나 필요하고, 그것을 규정할 수 있는지 확신할 수 없다.

---

4) 문장 앞의 '?' 표기는 문법적으로는 옳으나 문장의 의미가 어색하게 느껴지는 것을 의미한다. 이하 동일
5) 문장 앞의 '*' 표기는 문법적으로 옳지 않은 문장을 의미한다. 이하 동일

(3) 성분 분석은 추상적인 어휘 분석에 한계를 가진다. 추상적인 어휘는 적절한 의미 성분을 설정하는 것이 매우 어렵다.

(4) 연상 의미를 드러내기 어렵다. '고양이'는 '귀엽다, 도도하다, 부드럽다'와 같은 연상 의미를 가질 수 있으나, 이것을 성분 분석에 반영하는 것은 정확하지 않다.

더 알아두기

메타언어(metalanguage)

메타언어는 다른 언어를 기술하거나 분석하기 위하여 사용되는 언어를 뜻한다. 예를 들어 영한사전에서 'apple'의 뜻을 '사과'로 풀이하고 있을 경우, 한국어가 메타언어가 된다.

---

01 다음 중 의미장에 대한 설명으로 옳지 <u>않은</u> 것은?

① 의미장은 모든 언어에서 동일하게 나타난다.

② 의미장은 서로 관계를 맺으며, 개별적이지 않다.

③ 단어의 의미는 다른 단어들의 관계 속에서 결정된다.

④ 특정 단어와 의미 관련이 있는 단어를 모아 집합을 구성한 것을 의미장이라고 한다.

02 다음 중 의미장 이론의 전개와 관련이 <u>없는</u> 인물은?

① 바이스게르버

② 훔볼트

③ 트리어

④ 촘스키

03 다음 중 친족 의미장에 해당하지 <u>않는</u> 것은?

① 형

② 삼촌

③ 부장

④ 누나

01 의미장은 언어마다 다르게 나타난다. 한국어는 '검다, 희다, 누르다, 푸르다, 붉다'의 기본 색채어 의미장을 이루는데, 어떤 언어는 단 두 개의 단어로 색채어 의미장이 구성되기도 한다.

② 언어 전체를 반영하는 큰 의미장에서 작은 의미장으로 세분화되면서 의미장끼리 서로 관계를 맺는다.

③ '금상'의 의미는 '금상-은상-동상' 체계와 '대상-금상-은상-동상'의 체계에서 서로 다르다.

④ 의미장은 낱말밭, 단어장이라고도 하는데, '빨강, 주황, 노랑, 파랑'은 색채어 의미장을, '부장, 차장, 과장, 대리'는 직위의 의미장을 이룬다고 볼 수 있다.

02 바이스게르버, 훔볼트, 트리어는 의미장 이론을 연구하였으나, 촘스키는 변형생성의미론을 연구하였다.

03 '형', '삼촌', '누나'는 친족 의미장에 해당하나, '부장'은 직위 의미장에 해당한다.

정답 01 ① 02 ④ 03 ③

04 색채어 의미장에 해당하는 단어는 '빨강, 주황, 노랑, 파랑'과 같은 것이다.

04 다음 중 단어와 의미장이 잘못 연결된 것은?

① 색채어 의미장 – 춥다, 서늘하다, 시원하다, 따뜻하다
② 직위 의미장 – 부장, 차장, 과장, 대리
③ 친족 의미장 – 형, 오빠, 누나, 여동생
④ 미각 의미장 – 달다, 쓰다, 시큼하다, 짜다

05 의미장의 기본 구조에는 균형형, 분류형, 의미 분야형이 있다.

05 다음 중 의미장의 기본 구조에 해당하지 않는 것은?

① 균형형
② 이론형
③ 분류형
④ 의미 분야형

06 균형형 의미장은 대등관계의 의미들이 병렬로 하나의 장을 이루고 있는 유형으로 구조의 긴밀도가 가장 높다. 중간 정도인 것은 의미 분야형이다.

06 균형형 의미장에 대한 설명으로 옳지 않은 것은?

① 대등관계의 의미들이 병렬되어 하나의 장을 이루고 있는 유형이다.
② 구조의 긴밀도는 중간 정도이다.
③ 서로 다른 언어에서 의미장이 어떻게 실현되는지 대조 가능하다.
④ 구조의 긴밀성이나 체계의 빈자리를 확인하기 쉽다.

정답 04 ① 05 ② 06 ②

07 다음 중 분류형 의미장에 대한 설명으로 옳은 것은?

① 서로 다른 언어에서 다른 분류를 행할 수 있다.

② 대등관계의 의미들이 병렬되어 있다.

③ 분류 기준에 따라 단어가 특정 분야로 통합되거나 분리되는 장의 유형이다.

④ 구조의 긴밀도는 중간 정도이다.

08 다음 중 의미장의 빈자리 유형이 <u>아닌</u> 것은?

① 계층관계

② 상관관계

③ 서열관계

④ 통합관계

09 의미장 빈자리 유형 중 계층관계 유형에 대한 설명으로 옳은 것은?

① 상의어나 하의어에 의미의 빈자리가 생기는 유형이다.

② '그제-어제-오늘-(내일)-모래'에서 '내일'에 해당하는 고유어가 없는 것이 그 예이다.

③ 상호 관련되어 있는 단어 집단 속에서 빈자리가 드러나는 유형이다.

④ 한 계열을 이루는 일련의 의미 중 어떤 의미가 비어 있는 경우이다.

07 ② 균형형 의미장에 대한 설명이다.
③·④ 의미 분야형 의미장에 대한 설명이다.

08 의미장의 빈자리 유형에는 계층관계, 서열관계, 상관관계가 있다.

09 ②·④ 서열관계의 빈자리에 해당하는 설명이다.
③ 상관관계의 빈자리에 해당하는 설명이다.

정답 07 ① 08 ④ 09 ①

10 사피어-워프 가설에 대한 설명이다.

10 다음 중 바이스게르버의 후기 의미장 이론에 대한 설명으로 옳지 <u>않은</u> 것은?

① 단어의 의미는 관련된 단어의 전체 구조 안에서 나타난다.
② 언어의 규칙이 세계를 바라보는 방식에도 영향을 미친다고 보는 이론이다.
③ 바이스게르버는 1930년대 트리어의 이론을 수용하여 후기 의미장 이론을 발전시켰다.
④ 초기 의미장 이론과 달리 외부 세계가 중간 세계에 녹아들어 음성 형식에까지 영향을 미친다고 보았다.

11 ① 단어의 의미 변화에 대한 예시로, 언어가 세계를 보는 방식에 영향을 미친다는 사피어-워프 가설과는 관련이 없다.
② 여성명사 또는 남성명사라는 언어의 규칙에 의해 '다리(橋)'에 대한 사고가 좌우되는 예이다.
③ 눈을 많이 보는 이누이트의 언어에는 눈을 나타내는 단어가 세분화되어 있다.
④ 러시아어에 파란색을 나타내는 단어가 세분화되어 있으므로 러시아어 화자가 외부 세계의 파란색을 구분하는 능력에도 영향을 준다.

11 다음 중 사피어-워프 가설을 뒷받침하는 예가 <u>아닌</u> 것은?

① '양궁카페', '사격카페', '낚시카페' 등은 커피를 제공하지 않아도 '카페'라 불리는데, 이는 '카페'가 본래의 의미를 잃고 '어떤 활동을 즐길 수 있는 장소'라는 의미를 획득한 것이다.
② '다리(橋)'는 독일어에서는 여성명사이고 스페인어에서는 남성명사인데, 독일어 화자는 다리를 '아름답다'고 표현하고 스페인어 화자는 '강하다'고 표현한다.
③ 북극에 거주하는 이누이트의 언어는 눈을 표현하는 단어가 '내리는 눈', '바람에 휩쓸려 온 눈', '녹기 시작한 눈', '단단하게 뭉쳐진 눈' 등으로 아주 다양하다.
④ 러시아어는 다른 언어에 비해 파란색을 부르는 단어가 세분화되어 있는데, 러시아어 화자가 파란색을 더 민감하게 구분하는 것을 확인했다.

12 ①·② 바이스게르버는 '단층적인 의미장'과 '다층적인 의미장'으로 의미장의 유형을 구분하였다.
③ 1920~30년대에 포르지히에 의해 통합적 의미장이 주도되었다.

12 다음 중 의미장의 유형에 해당하지 <u>않는</u> 것은?

① 다층적 의미장
② 단층적 의미장
③ 통합적 관계
④ 계층적 관계

정답 10 ② 11 ① 12 ④

13 다음 중 단층적인 의미장에 대한 설명으로 옳지 <u>않은</u> 것은?

① 의미장의 분절 구조가 하나의 기준으로 구분되는 의미장이다.

② 1920~30년대에 트리어에 의해 주도된 의미장이다.

③ 평면적 장에는 친척의 명칭을 나타내는 친족어 의미장이 있다.

④ 서열적 장은 의미장 속의 하위 어휘들이 일정한 기준으로 순서대로 배열되어 있는 의미장이다.

14 다음 중 계열적 관계와 통합적 관계에 대한 설명으로 옳은 것은?

① '동물' 의미장은 '생물' 의미장으로 이루어져 있다.

② 단어는 모든 단어와 자유롭게 결합할 수 있다.

③ 언어는 유기적으로 연결되어 있으며, 어휘는 연관된 것끼리 모여 있다.

④ 계열적 의미장은 은유의 원리를 설명할 수 있다.

15 다음 중 단층적 의미장과 다층적 의미장에 대한 설명으로 옳은 것은?

① 촘스키가 제안한 의미장의 유형이다.

② 다층적 의미장은 의미장을 나누는 기준이 하나인 의미장이다.

③ 단층적 의미장은 서열적 장, 평면적 장, 입체적 장으로 나뉜다.

④ 평면적 장에는 색채어 의미장이, 입체적 의미장에는 친족어 의미장이 있다.

---

13 1920~30년대에 트리어에 의해 주도된 의미장은 계열적 의미장이다.

14 ① '동물' 의미장은 '생물' 의미장을 구성하는 의미장이다.
② 통합적 관계에 의하면 단어는 모든 단어와 결합할 수 없고, 특정한 단어들에만 결합할 수 있다.
④ 은유의 원리를 설명할 수 있는 것은 통합적 의미장이다.

15 ① 단층적 의미장과 다층적 의미장은 바이스게르버에 의한 의미장 유형 구분이다.
② 의미장을 나누는 기준이 하나인 의미장은 단층적 의미장이다.
④ 평면적 장에는 친족어 의미장이, 입체적 의미장에는 색채어 의미장이 있다.

정답 (13 ② 14 ③ 15 ③)

주관식 문제

01 장 이론(field theory)의 발전 계기를 서술하시오.

01 정답
언어 사용자들은 수만 개의 단어 중에서 적절한 몇 개의 단어를 순식간에 찾아내고 결합하여 의사소통한다. 이를 보고 의미상으로 밀접한 관계를 가지는 말들이 하나의 집합을 이루고 있다고 보는 장 이론(field theory)이 제시되었다.

02 독일어의 '지성(知性)'의 의미장 변화와 그에 따른 단어 의미의 변화를 서술하시오.

02 정답
1200년경에는 'kunst'와 'list'가 각각 귀족 계급의 고급 지식과 하층 계급의 실용적 지식을 의미하고, 'wîsheit'는 이들을 어우르는 의미였다. 그러나 1300년경에는 봉건 사회가 무너지고 '지성'의 의미장이 변화하였다. 'list'는 하층 계급을 연상시킨다는 이유로 사용되지 않게 되었으며, 'wîsheit'가 종교적 혹은 철학적 지식을 나타내게 되었다. 'kunst'는 'list'에 해당하는 기술적 지식을 뜻하게 되었으며, 'wissen'이라는 새로운 단어가 일상 지식을 의미하게 되었다. 이처럼 의미장 변화를 통해 각 단어의 의미 변화 또한 발견할 수 있다.

03 다음 내용에서 괄호 안에 들어갈 적절한 용어를 순서대로 쓰시오.

> 클라크 & 클라크는 대부분의 의미장은 (㉠)와/과 (㉡) 사이에 놓여 있다고 하였다.

03 정답
㉠ 균형형
㉡ 분류형

04 한국어 의미장 변화의 예를 하나 들고 설명하시오.

05 사피어-워프 가설에 대해 예를 들어 서술하시오.

06 다음 내용에서 괄호 안에 들어갈 적절한 용어를 순서대로 쓰시오.

> 바이스게르버는 의미장의 유형을 (㉠) 의미장과 (㉡) 의미장으로 구분하였다.

---

04 정답
현재 한국어 나이 의미장에는 '늙다, 젊다, 어리다' 등이 있지만, 과거에는 '어리다'가 존재하지 않았다. 과거의 '어리다'는 '어리석다'의 의미로 쓰였기 때문이다. 과거의 '졈다'가 현재 '젊다, 어리다'로 나뉜 것을 확인할 수 있다.

05 정답
인간은 태어나서 자연스럽게 언어를 습득하게 된다. 이 언어는 나름의 구조, 질서, 규칙을 가지고 있는데, 이것이 언어 차원에서 그치지 않고 세계를 바라보는 방식에도 영향을 미친다고 보는 것이 사피어-워프 가설이다. 언어 상대론이라고도 한다. 이를 뒷받침하는 '러시안 블루 실험'이 있다. 러시아어는 다른 언어에 비해 파란색을 부르는 단어가 세분화되어 있는데, 러시아어 화자가 파란색을 구분할 때 영어 화자보다 더 민감하게 차이를 인식하는 것을 확인한 실험이다.

06 정답
㉠ 단층적인
㉡ 다층적인

제2장 성분 분석

01 의미 성분은 대괄호([ ]) 안에 넣어서 표기한다.

01 다음 중 성분 분석에 대한 설명으로 옳지 <u>않은</u> 것은?

① '할머니'는 [+사람], [+늙음], [+여자]로 성분 분석이 가능하다.
② 의미 성분은 소괄호 안에 넣어서 표기한다.
③ 의미론에서는 단어를 의미 분석의 가장 작은 단위로 본다.
④ 단어를 의미 성분으로 의미를 더 세분화하는 것을 성분 분석이라 부른다.

02 '할아버지', '할머니'는 [+동물], [+사람], [+늙음]을 공통적 성분으로 가지지만, [남자]의 의미 성분에 의해 구분된다. '할아버지'는 [+남자], '할머니'는 [−남자]를 각각 의미 성분으로 가지므로 [남자]가 '할아버지', '할머니'의 변별적 성분이 된다.

02 다음 중 '할아버지', '할머니'의 변별적 성분으로 옳은 것은?

① [+동물]
② [+사람]
③ [+늙음]
④ [+남자]

03 분류적 성분에 대한 예이다. 분류적 성분 중 [+식물]과 같은 하위 의미 성분은 [+생물]과 같은 상위 의미 성분을 함의하는 특징이 있다.

03 다음 중 의미 성분의 유형에 대한 설명으로 옳지 <u>않은</u> 것은?

① '강아지', '사람', '돼지'가 가지는 공통적 성분은 [+동물]이다.
② [+식물]의 의미 성분을 가지면 반드시 [+생물]의 의미 성분을 가지게 되는데 이를 관계적 성분이라 한다.
③ '선배는 여우다.'라는 문장에서 '여우'의 [+영악함]이라는 의미 성분은 '선배'에 전이되었다.
④ '소년'을 [+사람], [+남성], [−늙음]으로 성분 분석했을 때, [+생물], [+동물]과 같은 잉여적 성분은 생략되었다.

정답 01 ② 02 ④ 03 ②

04 다음 중 의미 성분에 대한 설명으로 옳지 <u>않은</u> 것은?

① 의미 성분은 의미 체계의 설명을 목적으로 한다.

② 의미 성분의 실현에는 이분법이 작동한다.

③ 공통적 성분은 특정 의미장에 속해 있는 단어들이 공통적으로 가지는 성분이다.

④ 단어들을 구분하는 의미 성분은 공통적 성분이다.

05 다음 중 의미 성분에 대한 설명으로 옳지 <u>않은</u> 것은?

① 모든 언어에서 [+늙음]이라는 의미 성분이 의미하는 바는 같다.

② 의미 성분을 설정할 때 어떤 의미 성분을, 얼마나 많이 설정하는가의 어려움이 있다.

③ 특정 의미 성분을 공유하는 단어들의 집합을 의미 영역이라 부른다.

④ 의미 성분 설정의 목표는 언어 보편적으로 사용할 수 있는 최소한의 의미 성분을 설정하여 효과적으로 의미 분석을 수행하는 것이다.

06 다음 중 분류적 성분과 관계적 성분에 대한 설명으로 옳은 것은?

① 분류적 성분은 반드시 대립되는 의미 성분이 있다.

② 관계적 성분은 지시물 자체의 고유 특성을 나타낸다.

③ 관계적 성분 중 하위 의미 성분은 상위 의미 성분을 함의하는 특징이 있다.

④ 관계적 성분은 사물 자체의 속성을 나타내지 못하고, 다른 사물과의 관계에서만 나타나는 상대적인 의미 성분이다.

---

04 단어들을 구분하는 의미 성분은 변별적 성분이다.

05 [+늙음]의 의미 성분은 언어마다 그 의미가 다를 수 있다. 예를 들어 평균 수명이 100세인 사람들이 쓰는 언어에서 30세는 [+늙음]이라는 의미 성분을 가지지 못하나, 평균 수명이 40세인 사람들이 쓰는 언어의 의미 성분에서 30세는 [+늙음]이라는 의미 성분을 가질 수 있다.

06 ① 관계적 성분에 대한 설명이다.
②·③ 분류적 성분에 대한 설명이다.

정답 04 ④ 05 ① 06 ④

07 성분 분석할 때, 잉여적 성분을 생략하고 간결하게 성분 분석하는 것이 일반적이다.

07 다음 중 보조적 성분과 잉여적 성분에 대한 설명으로 옳지 <u>않은</u> 것은?

① 보조적 성분은 주로 비유 표현에서 성분 전이가 일어날 때 사용된다.

② 보조적 성분은 어떤 단어에 나타나는 보조적인 특성을 나타내는 의미 성분이다.

③ 잉여적 성분은 어떤 단어를 성분 분석할 때, 예측 가능한 의미 성분을 의미한다.

④ 성분 분석 시 의미의 세세한 표현을 위해 잉여적 성분을 생략하지 않고 표기한다.

08 메타언어는 다른 언어를 기술하거나 분석하기 위하여 사용되는 언어이다.

08 다음 중 다른 언어를 기술하거나 분석하기 위하여 사용되는 언어를 뜻하는 것은?

① 하위언어

② 메타언어

③ 자연언어

④ 인공언어

09 의미 성분이 모든 언어에 보편적으로 존재하지 않는 것은 성분 분석의 한계이다.

09 다음 중 성분 분석의 유용성이 <u>아닌</u> 것은?

① 문장 선택 제약을 설명할 수 있다.

② 모순성이 있는 문장 의미를 설명할 수 있다.

③ 단어 의미관계를 설명할 수 있다.

④ 언어마다 다양한 의미 성분을 설정하여 자유로운 의미 설명이 가능하다.

정답 07 ④ 08 ② 09 ④

주관식 문제

01 다음 내용에서 괄호 안에 들어갈 적절한 용어를 쓰시오.

> 의미론에서는 단어를 의미 분석의 가장 작은 단위로 본다.
> 그러나 단어를 의미 성분으로 의미를 더 세분화하는 것이
> 가능하다. 이를 (   )(이)라 부른다.

01 **정답**
성분 분석

02 '할머니'를 세 개 이상의 의미 성분으로 성분 분석하시오.

02 **정답**
[+사람], [+여성], [+늙음]

03 다음 성분 분석에서 잉여적 성분은 몇 개인지 밝히고, 그 이유를
서술하시오.

> '할아버지'의 성분 분석 : [+생물], [+동물], [+사람], [+남
> 성], [+늙음]

03 **정답**
[+생물], [+동물]은 [+사람]의 의미
성분에 이미 포함되어 있으므로 기
술되지 않아도 예측 가능하고, 생략
가능한 잉여적 성분에 해당한다. 따
라서 잉여적 성분은 총 2개이다.

04 **정답**
[+∼의 자식]

04 다음 표에서 괄호 안에 들어갈 적절한 성분을 쓰시오.

어휘	분류적 성분	관계적 성분
아버지	[+남성]	[+∼의 어버이]
아들		( )

05 **정답**
의미 성분 설정의 목표는 언어 보편적으로 사용할 수 있는 최소한의 의미 성분을 설정하여 효과적으로 의미 분석을 수행하는 것이다. 이때 '여러 언어에 공통적으로 적용할 수 있는 보편적인 의미 성분이 존재하는가'라는 의문이 생긴다. 메타언어로서의 의미 성분은 모든 개별 언어에 공통적으로 존재한다고 가정하고 있으나, 보편적인 의미 성분이 모든 언어에 목록으로 존재하고 그 의미 또한 모든 언어에서 동일한가에 대해서는 의문이 있다. 예를 들어, '할머니 : [+사람], [+늙음], [+여자]'의 성분 분석에서 [+늙음]의 기준이 언어마다 다를 수 있다.

05 성분 분석의 효용성과 한계에 대해 예를 들어 서술하시오.

제 3 편

어휘의 의미관계

| 단원 개요 |

어휘들은 개별적으로 흩어져 있지 않다. 단어들은 서로 관계를 맺고 있다는 것을 '제2편 의미 영역'에서 살펴보았다. 제3편에서는 단어 사이의 의미 계열적 관계를 '동의관계', '반의관계', '상하의관계', '부분-전체관계', '동음관계', '다의관계'로 나누어 살펴본다. 그 후 각 유형의 개념과 유형, 활용 양상을 확인해 본다.

| 출제 경향 및 수험 대책 |

일상적으로 접하기 쉬운 의미론으로서 실제적 예시를 파악하는 것이 중요하다. 개념을 이해하고, 유형을 암기하여 구별할 수 있도록 하는 것이 중요하다. 각 유형의 예시를 중점으로 이해하는 것이 암기에 도움이 될 수 있다. 동의관계와 반의관계는 유형을 중심으로 파악하고, 상하의관계는 부분-전체관계와의 비교에 집중하자. 동음관계, 다의관계도 함께 비교하면서 파악하는 것이 좋다.

제 1 장 | 동의관계

제1절 | 동의관계의 규정

1 동의관계의 개념

둘 이상의 형식이 하나의 의미에 연결되어 있는 의미관계를 **동의관계**(同義關係, synonymy)라고 한다. 이러한 동의관계에 있는 단어들을 **동의어**(同義語, synonym)라고 한다.

> 태양-해, 아우-동생

그림으로 나타내면 다음과 같다. '형식1, 형식2, 형식3'은 동일한 의미를 나타내는데, 이 경우 '형식1, 형식2, 형식3'에 해당하는 각 단어는 모두 동의어가 된다.

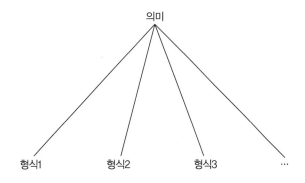

2 동의어의 유형

블룸필드(Bloomfield)는 개개의 언어 형식은 일정하고 특정한 의미를 갖는데, 형태가 음소적으로 다르다면 의미도 다르기에 실질적인 동의어는 존재하지 않는다고 주장하였다. 단어의 개념적 의미가 동일한 경우는 종종 찾아볼 수 있으나, 연상적 의미나 주제적 의미 등 모든 의미가 완전히 동일한 경우는 매우 드물다. 동의어는 이처럼 동일성 정도에 따라 '절대적 동의관계(absolute synonymy)'와 '상대적 동의관계(relative synonymy)'로 나눌 수 있다.

(1) 절대적 동의관계

① 절대적 동의관계는 동의어들의 개념적 의미, 연상적 의미, 주제적 의미까지 동일하며, 모든 문맥에서 치환이 가능한 동의관계를 말한다.

> 호랑이-범, 메아리-산울림

② 울만(Ullmann)[1]은 과학 분야와 같은 전문용어에 한정하여 절대적 동의관계가 존재할 수 있음을 인정했다.

> 공수병-광견병

(2) 상대적 동의관계

상대적 동의관계는 두 유형으로 또다시 나눌 수 있다.

① 개념적 의미가 동일하고 문맥상 치환이 가능한 경우

㉠ 주로 성인어와 유아어의 동의관계에서 발견할 수 있다.

㉡ 다음 표의 '아버지-아빠', '어머니-엄마'는 개념적 의미가 동일하고 문맥상 치환도 가능하지만, '아빠는 선생님이다'와 '아버지는 선생님이다'라는 두 문장에서는 화용론적 차이가 나타난다. 이는 상대적 동의관계이다.

> 아버지-아빠, 어머니-엄마, 얼굴-면상

② 특정 문맥에서만 개념적 의미, 연상적 의미, 주제적 의미가 동일하여 치환 가능한 경우

㉠ 동의어라 부르는 일반적인 유형이다.

㉡ 다음 (가)의 예문에서 '참다-견디다'는 (가a)와 같은 특정한 문맥에서 개념적·연상적·주제적 의미가 동일하여 치환이 가능하지만, (가b)에서는 불가능하다. (나)의 예문도 마찬가지다.

> **참다-견디다, 틈-겨를**
>
> (가) a. 그는 힘든 상황을 {참았다/견뎠다}.
>   b. 기계는 균열을 {*참았다/견뎠다}.
> (나) a. 일이 바빠서 쉴 {틈/겨를}이 없다.
>   b. 작은 {틈/*겨를}(으)로 작은 빛이 비쳤다.

---

[1] Ullmann, S.(1962), 『Semantics: An introduction to the science of meaning』, Oxford: Blackwell.

3 동의어 분석법

(1) 대치검사

특정 문맥에서 두 단어가 교체 가능할 때 그것을 동의어라고 할 수 있다. 이를 통해 두 단어의 차이를 알 수도 있다.

> • {태양/해}이/가 뜬다.
> • {태양/해}이/가 눈부시다.
> • {태양/해}은/는 아주 뜨거워서, 가까이 갈 수 없다.

(2) 반의어 사용법

둘 이상의 단어가 하나의 단어와 반의관계를 가지면 동의어라고 볼 수 있다.

> 형 ↔ 동생, 아우

(3) 나열법

동의어들을 일렬로 나열하는 방법이다. 나열법으로 각 단어들의 차이를 알 수 있다.

> 개울-시내-하천-강

제2절 동의관계 유형

1 동의관계 유형

동의관계 유형을 동의관계 형성 요인에 따라 차용, 일반어와 전문어, 문체나 격식의 차이로 분류해 볼 수 있다.

(1) 차용

① 다른 언어에서 차용해 온 단어가 기존의 단어와 의미가 유사할 때 동의관계가 형성된다.
② 고유어에 대응하는 한자어·외래어 유의어가 있을 수 있다.

고유어-한자어	이-치아, 머리-두상
고유어-외래어	가게-마트, 샀-페이
고유어-한자어-외래어	소젖-우유-밀크, 잔치-연회-파티

(2) 일반어와 전문어

① 전문어와 일반어 사이에서 형성되는 동의관계이다.

② 분야에 따라 다른 동의어를 가지게 될 수도 있다.

화학 분야	염화나트륨-소금, 지방-기름
의학 분야	늑골-갈비뼈, 담낭-쓸개

(3) 문체나 격식의 차이

① 문체나 격식의 차이에 따라서 동의관계가 생긴다.

② 고유어, 한자어 동의관계와 관련되기도 한다.

③ 고유어는 구어나 비격식체로, 한자어는 문어 또는 격식체로 쓰인다.

④ 본딧말과 준말의 관계도 이 유형의 동의관계에 속한다.

한자어-고유어	댁-집, 연세-나이
본딧말-준말	경상남도-경남, 한국은행-한은

2 동의어 형성 문제

(1) 동의관계는 하나의 지시 대상을 가리키는 형식이 둘 이상이 되므로, 경제성이나 효율성을 떨어뜨리는 것으로 보인다.

(2) 그러나 동의관계는 인식과 표현의 다양성을 추구하고자 하는 것이다. 즉 동의어는 의미 차이가 전혀 없다고는 볼 수 없다.

(3) 예를 들어, 다음의 '아빠'와 '아버지'는 상황에 따라 다르게 쓰기 때문에 그 의미가 다르다. '아우'와 '동생'은 동의어지만 (나a)와 같이 '아우분'으로 활용하기에는 어색하고, (나b)와 같이 '동생님'은 안 되지만 '동생분'은 가능하다.

> (가) (수상 소감을 말할 때) {*아빠/아버지}께 감사의 말씀을 전합니다.
> (나) a. {아우님/*아우분}도 많이 힘드셨겠군요.
>   b. {*동생님/동생분}도 많이 힘드셨겠군요.

제3절 | 동의어 충돌

1 동의어의 충돌

둘 이상의 단어가 동일한 지시를 표현하게 되므로, 동의어 사이에는 충돌이 발생한다. 이때 음절 경제성의 원리, 동음관계 회피의 원리, 문화 우열에 따른 힘의 원리의 세 가지 원리에 따라 그 결과가 결정된다.

(1) 음절 경제성의 원리

① 음절의 길이가 긴 것과 짧은 것이 대립할 때는, 보통 길이가 짧은 것이 우세하다.

② 15세기 국어에서 'ᄀᆞ롬'과 '강'은 동의관계로서 공존했으나, 음절이 짧은 '강'이 경쟁에서 살아남았다.

> ᄀᆞ롬 → 강, ᄇᆞ롬 → 벽, 미르 → 용

(2) 동음관계 회피의 원리

① 동의어 중 한쪽이 다른 단어와 동음관계에 있으면, 동음관계를 회피하고자 동음관계가 없는 단어가 우세하게 된다.

② 다음 그림의 '이자(利子)'는 '길¹'과 동의관계를 이루고 있었는데, '길¹'은 '길²(道)'와 동음관계를 가지기 때문에 '이자(利子)'와 '길¹' 중 동음관계가 없는 '이자(利子)'가 살아남았다.

> • 문(門)-부체¹/부체²(煽)
> • 이자(利子)-길¹/길²(道)
> • 재단하다(裁)-ᄆᆞᄅ다¹/ᄆᆞᄅ다²(乾)
>
> 길¹ ←── 동음관계 ──→ 길²(道)
>
> ↕ 동의관계
>
> 이자(利子)

(3) 문화 우열에 따른 힘의 원리

① 서로 다른 문화권에서 유래한 단어들이 동의관계에 있을 때 더 강한 문화권의 단어가 우세한 세력을 가지게 된다.

② 다음 표에서 고유어보다는 한자어와 외래어가, 방언보다는 표준어가 우세함을 알 수 있다.

고유어-한자어	수리-단오(端午), 물마루-파도(波濤)
고유어-외래어	선전-피알(P.R.), 삯-페이
방언-표준어	무시-무, 정구지-부추

(4) 동의어 충돌의 결과 (중요)

① 동의어가 계속 공존하며 함께 쓰인다. 충돌이 아직 끝나지 않은 상태라고도 볼 수 있다.

> 메아리-산울림, 강냉이-옥수수, 사람-인간, 목도리-머플러

② 어느 한쪽이 경쟁에 밀려 사라진다. '천', '강', '위태롭다'가 경쟁에서 살아남고, '즈믄', 'ᄀ룸', '바드랍다'가 경쟁에 밀려 사라졌다.

> 즈믄-천(千), ᄀ룸-강, 바드랍다-위태롭다

③ 공존하며 함께 쓰이나, 동의어 한쪽의 의미가 변한다. '마담', '계집'은 본래의 의미에 비해 부정적인 의미를 담게 된 예이다.

> 부인-마담, 여자-계집

제 **2** 장 │ 반의관계

제1절 │ 반의어와 이치적 사고

1 반의어

(1) 반의어의 개념

서로 대립하는 의미를 가진 두 단어들을 반의관계(反意關係, antonymy)라고 한다. 이러한 반의관계에 있는
단어들을 반의어(反義語, antonym)라고 한다.

> 아버지-어머니, 밝다-어둡다

(2) 반의어의 조건

반의어의 조건을 성분 분석으로 살펴보면, 나머지 의미 성분은 같고 하나의 의미 성분만 달라야 한다. 다음
표 중 '할아버지'의 반의어인 '할머니'는 [+인간], [+늙음]은 공통이나, [남성]의 의미 성분에서 차이가 난다.
'할아버지'와 모든 의미 성분이 다른 '암평아리'나 하나의 공통된 의미 성분만을 가지는 '소녀'는 '할아버지'의
반의어가 될 수 없다.

할아버지	[+인간], [+늙음], [+남성]
할머니	[+인간], [+늙음], [−남성]
암평아리	[−인간], [−늙음], [−남성]
소녀	[+인간], [−늙음], [−남성]

2 이치적 사고 중요

(1) 이치적(二値的) 사고

모든 것을 명쾌하게 두 쪽으로 나누는 사고법으로, 이분법(二分法)이라고도 한다.

① 이치적 사고의 특성

모든 것을 명료하게 구분하는 것은 논리적 설명이나 사고에 도움이 될 수 있다. 그러나 유연한 사고를
막는다는 한계가 있다.

② **다치적(多値的) 사고**

중간자의 개입을 허용하는 입체적이고 다양한 사고법으로, 이치적 사고의 한계를 극복하는 사고법이 될 수 있다.

(2) 반의어와 이치적 사고

① '아버지-어머니', '뜨겁다-차갑다'와 같은 반의어 쌍을 떠올리면, 이치적 사고에 의해 '아버지'의 반의어는 '어머니'뿐이고, '뜨겁다'의 반의어는 '차갑다'뿐이라는 오류에 빠질 수 있다.

② 그러나 '아버지'의 반의어는 '아들'이 될 수도 있다. 이처럼 하나의 단어가 여러 개의 반의어를 가질 수도 있다.

③ '뜨겁다'의 경우 '뜨겁다'와 반의어 '차갑다' 사이에 '따뜻하다', '뜨뜻하다', '미지근하다'와 같은 중간이 존재할 수 있다.

(가)

이치적 사고	아버지-어머니
다치적 사고	아버지 — 어머니 | 아들

(나)

이치적 사고	뜨겁다-차갑다
다치적 사고	뜨겁다-(따뜻하다-뜨뜻하다-미지근하다)-차갑다

제2절 **반의어의 분류** 〔중요〕

반의어는 의미 특성에 따라 상보 반의어, 등급 반의어, 방향 반의어의 세 가지 유형으로 나눌 수 있다.

1 상보 반의어

상호 배타적인 의미 영역을 나타내고 있어서 동시에 성립할 수 없는 두 단어를 상보 반의어(相補 反意語, complementary antonyms), 또는 단순 반의어(單純 反意語, simple antonyms)라고도 한다. 상보 반의어의 예시는 다음과 같이 정리할 수 있다.

남성-여성, 미혼자-기혼자, 참-거짓, 살다-죽다, 합격하다-불합격하다

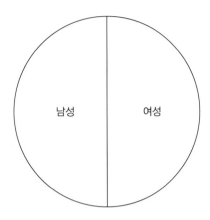

(1) 상보 반의어는 한 단어를 긍정하면 나머지 단어를 부정하는 것을 의미한다.

살다-죽다	저 사람은 살아 있다. = 저 사람은 죽지 않았다.
진실-거짓	이것은 진실이 아니다. = 이것은 거짓이다.

(2) 상보반의관계의 두 단어를 동시에 긍정하거나 부정하는 것은 불가능하다.

- ?강아지가 죽었는데 살았다.
- ?저 사람은 여자도 아니고 남자도 아니다.

(3) 정도부사의 수식을 받거나, 비교 표현에 사용될 수 없다.

- *강아지가 아주 죽었다.
- *영수보다 희수가 더 합격했다.

2 등급 반의어

반의관계의 두 단어 사이에 정도의 차이를 따질 수 있을 때, 이 반의어를 등급 반의어(等級 反意語, gradable antonyms)라고 한다. 등급 반의어의 예시에는 다음과 같은 것들이 있다.

> 높다-낮다, 크다-작다, 길다-짧다, 무겁다-가볍다, 쉽다-어렵다, 덥다-춥다

덥다	따뜻하다	서늘하다	춥다

(1) 상보 반의어와 달리, 한쪽을 부정해도 다른 쪽을 긍정하지 않는다. 그러나 한 단어의 긍정이 나머지 단어의 부정을 일방적으로 함의한다.

높다-낮다	저 건물은 높지 않다. ↛ 저 건물은 낮다.
	저 건물은 높다. → 저 건물은 낮지 않다.
춥다-덥다	오늘은 춥지 않다. ↛ 오늘은 덥다.
	오늘은 덥다. → 오늘은 춥지 않다.

(2) 동시에 부정하는 것이 가능하다. 그러나 동시에 긍정하는 것은 불가능하다.

> • 오늘 날씨는 덥지도 않고, 춥지도 않다.
> • ?오늘은 더우면서 춥다.

(3) 정도부사의 수식이 가능하고, 비교 표현에도 사용될 수 있다.

> • 이 책은 매우 무겁다.
> • 오늘이 어제보다 더 춥다.

(4) 등급 반의어는 두 단어 중에 더 기본으로 인식되는 것이 있다.

> • 그 가방 얼마나 무거워요?
> • *그 가방 얼마나 가벼워요?

3 방향 반의어

어떤 공간이나 시간을 기준으로 반의어가 서로 반대되는 방향을 의미할 때, 이를 방향 반의어(方向 反意語, directional antonyms)라고 부른다. 방향 반의어는 다음과 같이 네 가지 하위 유형으로 나뉜다.

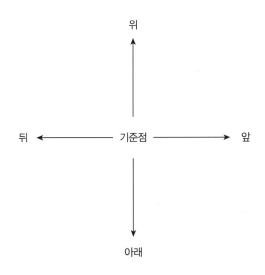

(1) 두 단어의 작용 방향이 서로 반대가 되는 반의어로, 주로 동사에서 나타난다.

> 가다–오다, 들어가다–나오다, 오르다–내리다, 전진하다–후퇴하다, 위로–아래로

(2) 실제 움직임은 없지만, 관점의 차이에 의해 방향의 대립이 발생하는 반의어이다.

> 위–아래, 왼쪽–오른쪽, 조상–후손, 고용주–피고용주, 팔다–사다, 가르치다–배우다

(3) 두 단어가 방향의 양 끝을 나타내는 반의어이다.

> 시작–끝, 꼭대기–밑바닥, 지붕–바닥, 천당–지옥, 우등생–낙제생

(4) 기준점을 중심으로 상호 방향이 다른 쪽을 나타내는 반의어이다.

> 볼록거울–오목거울, 양각–음각, 암나사–수나사, 언덕–구렁

제 3 장 | 상하의관계

제1절 상하의관계의 규정

1 상하의관계

한 단어의 의미가 다른 단어의 의미에 포함되어 있을 때 두 단어는 **상하의관계**에 있다고 말하며, 포함관계라고도 한다. 다음은 상하의관계의 예시와 계층구조를 도식화한 것이다.

> 꽃-장미, 개-진돗개, 차-트럭, 과일-복숭아

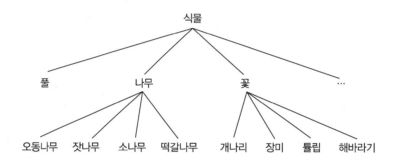

하나의 단어가 동시에 상의어이자 하의어가 될 수 있다. 위의 그림에서 '나무'는 '식물'의 하의어이자, '소나무'의 상의어이다.

상의어 (上義語, hypernym)	• 넓은 의미 영역을 가지는 단어이다. • 위의 예에서 '꽃, 개, 차, 과일'에 해당한다. 계층 구조의 윗부분, 즉 상위에 존재하여 상위어(上位語)라고도 한다.
하의어 (下義語, hyponym)	• 좁은 의미 영역을 가지는 단어이다. • 위의 예에서 '장미, 진돗개, 트럭, 복숭아'에 해당한다. 계층 구조의 아랫부분, 즉 하위에 존재하여 하위어(下位語)라고도 한다.
공하의어 (共下義語, co-hyponyms)	• 계층구조에서 같은 위치에 있는 단어들이다. • 위의 그림에서 '오동나무, 잣나무, 소나무, 떡갈나무'와 '개나리, 장미, 튤립, 해바라기'가 공하의어에 해당한다. 같은 층위에 있으므로 동위어(同位語)라고도 한다.

2 상하의관계의 성분 분석

하의어는 상의어와 같은 의미 성분을 공유하면서 더 많은 의미 성분을 가진다. 이는 하의어가 더 많은 의미 정보를 가진다는 것을 의미한다. 즉 하의어가 더 특수하고 구체적인 의미를 나타낸다.

동물	[+생물], [+동작성]
인간	[+생물], [+동작성], [+인간]
여자	[+생물], [+동작성], [+인간], [-남성]
할머니	[+생물], [+동작성], [+인간], [-남성], [+늙음]

제2절 상하의관계의 특징 중요

1 이행성

A가 B의 상의어이고, B가 C의 상의어라면 A는 C의 상의어가 된다. 이를 이행성(transitivity)이라 한다. 예를 들어, 다음 그림에서는 '식물'과 '소나무'가 상하관계가 될 수 있다. '식물'과 '장미'도 마찬가지이다.

```
[상의어]        A        식물
                |
                B        나무
                |
[하의어]        C        소나무
```

2 일방적 함의관계[2]

(1) 다음 예문의 (가)가 참이면 (나) 또한 반드시 참이므로, (가)는 (나)를 함의한다.

(2) (가)는 (나)를 함의하지만, (나)는 (가)를 함의하지 않는다. 이를 일방적 함의관계라고 하며, 이는 다음 예문의 '경찰'과 '사람'의 상하의관계에서 유래한다.

> (가) 나는 방금 경찰을 보았다.
> (나) 나는 방금 사람을 보았다.

---

2) 함의에 대한 내용은 '제5편 문장 의미론'의 '제5장 함의와 전제'에서 확인할 수 있다.

제 4 장 | 부분-전체관계

제1절　부분-전체관계의 규정

한 단어가 다른 단어의 부분이 되는 관계를 **부분–전체관계** 또는 부분관계(meronymy)라고 한다.

(1) 'A는 B의 부분이다' 또는 'B는 A를 가지고 있다'와 같은 문장이 성립할 때, 이들 사이에 부분–전체관계가 성립하고, A를 **부분어**(部分語, meronym), B를 **전체어**(全體語, holonym)라고 부른다.

(2) 다음 예에서 '눈, 나뭇잎, 바퀴'가 부분어에 해당하고, '머리, 나무, 자전거'가 전체어에 해당한다.

> 눈-머리, 나뭇잎-나무, 바퀴-자전거
>
> • 눈은 머리의 부분이다.
> • 머리는 눈을 가지고 있다.

(3) 하나의 단어가 동시에 부분어이자 전체어가 될 수 있다. 다음 그림에서 '다리'는 '신체'의 부분어이자, '종아리'의 전체어이다.

(4) 부분–전체관계와 상하의관계 모두 계층구조가 성립한다는 공통점이 있다.

(5) '장미, 개나리, 튤립'과 같은 하의어는 각각 독립적이며 하나의 종류에 속하지만, 부분어는 그렇지 않다. 다음 그림에서 '팔, 몸통, 머리'는 경계가 명확하지 않아 독립적이라 보기 어렵고, 같은 종류에 속하지도 않는다.

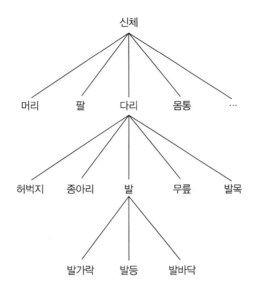

제2절   부분-전체관계의 특징 (종요)

상하의관계는 이행성과 일방적 함의관계가 항상 성립하지만, 부분−전체관계는 항상 성립하지 않는다.

1   이행성

다음 그림에서 C가 B의 부분어이고, B가 A의 부분어라면 물리적으로 C는 A의 부분이 된다. 하지만 언어적으로는 항상 성립한다고 말하기 어렵다. 예를 들어 문고리는 물리적으로 집의 일부이다. 그러나 '문고리는 집의 부분이다', '집은 문고리를 가진다'와 같은 표현은 다소 어색하게 느껴진다. 즉, 부분−전체관계에서 이행성이 항상 성립하지는 않는다.

2 일방적 함의관계

다음 예문에서 (가)가 참이면 (나) 또한 반드시 참이므로, (가)와 (나)는 일방적 함의관계이다. 그러나 (다), (라)의 관계는 조금 다르다. (다)는 참이어도 (라)는 항상 참일 수 없다. 반대로 (라)가 참이어도 (다)가 항상 참일 수는 없다. 즉, 부분–전체관계에서 일방적 함의관계가 항상 성립하지는 않는다.

(가) 그는 성규의 팔을 잡았다.
(나) 그는 성규의 신체를 잡았다.

(다) 나는 방금 바퀴를 샀다.
(라) 나는 방금 자동차를 샀다.

제 5 장 | 동음관계와 다의관계

제5장

제1절 동음관계와 다의관계의 규정

1 동음관계의 개념

하나의 형식에 여러 의미가 대응되는 의미관계를 **동음관계**(同音關係, homonymy)라 하고, 이 관계에 있는 단어들을 **동음어**(同音語, homonym)라 한다. 동음어는 다의어와는 달리, 우연히 소리만 같을 뿐 단어들의 의미는 서로 전혀 관계가 없다.

배	치다
• 신체 부위(腹) • 탈 것(船) • 먹는 과일(梨) • 곱절(倍)	• 눈보라가 치다 • 북을 치다 • 초를 치다 • 커튼을 치다 • 소를 치다

2 다의관계의 개념

하나의 언어 형식에 연결된 의미와 연관성이 있는 다른 의미들이 연결되어 있는 의미관계를 **다의관계**(多義關係, polysemy)라고 한다. 이러한 다의관계에 있는 단어들을 **다의어**(多義語, polysem)라고 한다.

예를 들어, '먹다'의 중심 의미는 '음식 따위를 입을 통하여 배 속에 들여보내다'이다. 이 의미와 연관성이 있는 의미들에도 '먹다'를 사용하여 그 의미가 확대되었다고 볼 수 있다. 표와 그림으로 나타내면 다음과 같다.

먹다	
중심 의미	밥을 먹다
주변 의미	뇌물을 먹다
	마음을 굳게 먹다
	나이를 먹다
	녹을 먹다
	겁을 먹다
	더위를 먹다

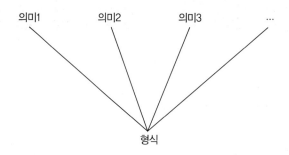

3 동음어와 다의어의 관계

단어를 형성하는 형식과 의미의 연결 방식을 다음과 같이 몇 가지로 생각해 볼 수 있다. 형식과 의미가 일대일로 대응하는 것이 이상적이지만 실제로 일대일의 대응관계는 찾아보기 어렵다.

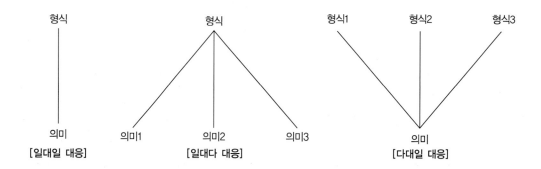

(1) 일대일 대응을 이루는 경우를 단의관계(單義關係, monosemy)라고 한다. 단의관계는 하나의 형식이 배타적으로 하나의 의미로만 사용되는 전문어를 제외하면 실제로 잘 사용되지 않는다.

(2) 일대다 대응의 경우는 다의관계와 동음관계로 구분할 수 있다.

(3) 다대일 대응은 동의관계라 한다.

제2절 | 동음어와 다의어의 구별 중요

동음관계와 다의관계는 하나의 형식에 둘 이상의 의미가 연결되는 일대다 관계라는 공통점이 있다.

> 배, 다리, 은행, 쓰다, 그리다

위의 예들은 다의관계와 마찬가지로 둘 이상의 의미들을 나타낸다. 그런데 이 예들은 다의관계에서 보이는 의미들 간의 연관성이 결여되어 있다. '배'의 경우 다음과 같이 사용되는데, 각각의 '배'가 나타내는 의미들 간의 연관성을 찾아보기 힘들다.

> (가) 배(腹)가 아프다.
> (나) 배(船)가 고장 났다.
> (다) 배(梨)가 맛있다.
> (라) 두 배(倍)가 되었다.

이와 같이 한 형식에 여러 개의 의미가 연결되어 있지만 그 의미들 간에 뚜렷한 연관성을 찾기 힘들 때, 이를 동음관계라고 하여 다의관계와 구별한다.

이상과 같은 다의관계와 동음관계는 사전에서 다음과 같은 형식으로 구별된다.

동음관계	손¹	사람의 팔목 끝에 달린 부분. 손등, 손바닥, 손목으로 나누며 그 끝에 다섯 개의 손가락이 있어, 무엇을 만지거나 잡거나 한다.
	손²	다른 곳에서 찾아온 사람
	손³	자신의 세대에서 여러 세대가 지난 뒤의 자녀를 통틀어 이르는 말
다의관계	[1] 배	사람이나 동물의 몸에서 위장, 창자, 콩팥 따위의 내장이 들어 있는 곳으로 가슴과 엉덩이 사이의 부위
	[2] 배	긴 물건 가운데의 볼록한 부분
	[3] 배	정상 진동이나 정상파에서 진폭이 가장 큰 부분

제3절 　동음어의 생성

1 　동음어 생성 요인

울만(Ullmann)에 따라 동음어의 생성 요인을 음운 변화, 의미 분화, 외부 영향으로 구분할 수 있다.

(1) 음운 변화

① (가)에서 '쓰다'는 /ㅳ/이 /ㅆ/으로 바뀌면서 '쓰다(用)'가 되었고, 기존에 존재하던 '쓰다(書)'와 동음관계
가 되었다.

② (나)에서 '뎔'은 구개음화에 의해 '절(寺)'로 음운이 변하였고, '절(拜)'과 동음 관계가 되었다.

③ (다)에서 'ᄃᆞ리'는 /ㆍ/(아래아)가 소실되면서 '다리(橋)'로 음운이 변하였고, '다리(脚)'와 동음관계가 되
었다.

> (가) 쓰다 → 쓰다(用)-쓰다(書)
> (나) 뎔 → 절(寺)-절(拜)
> (다) ᄃᆞ리 → 다리(橋)-다리(脚)

(2) 의미 분화

① 원래 다의어였던 것이 시간이 흐르면서 의미 사이의 관련성을 잃고 동음어가 되기도 한다.

② '달'은 중세 국어에서 하늘에 떠 있는 '달'과 개월 수를 세는 '달'을 모두 의미하는 다의어였는데, 현대 국
어에서 의미가 분화되면서 동음관계를 이루게 되었다.

중세 국어		현대 국어	
달(月/個月)	➜ 　다의어	• 달(月) 예 오늘 달이 밝다. • 달(個月) 예 벌써 한 달이 지났다.	➜ 　동음어

(3) 외부 영향

① 외래어나 한자어 등이 유입되면서 기존의 단어와 동음관계를 형성하기도 한다.

② 외래어나 한자어가 고유어와 동음관계를 형성하기도 하고, 외래어와 한자어가 서로 동음관계를 형성하기
도 한다.

> (가) 고유어-한자어 : 시내(溪)-시내(市內)
> (나) 한자어-영어 : 기타(其他)-기타(guitar)
> (다) 고유어-영어 : 키(身長)-키(key)

제4절 다의어의 생성

1 다의어 생성 원인

인간이 언어를 통해 표현하고자 하는 의미는 무수히 많다고 할 수 있다. 그러나 인간이 사용할 수 있는 형식은 상대적으로 제한적이다. 따라서 모든 의미에 각각 다른 형식을 부여하기보다는 하나의 형식에 여러 의미를 나타내는 방식을 사용하게 된다. 이는 언어의 경제성 추구의 한 예시라고 볼 수 있다.

2 다의어 생성 요인

울만은 다의어의 생성 요인으로 적용의 전이, 사회 환경의 특수화, 비유적 표현, 동음어의 재해석, 외국어의 영향 다섯 가지를 제시하였다.

(1) 적용의 전이

단어는 문맥에 따라 다양한 의미를 가질 수 있다. 일부는 일시적으로 사용되지만, 일부는 그 의미를 고정적으로 가지게 되기도 한다. 그 의미들이 점차 사이가 벌어져 본래의 의미와 다른 의미로 간주되는 현상을 적용의 전이(適用의 轉移, shifts in application)라고 한다.

① 적용의 전이는 특히 형용사에서 빈번하게 일어난다. 이는 형용사가 수식하는 명사에 따라 의미가 변화하기 쉽기 때문으로 보인다.

② 다음 표의 예시 '밝다'를 보면, 구체적인 '빛'이나 '색'과 쓰일 때는 '환하다'라는 의미로 쓰이다가 추상적인 '사리' 등의 단어와 쓰일 때는 '생각이나 태도가 분명하고 바르다'라는 뜻으로 변해가는 것을 볼 수 있다. 반대의 경우는 일어나지 않는다.

③ '길다'는 공간적 의미와 시간적 의미를 동시에 가질 수 있는데, 공간적 의미가 구체적이고 시간적 의미가 추상적이므로 공간적 의미가 중심적 의미, 시간적 의미가 은유적 의미가 된다.

- 밝다 : 빛 → 색 → 표정 → 분위기 → 눈/귀 → 사리
  (구체적) ←──────────────→ (추상적)
- 길다 : 복도가 길다 → 대기 시간이 길다

(2) 사회 환경의 특수화

사회 환경의 특수화(社會 環境의 特殊化, specialization)는 일반 사회에서 널리 쓰이는 단어가 특정 사회에서 특정 의미로 사용되는 것을 일컫는다. 그 예시는 다음과 같다.

① 표현의 일부가 생략되어 발생하는 다의관계로, 생략된 부분은 사회적 환경에 의해 복원된다.

② 일반적인 의미를 가지는 단어가 특수한 의미를 가지게 되면 보통명사가 고유명사의 의미를 함께 가지게 되는 경우가 생긴다. 다음 표에서 '서울'은 수도를 의미하는 일반명사였지만, '한반도의 중심부에 있는 도시'라는 고유명사로서의 의미도 함께 가지게 되었다.

③ 다음 표의 '믿음'은 일반적으로 '어떤 사실이나 사람을 믿는 마음'을 의미하지만, 종교 분야에서는 신앙의 의미로 쓰인다.

보통명사의 고유명사화	[1] 서울	한 나라의 중앙 정부가 있는 곳
	[2] 서울	한반도의 중심부에 있는 도시
특수 사회에서의 특수 의미	[1] 믿음	어떤 사실이나 사람을 믿는 마음
	[2] 믿음	[종교 일반] 초자연적인 절대자, 창조자 및 종교 대상에 대한 신자 자신의 태도로서, 두려워하고 경건히 여기며, 자비·사랑·의뢰심을 갖는 일

(3) 비유적 표현

단어가 비유적 의미를 획득하여, 고유 의미와 비유적 의미가 공존하게 되면 다의어가 형성된다. 이것이 비유적 표현(比喩的 表現, figurative language)이다.

① 비유적 의미를 획득하는 원리는 적용의 전이와 동일하다.

② 울만은 비유적 표현의 보기로 은유와 환유를 제시했다.

③ 은유는 사물의 유사성에 바탕을 둔 것이다. 다음 표에서 '다리'는 사람의 '다리'와 물건을 받치는 '다리'가 모양과 기능이 유사하여 생긴 다의어다.

④ 환유는 사물의 인접성에 바탕을 둔 것이다. 시간의 인접성에 따라 '아침'이 '아침 시간'과 '아침 식사' 두 가지 의미를 가지는 다의어가 되었다.

은유	[1] 다리	사람이나 동물의 몸통 아래 붙어 있는 신체의 부분으로, 서고 걷고 뛰는 일 따위를 맡아 함
	[2] 다리	물체의 아래쪽에 붙어서 그 물체를 받치거나 직접 땅에 닿지 아니하게 하거나 높이 있도록 버티어 놓은 부분
환유	[1] 아침	날이 새면서 오전 반나절쯤까지의 동안
	[2] 아침	'아침'에 끼니로 먹는 음식. 또는 '아침'에 끼니를 먹는 일

(4) 동음어의 재해석

동음어의 재해석(同音語의 再解釋, homonyms reinterpreted)은 어원적으로 별개의 단어였으나 음성 또는 글자의 변화로 동음어가 된 것에 의미상 관련이 인정되어 다의어로 재해석되는 사례이다. 울만은 이러한 유형의 다의어가 매우 드물다고 하였다.

① 다음 표를 보면, 15세기 중세 국어에서 '여름'은 '열매(果)'의 의미로, '녀름'은 '여름(夏)' 또는 '농사(農事)'의 의미로 쓰였다.

② 다음 표를 보면, 17세기에 '녀름'이 '여름'으로 형태가 변화하면서 '여름1'의 '열매(果)'의 의미와 '여름2'의 '여름(夏), 농사(農事)'의 의미가 연관되어 다의어로 재해석되었다.

15세기		17세기		21세기
여름(果)	→	여름1(果)	→	열매(果)
녀름(夏/農事)		여름2(夏/農事)		여름(夏)

(5) 외국어의 영향

원래 존재하던 단어가 외국어에 의해 의미가 변하거나, 그 자리를 외국어가 차지하기도 한다. 이것이 외국어의 영향(外國語의 影響, foreign influence)에 의한 다의어 생성이다. 그 예시는 다음과 같다.

① 다음 표의 '하느님'은 원래 '옥황상제(玉皇上帝)'를 의미했으나, 서양에서 기독교가 전래되면서 '여호와(God)'의 의미로도 쓰이게 되었다.

② 다음 표의 '인간(人間)'은 원래 '사람이 사는 세상', '속세'를 의미하였으나, 1920년대 후반 '사람'을 의미하는 일본식 한자어 '人間(にんげん)'이 유입되면서 '사람'의 의미로도 쓰이게 되었다.

하느님	[1] 하느님	[종교 일반] 우주를 창조하고 주재한다고 믿어지는 초자연적인 절대자
	[2] 하느님	[가톨릭] 가톨릭에서 신봉하는 유일신으로, 천지의 창조주이며 전지전능하고 영원한 존재로서, 우주 만물을 섭리로 다스리는 존재
인간	[1] 인간	생각을 하고 언어를 사용하며, 도구를 만들어 쓰고 사회를 이루어 사는 동물
	[2] 인간	사람이 사는 세상

제5절 동음어의 유형

라이온즈(J. Lyons)[3]는 동음관계를 절대적 동음관계와 부분적 동음관계로 구별하였다.

1 절대적 동음관계(동철자 동음이의어)

철자와 소리가 모두 같은 동음어로, 절대적 동음어라고도 한다.

(1) 다음 표의 (가)는 순우리말과 순우리말 사이의 절대적 동음어이다. 의미적으로 관련이 없고, 소리와 철자가 모두 동일하며 품사 또한 동일하다.

---

3) Lyons, J.(1995), 『Linguistics Semantics: An Introduction』, Cambridge: Cambridge University Press.

(2) 다음 표의 (나)는 한자어와 한자어 사이의 절대적 동음어이다.

(3) 다음 표의 (다)는 순우리말과 한자어 사이의 절대적 동음어이다.

(4) 참고로 절대적 동음어 외에도 유사 동음어라는 개념이 있는데, 그 예시로 '새(鳥)'와 '신(新)'이 있다. 이 경우 서로 의미가 관련이 없고, 소리와 철자가 모두 같지만 품사가 각각 명사와 관형사로 다르기 때문에 절대적 동음어가 아닌 유사 동음어에 해당한다.

> (가) 비(雨)-비(彗, 빗자루), 쓰다(用)-쓰다(書), 빨다(손가락을)-빨다(빨래를)
> (나) 기사(技士)-기사(記事)-기사(記寫)
> (다) 시내(川)-시내(市內)

> 〈조건〉
> • 의미의 연관성이 없어야 한다.
> • 두 단어의 어형이 소리와 철자 모두 동일하다.
> • 두 가지 형태가 문법적으로 대등해야 한다.

2 부분적 동음관계 중요

부분적 동음어라고도 하며, 글자의 철자나 소리에서 차이를 보이는 동음어이다.

(1) 이철자 동음이의어

① 다음 표의 (가)는 형태는 다르지만 음절 끝소리 규칙에 의해서 특정 음운 환경에서 동음어가 된다.
② 다음 표의 (나)에서 '학문(學問)'은 자음 동화에 의해 '항문(肛門)'과 동음어가 된다.
③ 다음 표의 (다) 중 '반듯이'는 연음 법칙에 의해 '반드시'와 동음어가 된다.

> (가) 잎(葉)-입(口), 묽다-묶다-묵다, 빚-빛-빗
> (나) 학문(學問)-항문(肛門)
> (다) 반듯이-반드시, 붙이다-부치다, 달이다-다리다

> 〈조건〉
> 철자가 다르지만 소리가 같다.

(2) 동철자 이음이의어

① 다음 표의 (가)는 철자와 음소는 같지만 운소가 다르다. (가)의 예는 소리의 길이가 다르다.

② 다음 표의 (나)는 철자와 음소는 같지만 소리의 세기가 다른 예이다.

> (가) 말(言):-말(馬)-말(斗)
> 　　눈(雪):-눈(眼)
>
> (나) 우리[1] : 짐승을 가두어 기르는 곳
> 　　우리[2] : 말하는 이가 자기와 듣는 이, 또는 자기와 듣는 이를 포함한 여러 사람을 가리키는 일인칭 대명사

> 〈조건〉
> • 철자나 음소가 같다.
> • 소리의 높이, 길이, 세기 등의 운소가 다르다.

이를 정리하면 다음과 같다.

동음어 종류		철자	소리	의미	예시
절대적 동음관계	동철자 동음이의어	같다	같다	다르다	비(雨)-비(彗)
부분적 동음관계	이철자 동음이의어	다르다	같다	다르다	잎(葉)-입(口)
	동철자 이음이의어	같다	다르다	다르다	눈(雪):-눈(眼)

제1장 동의관계

01 둘 이상의 형식이 하나의 의미에 연결되어 있는 의미관계를 동의관계라 한다.

01 다음 중 둘 이상의 형식이 하나의 의미에 연결되어 있는 의미관계는?

① 동의관계
② 다의관계
③ 동음관계
④ 반의관계

02 ① 상하의관계의 예이다.
②·③ 반의관계의 예이다.

02 다음 중 동의관계의 예에 해당하는 것은?

① 여성-소녀
② 사다-팔다
③ 할아버지-할머니
④ 아우-동생

03 동의관계는 하나의 의미에 여러 형식이 대응하는 관계이다.

03 다음 중 동의관계에 대한 설명으로 옳지 <u>않은</u> 것은?

① 동의관계에 있는 단어들을 동의어라고 한다.
② 하나의 형식에 여러 의미가 대응하는 관계이다.
③ '태양-해'는 동의관계의 예에 해당한다.
④ 동일성 정도에 따라 절대적 동의관계, 상대적 동의관계로 나눌 수 있다.

정답 (01① 02④ 03②)

04 다음 중 동의관계에 대한 설명으로 옳지 <u>않은</u> 것은?

① 동일성 정도에 따라 절대적 동의관계와 상대적 동의관계로 나눌 수 있다.

② 동의관계는 인식과 표현의 다양성을 추구하고자 하는 것이다.

③ 블룸필드는 실질적인 동의어는 존재하지 않는다고 주장하였다.

④ 동의관계 유형에는 차용, 일반어와 전문어, 음운 변화, 의미 변화가 있다.

04 동의관계 유형에는 차용, 일반어와 전문어, 문체나 격식의 차이가 있다. 음운 변화, 의미 변화는 동음어 생성 요인에 해당한다.

05 다음 중 절대적 동의관계에 대한 설명으로 옳은 것은?

① 절대적 동의관계는 모든 문맥에서 치환이 가능한 동의관계를 말한다.

② 울만은 절대적 동의관계는 이론적으로만 존재할 수 있다고 주장하였다.

③ '아버지-아빠'는 절대적 동의관계의 예이다.

④ 절대적 동의관계만 동의어에 해당한다.

05 절대적 동의관계는 동의어들의 개념적 의미, 연상적 의미, 주제적 의미까지 동일하며, 모든 문맥에서 치환이 가능한 동의관계를 말한다.
② 울만은 전문용어에 한정하여 절대적 동의관계가 존재할 수 있음을 인정했다.
③ '아빠는 선생님이다'와 '아버지는 선생님이다'라는 두 문장이 화용론적 차이가 나타나므로 '아버지-아빠'는 상대적 동의관계이다.
④ 동의어는 상대적 동의관계 중에서도 특정 문맥에서만 개념적 의미, 연상적 의미, 주제적 의미가 동일한 경우를 일반적으로 일컫는다.

06 다음 중 동의어 분석법이 <u>아닌</u> 것은?

① 대치검사

② 반의어 사용법

③ 병렬검사

④ 나열법

06 동의어 분석법에는 대치검사, 반의어 사용법, 나열법이 있다.

정답 04 ④ 05 ① 06 ③

07 ① 반의어 사용법에 대한 설명이다.
② 나열법에 대한 설명이다.
③ 모든 문맥에서 교체 가능한 두 단어는 절대적 동의관계에 있다고 하는데, 대치검사는 절대적 동의관계뿐만 아니라 상대적 동의관계까지 확인하는 동의어 분석법이다.

07 다음 중 동의어 분석법의 대치검사에 대한 설명으로 옳은 것은?

① 둘 이상의 단어가 하나의 단어와 반의관계를 가지면 동의어라고 볼 수 있다.
② 동의어들을 일렬로 나열하여 각 단어들의 차이를 알 수 있다.
③ 모든 문맥에서 두 단어가 교체 가능한지 확인하는 방법이다.
④ 특정 문맥에서 두 단어가 교체 가능한지 확인하는 방법이다.

08 제시된 예시는 고유어–한자어, 한자어–고유어, 본딧말–준말 관계의 문제에 따른 동의관계이다.

08 다음 예시와 관련된 동의어 형성 요인은?

- 식량–먹거리, 자립–홀로서기
- 경상남도–경남, 한국은행–한은

① 문체
② 전문어
③ 지역 방언
④ 완곡어법

09 일반어와 전문어 관계의 동의관계이다.

09 다음 예시와 관련된 동의어 형성 요인은?

- 염화나트륨–소금, 지방–기름
- 늑골–갈비뼈, 담낭–쓸개

① 문체
② 전문어
③ 지역 방언
④ 완곡어법

정답 07 ④ 08 ① 09 ②

10 다음 중 동의어 충돌에 대한 설명으로 옳은 것은?

① 한자어나 외래어보다는 고유어가 충돌에서 우세하다.

② 음절의 길이가 긴 것과 짧은 것이 대립할 때는, 길이가 긴 것이 우세하다.

③ 동의어 중 한쪽이 다른 단어와 동음관계에 있으면 풍부한 표현을 위해 동음관계가 있는 단어가 우세하다.

④ 둘 이상의 단어가 동일한 지시를 표현하므로 나타나는 현상이다.

11 다음 예시는 동의어 충돌 결과 중 어떤 것에 해당하는가?

> 부인-마담, 여자-계집

① 동의어가 계속 공존하며 함께 쓰인다.

② 충돌이 아직 끝나지 않은 상태이다.

③ 공존하며 함께 쓰이나, 동의어 한쪽의 의미가 변한다.

④ 어느 한쪽이 경쟁에 밀려 사라진다.

주관식 문제

01 동의어의 정의에 대해 간략히 서술하고, 예를 드시오.

---

10 ① 고유어보다는 한자어와 외래어가, 방언보다는 표준어가 우세하다.
② 음절의 길이가 긴 것과 짧은 것이 대립할 때는, 길이가 짧은 것이 우세하다.
③ 동의어 중 한 쪽이 다른 단어와 동음관계에 있으면 동음관계를 회피하고자 동음관계가 없는 단어가 우세하게 된다.

11 '마담', '계집'은 본래의 의미에 비해 부정적인 의미를 담게 되었다. 이는 동의어 충돌 결과 공존하며 함께 쓰이나, 동의어 한 쪽의 의미가 변한 예이다.

01 정답
둘 이상의 형식이 하나의 의미에 연결되어 있는 의미관계를 동의관계라 하고, 이러한 동의관계에 있는 단어들을 동의어라 한다. 동의어의 예에는 '태양-해', '어머니-엄마' 등이 있다.

정답 (10 ④   11 ③)

02 정답

ⓐ 절대적
ⓑ 상대적

02 다음 내용에서 괄호 안에 들어갈 적절한 용어를 순서대로 쓰시오.

> 블룸필드(Bloomfield)는 개개의 언어 형식은 일정하고 특정한 의미를 갖는데, 형태가 음소적으로 다르다면 의미도 다르기에 실질적인 동의어는 존재하지 않는다고 주장하였다. 단어의 개념적 의미가 동일한 경우는 종종 찾아볼 수 있으나, 연상적 의미나 주제적 의미 등 모든 의미가 완전히 동일한 경우는 매우 드물다. 동의어는 이처럼 동일성 정도에 따라 (ⓐ) 동의관계, (ⓑ) 동의관계로 나눌 수 있다.

03 정답

동의어 충돌 결과, 세 가지 유형이 나타난다. 첫째로, 동의어가 계속 공존하며 함께 쓰이는 경우이다. '사람-인간'과 같은 예가 있으며, 충돌이 아직 끝나지 않은 상태라고도 볼 수 있다. 둘째로, 어느 한쪽이 경쟁에 밀려 사라지는 경우가 있다. '즈믄-천(千)'에서 '즈믄'이 경쟁에 밀려 사라졌다. 마지막으로 공존하며 함께 쓰이나, 동의어 한쪽의 의미가 변하는 경우가 있다. '마담'은 본래 '부인'의 동의어였으나 본래의 의미에 비해 부정적인 의미를 담게 된 예이다.

03 동의어 충돌의 결과를 예와 함께 서술하시오.

제2장 반의관계

01 다음 중 등급 반의어의 예로 옳은 것은?

① 참-거짓

② 들어가다-나오다

③ 크다-작다

④ 기혼-미혼

02 다음 중 반의어에 대한 설명으로 옳지 <u>않은</u> 것은?

① 하나의 단어는 하나의 반의어만을 가진다.

② 반의어는 의미 특성에 따라 단순 반의어, 등급 반의어, 방향 반의어의 세 가지 유형으로 나눌 수 있다.

③ 상호 배타적인 의미 영역을 나타내고 있어서 동시에 성립할 수 없는 두 단어를 상보 반의어라고 한다.

④ 반의어에 해당하는 단어의 의미 성분을 비교하면, 하나의 의미 성분만 다르고 나머지 의미 성분은 같다.

03 다음 중 반의어 유형에 해당하지 <u>않는</u> 것은?

① 상보 반의어

② 등급 반의어

③ 의존 반의어

④ 방향 반의어

01 ①·④ 상보 반의어의 예이다.
② 방향 반의어의 예이다.

02 '아버지'의 반의어는 '어머니'가 될 수도, '아들'이 될 수도 있다. 이처럼 하나의 단어가 여러 개의 반의어를 가질 수 있다.

03 반의어는 의미 특성에 따라 상보(단순) 반의어, 등급 반의어, 방향 반의어의 세 가지 유형으로 나눌 수 있다.

정답 01 ③ 02 ① 03 ③

04 제시문은 상보 반의어에 대한 설명이다.

04 다음 설명에 해당하는 반의어 유형은?

> • 한 단어를 긍정하면 나머지 단어를 부정한다.
> • 두 단어를 동시에 긍정하거나 부정하는 것은 불가능하다.
> • 정도부사의 수식을 받거나, 비교 표현에 사용될 수 없다.

① 상보 반의어
② 등급 반의어
③ 방향 반의어
④ 상대 반의어

05 제시문은 등급 반의어에 대한 설명이다.

05 다음 설명에 해당하는 반의어 유형은?

> • 한 쪽을 부정해도 다른 쪽을 긍정하지 않는다.
> • 동시에 부정하는 것이 가능하지만 동시에 긍정하는 것은 불가능하다.
> • 정도부사의 수식이 가능하고, 비교 표현에도 사용될 수 있다.

① 상보 반의어
② 단순 반의어
③ 방향 반의어
④ 등급 반의어

정답 04 ① 05 ④

06 다음 예시에 해당하는 반의어 유형은?

> • 가다-오다
> • 들어가다-나오다
> • 오르다-내리다
> • 전진하다-후퇴하다
> • 위로-아래로

① 상보 반의어
② 등급 반의어
③ 방향 반의어
④ 상대 반의어

06 어떤 공간이나 시간을 기준으로 반의어가 서로 반대되는 방향을 의미하는 방향 반의어이다.

07 다음 예시에 해당하는 반의어 유형은?

> • 남성-여성
> • 미혼자-기혼자
> • 참-거짓
> • 살다-죽다
> • 합격하다-불합격하다

① 상보 반의어
② 등급 반의어
③ 방향 반의어
④ 상대 반의어

07 두 단어가 상호 배타적인 의미 영역을 나타내고 있어서 동시에 성립할 수 없는 상보 반의어이다.

정답 (06 ③   07 ①)

08 방향 반의어 중 작용 방향이 반대가 되는 반의어는 주로 동사에서 나타난다.

08 다음 중 방향 반의어에 대한 설명으로 옳지 <u>않은</u> 것은?

① 방향 반의어 중 작용 방향이 반대가 되는 반의어는 주로 형용사에서 나타난다.

② 실제 움직임은 없지만, 관점의 차이에 의해 방향의 대립이 발생하는 반의어이다.

③ 두 단어가 방향의 양 끝을 나타내는 반의어이다.

④ 기준점을 중심으로 상호 방향이 다른 쪽을 나타내는 반의어이다.

09 ① 등급 반의어의 예이다.
② · ③ 상보 반의어의 예이다.

09 다음 중 반의어의 유형과 예가 옳게 짝지어진 것은?

① 상보 반의어 : 덥다-춥다

② 등급 반의어 : 살다-죽다

③ 방향 반의어 : 합격하다-불합격하다

④ 등급 반의어 : 쉽다-어렵다

주관식 문제

01 **정답**
서로 대립하는 의미를 가진 두 단어들을 반의관계라 하고, 이러한 반의관계에 있는 단어들을 반의어라고 한다. 반의어에 해당하는 단어의 의미 성분을 비교하면, 하나의 의미 성분만 다르고 나머지 의미 성분은 같다. 반의어의 예로 '할머니-할아버지'를 들 수 있는데, 두 단어를 성분 분석하여 보면 '할아버지'와 '할머니'는 의미 성분 [+인간], [+늙음]을 공통으로 가지고, [남성]의 의미 성분에서 차이가 난다.

01 반의어의 정의와 조건에 대해 예를 들어 서술하시오.

정답 (08 ① 09 ④)

02 이치적 사고와 다치적 사고의 차이를 서술하시오.

02 **정답**

이치적 사고란 모든 것을 명쾌하게 두 쪽으로 나누는 사고법으로 이분법이라고도 한다. 논리적 설명이나 사고에 도움이 되지만, 유연한 사고를 막을 수도 있다. 이치적 사고와는 달리, 중간자의 개입을 허용하는 입체적이고 다양한 사고법인 다치적 사고가 있다. 이는 이치적 사고의 한계를 극복하는 사고법이 될 수 있다.

03 반의어와 이치적 사고를 연관 지어 서술하시오.

03 **정답**

'아버지-어머니'와 같은 반의어 쌍을 떠올리면, 이치적 사고에 의해 '아버지'의 반의어는 '어머니'뿐이라는 오류에 빠질 수 있다. 그러나 '아버지'의 반의어는 '아들'이 될 수도 있다. 이처럼 하나의 단어가 여러 개의 반의어를 가질 수도 있다.

04 반의어의 예를 세 가지 이상 쓰시오.

04 **정답**

아버지-어머니, 여름-겨울, 밝다-어둡다 등

05 **[정답]**
상보

05 다음 내용에서 괄호 안에 공통으로 들어갈 적절한 용어를 쓰시오.

> 반의어는 의미 특성에 따라 ( ) 반의어, 등급 반의어, 방향 반의어의 세 가지 유형으로 나눌 수 있다. 이 중 상호 배타적인 의미 영역을 나타내고 있어서 동시에 성립할 수 없는 두 단어를 ( ) 반의어라고 한다. 단순 반의어라고도 한다.

06 **[정답]**
예문에 쓰인 반의어 쌍은 '합격하다 –불합격하다'로 상보 반의어에 해당한다. 상보 반의어는 상호 배타적인 의미 영역을 나타내고 있어서 동시에 성립할 수 없다. 즉 두 단어 사이의 정도를 따질 수 없기에 상보 반의어는 정도부사의 수식을 받거나, 비교 표현에 사용될 수 없다는 특징을 가진다. 문제의 예문은 상보 반의어와 비교 표현이 함께 쓰였기에 어색하다.

06 다음 문장에 쓰인 반의어의 종류를 쓰고, 문장이 어색한 이유를 반의어의 특징과 연관 지어 서술하시오.

> • *영수보다 희수가 더 불합격했다.
> • *영수보다 희수가 더 합격했다.

제3장   상하의관계

01 다음 중 한 단어의 의미가 다른 단어의 의미에 포함되어 있는 관계를 이르는 것은?

① 반의관계
② 상하의관계
③ 부분–전체관계
④ 동음관계

02 다음 중 상하의관계의 예가 <u>아닌</u> 것은 무엇인가?

① 꽃 : 개나리
② 빵 : 바게트
③ 탈것 : 버스
④ 문 : 문고리

03 다음 중 상하의관계에 대한 설명으로 옳은 것은?

① 한 단어가 동시에 상의어이면서 하의어일 수 없다.
② 상의어는 상위어라고도 한다.
③ '바퀴–자동차'는 상하의관계에 해당한다.
④ 상의어는 하의어보다 더 특수한 의미를 나타낸다.

01 한 단어의 의미가 다른 단어의 의미에 포함되어 있을 때 두 단어는 상하의관계에 있다고 한다. 포함관계라고도 한다.

02 '문 : 문고리'는 부분–전체관계이다.

03 계층구조에서 상위에 존재하므로 상의어를 상위어라 부르기도 한다.
   ① 하나의 단어가 동시에 상의어이자 하의어가 될 수 있다. 예를 들어 '나무'는 '식물'의 하의어이자, '소나무'의 상의어이다.
   ③ '바퀴–자동차'는 전체–부분관계이다.
   ④ 더 특수하고 구체적인 의미를 나타내는 것은 하의어이다.

정답 (01 ②   02 ④   03 ②)

04 동하의어라는 말은 존재하지 않는다. 공하의어의 다른 표현은 동위어이다.

04 다음 중 상하의관계와 관련 없는 개념은?

① 상의어

② 하의어

③ 공하의어

④ 동하의어

05 '동물'은 '강아지', '고양이', '말'에 대한 상의어이다.

05 다음 단어들 중에서 상의어는 무엇인가?

① 동물

② 강아지

③ 고양이

④ 말

06 상하의관계의 특징에는 이행성, 일방적 함의관계, 계층구조가 있다.

06 다음 중 상하의관계의 특징이 아닌 것은?

① 이행성

② 일방적 함의관계

③ 함축

④ 계층구조

정답 04 ④ 05 ① 06 ③

07 다음 중 상의어와 하의어에 대한 설명으로 옳은 것은?

① 식물이 나무의 상의어이고, 나무가 소나무의 상의어라면 식물은 소나무의 상의어가 된다.
② 상하의관계에 있는 단어는 상호함의관계를 유발한다.
③ 하의어와 상의어는 의미 성분을 공유하지 않는다.
④ 한 단어가 다른 단어의 부분이 되는 관계를 상하의관계라 한다.

08 다음 중 '개'의 하의어로 옳은 것은?

① 강아지
② 치와와
③ 고양이
④ 동물

주관식 문제

01 상하의관계에 대해 예시와 함께 서술하시오.

---

07 ② 상하의관계는 일방적 함의관계를 유발한다.
③ 하의어는 상의어와 같은 의미 성분을 공유하면서 더 많은 의미 성분을 가진다.
④ 부분-전체관계에 대한 설명이다.

08 ① '강아지'는 '개'의 동의어이다.
③ '고양이'는 '개'와 함께 '동물'의 공하의어라 볼 수 있다.
④ '동물'은 '개'의 상의어이다.

01 **정답**
한 단어의 의미가 다른 단어의 의미에 포함되어 있을 때 두 단어는 상하의관계에 있다고 말한다. 포함관계라고도 하며, '개-진돗개', '차-트럭', '과일-복숭아' 등이 상하의관계의 예이다.

정답 07 ① 08 ②

02 **정답**
ⓐ 상의어
ⓑ 하의어
ⓒ 공하의어

02 **다음 내용에서 괄호 안에 들어갈 적절한 용어를 순서대로 쓰시오.**

> 상하의관계에서 넓은 의미 영역을 가지는 단어를 (ⓐ)
> (이)라 하고, 좁은 의미 영역을 가지는 단어를 (ⓑ)(이)
> 라 한다. 또 상하의관계를 계층구조로 나타냈을 때 같은 위
> 치에 있는 단어들을 (ⓒ)(이)라 한다.

03 **정답**
이행성, 일방적 함의관계

03 **상하의관계의 특징 두 가지를 쓰시오.**

제4장	부분-전체관계

01 다음 중 한 단어가 다른 단어의 부분이 되는 관계를 의미하는 것은?

① 상하의관계
② 포함관계
③ 부분–전체관계
④ 동의관계

01 ②의 포함관계는 상하의관계의 다른 이름이다.

02 다음 중 부분–전체관계의 예가 <u>아닌</u> 것은?

① 코–머리
② 화면–핸드폰
③ 해–태양
④ 소매–셔츠

02 ③은 동의관계의 예이다.

03 다음 중 부분–전체관계에 대한 설명으로 옳은 것은?

① 부분–전체관계는 계층구조를 가진다.
② '문학–소설'은 부분–전체관계에 해당한다.
③ 'B는 A를 가지고 있다'와 같은 문장이 성립할 때 A를 전체어라 한다.
④ 한 단어가 동시에 부분어이면서 전체어일 수 없다.

03 ② '문학–소설'은 상하의관계에 해당한다.
③ 'B는 A를 가지고 있다'와 같은 문장이 성립할 때 A를 부분어, B를 전체어라 한다.
④ 하나의 단어가 동시에 부분어이자 전체어가 될 수 있다. 예를 들어 '다리'는 '신체'의 부분어이자, '종아리'의 전체어이다.

정답 (01 ③ 02 ③ 03 ①)

04 '다리'의 부분어에는 '허벅지', '발', '종아리', '무릎', '발목' 등이 있다. ③의 '발가락'은 '발'의 부분어이다.

04 다음 그림이 부분–전체관계를 나타낼 때, 괄호 안에 들어갈 수 있는 단어는?

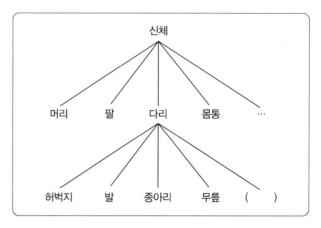

① 손목   ② 발목
③ 발가락   ④ 손

05 '머리'는 '입', '귀', '눈'의 전체어이다.

05 다음 단어들 중에서 전체어를 옳게 고른 것은?

① 입   ② 귀
③ 눈   ④ 머리

06 ① 부분–전체관계는 이행성이 항상 성립하지는 않는다.
② 부분–전체관계의 단어는 상호함의관계를 유발하지 않는다. 또한 상하의관계와 달리 일방적 함의관계도 항상 성립하는 것은 아니다.
③ '팔, 몸통, 머리'와 같은 부분은 경계가 명확하지 않아 독립적이라 보기 어렵고 같은 종류에 속하지도 않는다.

06 다음 설명 중에서 옳은 것은?

① 부분–전체관계는 이행성이 항상 성립한다.
② 부분–전체관계의 단어는 상호함의관계를 유발한다.
③ 부분어는 독립적으로 존재한다.
④ 'A는 B의 부분이다' 또는 'B는 A를 가지고 있다'와 같은 문장으로 부분–전체관계를 확인할 수 있다.

정답 04 ② 05 ④ 06 ④

주관식 문제

01 부분-전체관계에 대해 예시와 함께 서술하시오.

02 다음 내용에서 괄호 안에 들어갈 적절한 용어를 순서대로 쓰시오.

> 'A는 B의 부분이다' 또는 'B는 A를 가지고 있다'와 같은 문장
> 이 성립할 때, 이들 사이에 부분-전체관계가 성립하고, A를
> (㉠), B를 (㉡)(이)라고 부른다.

03 상하의관계와 부분-전체관계의 차이점을 예를 들어 서술하시오.

---

01 **정답**
한 단어가 다른 단어의 부분이 되는
관계를 부분-전체관계라 한다. 부분
관계라고도 하며, '눈-머리', '바퀴-
버스' 등이 부분-전체관계의 예이다.

02 **정답**
㉠ 부분어
㉡ 전체어

03 **정답**
'장미, 개나리, 튤립'과 같은 하의어
는 각각 독립적이며 하나의 종류에
속하지만, 부분어는 그렇지 않다. 예
를 들어 '팔, 몸통, 머리'는 경계가 명
확하지 않아 독립적이라 보기 어렵고
같은 종류에 속하지도 않는다. 또 상
하의관계는 이행성과 일방적 함의관
계가 항상 성립하지만, 부분-전체관
계는 그렇지 않다는 차이점이 있다.

제5장 동음관계와 다의관계

01 하나의 언어 형식에 연결된 의미와 연관성이 있는 다른 의미들이 연결되어 있는 의미관계는 다의관계이다.

01 다음 중 하나의 언어 형식에 연결된 의미와 연관성이 있는 다른 의미들이 연결되어 있는 의미관계를 의미하는 것은?

① 동의관계
② 다의관계
③ 동음관계
④ 반의관계

02 차용, 일반어와 전문어, 문체나 격식의 차이는 동의관계 유형에 해당한다.

02 다음 중 다의관계에 대한 설명으로 옳지 <u>않은</u> 것은?

① 중심 의미에 연관 있는 의미가 확대되어 하나의 단어가 여러 의미를 가지게 되는 것이다.
② 하나의 형식에 여러 의미가 대응하는 관계이다.
③ 언어의 경제성 추구의 한 예시라고 볼 수 있다.
④ 울만은 다의어의 생성 요인으로 차용, 일반어와 전문어, 문체나 격식의 차이를 제시하였다.

03 울만은 다의어의 생성 요인으로 적용의 전이, 사회 환경의 특수화, 비유적 표현, 동음어의 재해석, 외국어의 영향 다섯 가지를 제시하였다.

03 다음 중 울만이 제시한 다의어 생성 요인에 해당하지 <u>않는</u> 것은?

① 적용의 전이
② 대치검사
③ 비유적 표현
④ 외국어의 영향

정답 01 ② 02 ④ 03 ②

04 다음 예시와 관련된 다의어 형성 요인은?

> 밝다 : 빛 → 색 → 표정 → 분위기 → 눈/귀 → 사리
> ◄─────────────────────────────────►
> (구체적)   (추상적)

① 적용의 전이
② 동음어의 재해석
③ 비유적 표현
④ 외국어의 영향

05 다음 예시와 관련된 다의어 형성 요인은?

> • [1] 다리 : 사람이나 동물의 몸통 아래 붙어 있는 신체의 부분. 서고 걷고 뛰는 일 따위를 맡아 함
> • [2] 다리 : 물체의 아래쪽에 붙어서 그 물체를 받치거나 직접 땅에 닿지 아니하게 하거나 높이 있도록 버티어 놓은 부분

① 적용의 전이
② 동음어의 재해석
③ 비유적 표현
④ 외국어의 영향

06 다음 예시와 관련된 다의어 형성 요인은?

15세기		17세기		21세기
여름(果)	→	여름1(果)	→	열매(果)
녀름(夏/農事)		여름2(夏/農事)		여름(夏)

① 적용의 전이
② 비유적 표현
③ 동음어의 재해석
④ 외국어의 영향

정답 (04 ① 05 ③ 06 ③)

07 원래 존재하던 단어가 외국어에 의해 의미가 변하거나, 그 자리를 외국어가 차지하여 다의어를 형성하기도 한다.

07 **다음 예시와 관련된 다의어 형성 요인은?**

> • [1] 하느님 : [종교 일반] 우주를 창조하고 주재한다고 믿어지는 초자연적인 절대자
> • [2] 하느님 : [가톨릭] 가톨릭에서 신봉하는 유일신으로, 천지의 창조주이며 전지전능하고 영원한 존재로서 우주 만물을 섭리로 다스리는 존재

① 적용의 전이
② 사회 환경의 특수화
③ 동음어의 재해석
④ 외국어의 영향

08 일반 사회에서 널리 쓰이는 단어가 특정 사회에서 특정 의미로 사용되면서 다의어가 생성될 수 있다.

08 **다음 예시와 관련된 다의어 형성 요인은?**

> • [1] 서울 : 한 나라의 중앙 정부가 있는 곳
> • [2] 서울 : 한반도의 중심부에 있는 도시

① 적용의 전이
② 사회 환경의 특수화
③ 동음어의 재해석
④ 외국어의 영향

정답 (07 ④ 08 ②)

09 다음 다의어 형성 요인 중 적용의 전이에 대해 옳은 것은?

① 적용의 전이는 특히 동사에서 빈번하게 일어난다.

② 적용의 전이는 추상적인 의미에서 구체적인 의미로 변한다.

③ '길다'가 '복도가 길다', '대기 시간이 길다'라는 두 문맥에서 모두 사용되는데, 공간적 의미가 추상적 의미에, 시간적 의미가 구체적 의미에 해당한다.

④ 단어의 일시적 의미가 점차 사이가 벌어져 본래의 의미와 다른 의미로 간주되는 현상을 적용의 전이라 한다.

10 다음 다의어 형성 요인 중 비유적 표현에 대해 옳지 <u>않은</u> 것은?

① 시간의 인접성에 따라 '아침'은 '아침 시간'과 '아침 식사' 두 가지 의미를 가지는 다의어가 되었다.

② 울만은 비유적 표현의 보기로 은유와 환유를 제시했다.

③ 환유는 사물의 유사성에 바탕을 둔 것이다.

④ 고유 의미와 비유적 의미가 공존하여 다의어가 형성되는 것이다.

11 다음 중 하나의 형식에 여러 의미가 대응되는 의미관계를 의미하는 것은?

① 상의어

② 동의어

③ 동음어

④ 반의어

---

09 ① 적용의 전이는 특히 형용사에서 빈번하게 일어난다.
② 적용의 전이는 구체적인 의미에서 추상적인 의미로 변한다.
③ 공간적 의미가 구체적 의미에, 시간적 의미가 추상적 의미에 해당한다.

10 은유는 사물의 유사성에 바탕을 둔 것이고, 환유는 사물의 인접성에 바탕을 둔 것이다.

11 하나의 형식에 여러 의미가 대응되는 의미관계에는 동음어와 다의어가 있다.

정답 09④ 10③ 11③

12 동의어에 대한 설명이다.

12 다음 중 동음어에 대한 설명으로 옳지 <u>않은</u> 것은?

① 단어들의 의미는 서로 전혀 관계가 없다.

② 형식과 의미의 다대일 대응은 동의관계라 한다.

③ '배'가 먹는 배와 타는 배를 모두 의미하는 것이 그 예이다.

④ 동음어는 일정 문맥에서 교체하여 쓰일 수 있다.

13 단의관계는 전문어를 제외하면 실제로 잘 사용되지 않는다.

13 다음 설명에서 옳지 <u>않은</u> 것은 무엇인가?

① 일대일 대응을 단의관계라고도 한다.

② 단의관계는 일상적으로 가장 흔히 접할 수 있는 형태이다.

③ 동음어와 다의어는 형식과 의미의 일대다 대응이다.

④ 형식과 의미의 다대일 대응은 동의관계이다.

14 동음어의 종류에는 동철자 동음이의어, 이철자 동음이의어, 동철자 이음이의어가 있다.

14 다음 중 동음어의 종류에 해당하지 <u>않는</u> 것은?

① 동철자 동음이의어

② 이철자 동음이의어

③ 동철자 이음이의어

④ 이철자 이음이의어

정답 (12 ④   13 ②   14 ④)

15 다음 중 동철자 동음이의어에 대한 설명으로 옳지 **않은** 것은?

① 철자와 소리가 모두 같은 동음어를 의미한다.

② 절대적 동음어라고도 한다.

③ 두 동음어가 문법적으로 대등해야 한다.

④ 의미 간 연관성이 있어야 한다.

16 다음 중 동음어의 유형과 예가 옳게 짝지어진 것은?

① 동철자 동음이의어 : 눈(雪):-눈(眼)

② 이철자 동음이의어 : 잎(葉)-입(口)

③ 동철자 이음이의어 : 비(雨)-비(彗)

④ 동철자 이음이의어 : 시내(川)-시내(市內)

17 다음 중 부분적 동음어에 대한 설명으로 옳지 **않은** 것은?

① 이철자 동음이의어와 동철자 이음이의어로 나뉜다.

② 부분적 동음어는 글자의 철자나 소리에서 차이를 보인다.

③ 동철자 이음이의어는 철자가 같고 음소가 다르다.

④ 이철차 동음이의어는 철자가 다르지만 소리가 같다.

18 다음 유형에 해당하는 동음어의 종류는?

> 반듯이-반드시, 붙이다-부치다, 달이다-다리다

① 동철자 동음이의어

② 이철자 동음이의어

③ 동철자 이음이의어

④ 이철자 이음이의어

15 의미 간 연관성이 있는 것은 다의어이다.

16 ① '눈(雪):-눈(眼)'은 동철자 이음이의어의 예이다.
③ '비(雨)-비(彗)'는 동철자 동음이의어의 예이다.
④ '시내(川)-시내(市內)'는 동철자 동음이의어의 예이다.

17 동철자 이음이의어는 철자와 음소가 모두 같다. 소리의 높이, 길이, 세기 등의 운소가 다르다.

18 철자가 다르지만 소리가 같은 이철자 동음이의어이다.

정답 15 ④ 16 ② 17 ③ 18 ②

01 **정답**
하나의 언어 형식에 연결된 의미와 연관성이 있는 다른 의미들이 연결되어 있는 의미관계를 다의관계라 하고, 이러한 다의관계에 있는 단어들을 다의어라고 한다. '먹다'가 '밥을 먹다'라는 중심 의미와 함께 '겁을 먹다', '더위를 먹다'와 같은 주변 의미를 함께 가지는 것이 그 예이다.

02 **정답**
㉠ 구체적
㉡ 추상적

03 **정답**
울만은 다의어 생성 요인 중 비유적 표현의 보기로 은유와 환유를 제시했다. 은유는 사물의 유사성에 바탕을 둔 것이다. '다리'는 사람의 '다리'와 물건을 받치는 '다리'라는 의미를 모두 가지는 다의어인데, 이는 서로의 모양과 기능이 유사하여 생긴 것이다. 환유는 사물의 인접성에 바탕을 둔 것으로 시간의 인접성에 따라 '아침'이 '아침 시간'과 '아침 식사' 두 가지 의미를 가지는 다의어가 되었다.

주관식 문제

01 다의어의 정의에 대해 예를 들어 서술하시오.

02 다음 내용에서 괄호 안에 들어갈 적절한 용어를 순서대로 쓰시오.

> 적용의 전이는 (㉠)인 의미에서 (㉡)인 의미로 변해간다. 반대의 경우는 일어나지 않는다.

03 은유와 환유에 대해 예를 들어 서술하시오.

04 동음어의 정의에 대해 예를 들어 서술하시오.

04 **정답**

하나의 형식에 여러 의미가 대응되는 의미관계를 동음관계라 라고, 이 관계에 있는 단어들을 동음어라 한다. 동음어는 다의어와는 달리, 우연히 소리만 같을 뿐 단어들의 의미는 서로 전혀 관계가 없다. '배'가 먹는 배와 타는 배를 모두 의미할 수 있는 것이 동음어의 예이다.

SD에듀와 함께, 합격을 향해 떠나는 여행

제 4 편

의미 변화

제 1 장 | 의미 변화의 기본 조건

단어들은 시간이 흐르면서 의미 변화를 겪는다. 단어의 의미가 변하는 근본적인 이유는 다음과 같다.

제1절 | 언어 전수 과정에서 나타나는 비지속성

아이들은 어른의 말을 듣고 접하며 언어를 배운다. 그저 어른의 말을 흉내 내는 것이 아니라, 스스로 그 의미를 유추하기도 한다. 아이들이 언어를 그저 수동적으로 받아들이지 않는다는 것은 1953년 wug 실험을 통해 증명되었다. 그러나 간혹 아이들은 잘못된 의미 유추를 하기도 한다. 오해가 생겼을 때 이를 바로잡으며 올바른 의미를 습득하는 것이 일반적이지만, 간혹 오해를 바로잡지 못한 채 의미가 굳어지기도 한다.

다음 표의 프랑스어 soûl은 원래 '배부른, 포식한'의 의미였다. 그러나 후에 '(술) 취한'이라는 의미도 가지게 되었는데, 이는 어른들이 술 취한 사람에게 soûl이라는 표현을 쓰는 것을 본 아이들이 오해하여 그 의미가 굳어진 것이라 본다.

soûl (프랑스어)	배부른, 포식한
	취한

더 알아두기

wug 실험

행동주의 언어학자들은 아이가 어른의 말을 흉내 내어 언어를 습득한다고 보았다. 언어라는 자극이 주어지면 그것을 수동적으로 습득할 뿐이라는 것이었다.

그러나 1958년 이루어진 wug 실험은 아이들이 그저 언어를 흉내 내는 것이 아니라는 것을 증명하였다.

THIS IS A WUG	NOW THERE IS ANOTHER ONE THERE ARE TWO OF THEM THERE ARE TWO _____
이 새는 워그입니다.	이제 하나가 더 생겼네요. 이제 둘입니다. 여기에는 _____이 있습니다.

wug 실험은 아이들에게 'wug'라는 가상의 동물 그림을 보여준 후, 'wug'가 둘이 되면 빈칸에 어떤 말이 들어갈지 묻는 실험이다. 'wug'는 실험을 위해 만들어 낸 가상의 동물 이름이므로 행동주의에 의하면 아이들은 'wug'라는 말을 들어본 적이 없기 때문에 빈칸을 채울 수 없어야 한다. 그러나 대부분의 아이들은 'wugs(워그들)'라는 말을 옳게 채워 넣었고, 이는 아이들이 그저 말을 흉내 내는 것에서 그치지 않고 스스로 문법 규칙을 알아낸다는 것을 보여주었다. 이 실험은 유명한 언어학자 촘스키의 보편문법 이론을 뒷받침하기도 하였다.

제2절 　사물의 종합성과 의미의 불명료성

단어의 의미를 명료하게 설명할 수 있는 사람은 드물다. 만일 누군가 '사랑'의 의미를 묻는다면, 십중팔구는 당황하게 될 것이다. 그렇다면 구체적인 대상을 구분하는 것은 쉬울까? 라보프는 다양한 그릇을 가지고 다음과 같은 실험을 진행했다.

라보프는 다양한 모양의 그릇을 사람들에게 보여주면서 어느 것이 컵이고, 어느 것이 접시인지 구분하게 하였다. 실험에 참여한 영어 문화권 사람들은 (②-ㄷ)을 주로 컵으로 봤다. 손잡이가 있고, 그다지 깊지 않으며, 아래로 갈수록 좁아지는 형태이다. 또한 (①-ㄹ, ㅁ)을 그릇으로 보았는데, 지름이 높이보다 커서 넓적하고, 손잡이가 없는 형태이다.

이 실험에서 흥미로운 점은 경향성은 존재하지만, 사람들은 조금씩 다른 대답을 했다는 것이다. 즉, 주로 비슷한 형상을 컵과 그릇으로 구분하는 경향이 있지만, 무엇이 컵이고 무엇이 접시인지 구분하는 지점은 자의적이라 사람들마다 달랐다.

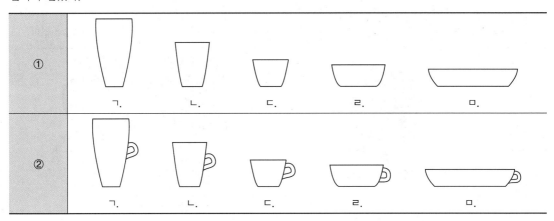

이러한 유형에 속하는 예로 친근성의 결핍을 들기도 한다. 단어에 대한 친근성이 부족하여 그 뜻을 정확히 알지 못하면 의미의 혼동이 일어난다. 예를 들어 바지를 내려 입거나 옷에 트임을 주어 골반 양쪽의 뼈를 드러내는 것을 '치골 의상'이라 부르는 것을 간혹 볼 수 있는데, 이는 잘못된 표현이다. 골반 양쪽의 뼈는 '장골'이므로 '장골 의상'이라고 부르는 것이 엄밀히는 옳다. 이는 '장골', '치골'이라는 뼈의 명칭에 대한 친근성의 부족으로 일어난 현상으로, 몇몇 대중들에게는 '치골'에 '골반 옆 뼈'라는 새로운 의미를 부여하게 된 것이다.

이와 같은 사물의 종합성, 의미의 불명료성으로 인해 의미 변화가 촉진되는데, 또 다른 예로 다음 표의 '엉덩이'와 '궁둥이'를 들 수 있다. 본래 '엉덩이'는 볼기의 윗부분, '궁둥이'는 볼기의 아랫부분을 각각 가리켰는데, 의미의 불명료성으로 인해 둘의 의미가 명확하게 구분되지 못하여 '엉덩이'가 볼기 전체를 가리키는 의미를 가지게 되었다.
'얼굴'은 중세 국어에서 '모습, 형체'를 의미했는데, 현대 국어에서는 '머리의 앞면'을 가리키는 것으로 그 의미가 변화했다. 이는 인간 신체 부위의 경계가 명료하지 않아 일어난 의미 변화이다.

엉덩이	얼굴	
• 볼기의 윗부분	옛말	현대
• 볼기의 윗부분과 아랫부분을 통틀어 이르는 말	모습, 형체	눈, 코, 입이 있는 머리의 앞면

제3절 언어 의미의 유연성 상실 중요

언어 의미의 유연성이란 단어가 서로 관련을 가지는 것을 의미한다. 한 단어에서 다른 단어가 파생되면 이 두 단어는 유연성을 가진다고 말한다. 사람들이 단어 사이의 관련성, 즉 유연성을 의식하면 의미 변화가 잘 일어나지 않지만, 이를 상실하게 되면 의미 변화가 일어나기 쉬워진다.
다음 표의 '점잖다'는 원래 18세기까지 '점지(젊지) 않다'는 의미였다. 중세 국어에서는 '젊다'를 '점다'로 썼기에 그 관련성이 잘 보였으나 '점다'가 '젊다'로 형태가 변화하면서 '점잖다'는 '젊다'는 의미와 관련된 유연성을 잃게 되었다. 그 결과 현대 국어에서 '점잖다'는 나이와 관련 없이 의젓한 사람에게 모두 쓰이게 되었다.

점잖다	
18세기	현대
나이가 어리지 않다.	언행이나 태도가 의젓하고 신중하다.

제4절 　 의미의 본성적 다의성

제3편에서 살펴본 다의어가 의미 변화를 이끄는 원동력이 된다. 그 예로, '어리다'의 의미 변화 양상을 다음과 같이 볼 수 있다. 다음 표의 중세 국어에서 '어리다'는 '어리석다(愚)'의 뜻으로 쓰이다가 근대 국어 시기에 '어리석다(愚)', '어리다(幼)'의 뜻을 모두 가지는 다의어가 되었다. 그 후 현대 국어에서 '어리다'는 결국 '어리석다(愚)'의 의미를 잃고 '어리다(幼)'의 뜻만 가지게 되었다.

중세 국어		근대 국어		현대 국어
어리석다(愚)	→	어리석다(愚), 어리다(幼)	→	어리다(幼)

제5절 　 중의적으로 해석되는 문장과 문맥 상황

다음 표의 'count one's beads'는 원래 '기도하다'라는 의미였다. 그러나 기도할 때 묵주를 돌리며 기도하는 경우가 많았기에 'count one's beads'는 '묵주를 굴리다', '묵주를 세다'라는 의미를 가지게 되었다. 이로 인해 본래 기도를 의미하던 'bead'는 중의적으로 해석되는 문맥에 의해 묵주라는 의미도 함께 가지게 되었다.

> count one's <u>beads</u> : 기도하다
>
> ※ bead : 기도 → 기도, 묵주

제 **2** 장 | 의미 변화의 원인

제1절 ## 언어적 원인 종요

음운이나 단어, 문장 같은 언어 내적 요소가 의미 변화의 원인이 되는 것을 의미한다. 의미 변화의 언어적 원인으로는 '전염', '생략', '민간 어원' 세 가지를 들 수 있다.

1 전염

(1) 한 단어가 문장 속에서 특정 단어와 함께 많이 사용되어 특정 단어의 의미가 원래 단어의 의미에 옮는 것을 전염이라 한다.

(2) 다음 표의 '별로'는 17세기부터 현재까지 쓰이는 단어이다. 19세기까지는 '별로'가 부정의 의미를 나타내는 양상이 보이지 않았는데, 현대에는 부정을 뜻하는 말과 함께 쓰이는 경우가 많아 부정의 의미를 가지게 되었다. (가)는 부정적 의미가 전염되지 않은 본래의 의미로 쓰였지만, 의미의 전이로 인해 (나)처럼 '별로'라는 단어만으로 부정의 의미를 나타낼 수 있게 되었다. 이는 문장 구조에 의한 의미 변화이다.

별로	뜻	(부정을 뜻하는 말과 함께 쓰여) 이렇다 하게 따로. 또는 그다지 다르게
	예문	(가) 그 일에 대해서는 별로 기분이 내키지 않는다. (나) 새로 생긴 음식점이 생각보다 별로였다.

2 생략

(1) 두 어근이 결합한 합성어에서 하나의 어근을 생략했을 때 남은 어근이 본래 합성어의 의미를 그대로 가지고 있는 경우이다.

(2) 예를 들어 '아침밥'은 시간을 의미하는 '아침'에 끼니를 의미하는 '밥'이 결합한 합성어로 '아침 끼니로 먹는 밥'이라는 의미를 가진다. 여기서 '밥'이 생략된 '아침'도 '아침밥'의 의미를 그대로 가지므로 '아침'이 '아침밥'의 의미까지 함께 가지게 되었다. 이는 단어와 관련된 의미 변화이다.

> 아침(〈아침밥), 코(〈콧물), 머리(〈머리카락)

3 민간 어원

(1) 사실을 바탕으로 연구된 적은 없으나 민간에서 속설로 믿어지는 어원을 민간 어원이라 한다.

(2) 다음 표의 '행주치마'는 부엌일을 할 때 입는 치마로, 16세기부터 사용되던 말이다. 그러나 발음의 유사성으로 인해 임진왜란 행주(幸州)대첩에서 부녀자들이 입었던 옷이라는 민간 어원이 생겼는데, 이는 증거가 없는 낭설에 가깝다. 이 민간 어원으로 인해 '행주치마'는 '행주(幸州)대첩에서 부녀자들이 입었던 옷'이라는 의미를 추가로 획득하게 되었다. 이는 언어의 음운에 의한 의미 변화이다.

행주치마		
뜻	부엌일을 할 때 옷을 더럽히지 아니하려고 덧입는 작은 치마	
어원	실제 어원	'힝ᄌ쵸마'는 명사 '힝ᄌ'와 '쵸마'의 합성어로, 16세기 문헌에서부터 발견된다. 17세기에는 '힝ᄌ'가 변화한 '힝ᄌ'에 '치마'가 결합한 '힝ᄌ치마'가 계속 쓰이다가, 현대 국어에 '행주치마'로 나타나게 되었다.
	민간 어원	임진왜란 행주(幸州)대첩에서 부녀자들이 전투를 돕기 위해 돌을 나를 때 입었던 치마를 행주치마라고 부르게 되었다.

제2절 역사적 원인

언어 변화의 속도는 상대적으로 느리다. 구체적인 사물, 제도 등의 지시물은 빠르게 변화하지만, 언어 변화가 그 속도를 따라잡지 못하거나 변화하지 않아 일어나는 의미 변화를 역사적 원인에 의한 의미 변화라고 한다.

1 지시물 본성의 변화

(1) 지시물이 변한 예에는 다음 표의 (가)가 해당한다. '바가지'는 본래 박으로 만든 것을 의미했으나, 지금은 대부분 플라스틱으로 만들기 때문에 단어의 의미가 변했다고 볼 수 있다. '배' 또한 과거에는 나무로 만든 것을 의미했으나, 지금은 쇠로 만든 배도 포함한다.

(2) 지시물이 소멸한 예에는 다음 표의 (나)가 해당한다. '양반'은 조선 시대에 문반과 무반을 아울러서 부르던 말로, 지배층을 이루던 신분을 의미했다. 그러나 양반 계층이 소멸하면서 현재는 점잖고 예의 바른 사람을 의미하게 되었다. '영감'은 조선 시대 정삼품 · 종이품의 벼슬아치를 이르던 말이었으나, 마찬가지로 그 지시물이 사라지면서 나이가 많은 남자를 이르는 말로 그 의미가 변화하였다.

> (가) 바가지, 배
> (나) 양반, 영감

2 지시물에 대한 지식의 변화

(1) 과학의 발달 등으로 지시물에 대한 지식이 변화하였으나, 지시 자체는 변하지 않아 일어나는 의미 변화이다.

(2) 예를 들어, 다음 표의 '일출(日出)'은 '해가 뜨는 현상'을 지시하는 단어이다. 그러나 과학의 발달로 인해 일출은 해가 뜨는 것이 아닌 지구가 자전하는 현상임을 알게 되었다. 그러나 '지구의 자전'을 의미하는 새로운 단어를 사용하지 않고, 일출이라는 단어를 계속하여 사용함으로써 일출이라는 단어에 대한 의미 변화가 일어나게 되었다. '일몰(日沒)' 또한 마찬가지이다.

일출(日出), 일몰(日沒)

3 지시물에 대한 태도의 변화

(1) 사회 변화로 인해 지시물에 대한 태도가 변화하면서 언어의 의미 변화를 가져온 것을 이른다.

(2) 다음 표를 보면, 나일론은 제2차 세계대전 때 본격적으로 보급되면서 큰 성공을 거둔 인조 합성 섬유였지만, 천연 섬유를 비롯한 다른 섬유들과의 경쟁에서 밀리면서 '가짜'라는 이미지를 가지게 되었다. 그 후 나일론은 주로 일본식 발음인 '나이롱'으로 읽히고 '진짜 행세를 하는 가짜'라는 의미를 가지게 되어 '나이롱환자', '나이롱감기', '나이롱신사' 등의 용법으로 쓰이게 되었다.

어휘		의미 변화의 예시
나일론 (nylon, '나이롱')	→	'나이롱환자' : 환자가 아니면서 환자인 척하는 사람을 익살스럽게 이르는 말

제3절 · 사회적 원인

한 사회, 즉 한 집단의 언어가 다른 집단에서 사용될 때 해당 집단에 맞는 의미로 의미 변화가 일어난다. 의미의 축소가 일어나는 '의미의 특수화', 의미의 확대가 일어나는 '의미의 일반화'가 있다.

1 의미의 특수화

(1) 일반 사회에서 일반적인 의미로 쓰이던 단어가 특수 사회 집단에서 특수한 의미를 획득하는 현상을 이른다.

(2) 예를 들어, 다음 표의 '구속'은 '행동이나 의사의 자유를 제한하거나 속박함'이라는 일반적 의미를 가지는 단어였는데, 법률 분야에서 쓰이면서 '법원이나 판사가 피의자나 피고인을 강제로 일정한 장소에 잡아 가두는 일'이라는 특수한 의미를 가지게 되었다.

구속	말씀
[법률] 잡아 가둠	[종교] 성경

2 의미의 일반화

(1) 특수한 집단 속에서 특수한 의미로 쓰이던 단어가 일반 사회에서 사용되면서 새로운 일반적 의미를 갖게 되는 현상이다.

(2) 예를 들어, 다음 표의 '박사'는 교육 분야에서 '대학원의 박사 과정을 마치고 규정된 절차를 밟은 사람에게 수여하는 학위 또는 그 학위를 딴 사람'을 의미하는데, 의미가 일반화되어 '어떤 일에 정통하거나 숙달된 사람'이라는 의미를 획득하게 되었다.

> 박사( )전문가), 왕( )일인자), 홈런( )대성공), 손절( )연을 끊음)

제4절 심리적 원인

언어의 의미는 대중들의 심리에 의해서 영향을 받기도 한다. 특정 의미에 대한 관심이 높아지거나, 반대로 특정 의미에 대한 언급을 회피하고 싶을 때 의미 변화가 일어난다.

1 감정적 요인에 의한 변화

(1) 특정 주제에 대한 관심이 높아지면, 그와 관련된 표현이 가지는 특성에 주목하여 더 다양한 의미를 가지도록 의미의 확장이 일어난다.

(2) 예를 들어, '행주치마'의 '행주'가 지명의 의미를 획득하는 의미 확장은 행주대첩에 대한 관심에서 비롯된 것이다. 헝겊을 의미하는 '행주'는 행주대첩이 없었더라면 지명 '행주(幸州)'의 의미를 획득하기 어려웠을 것이다. 즉 '행주치마'는 심리적 원인과 언어적 원인이 모두 작용한 의미 변화이다.

(3) 다음 표의 '속사포'와 '따발총'은 본래 빠른 발사가 가능한 무기를 일컫는 말이었다. 그런데 6·25전쟁 이후 무기에 대한 관심이 높아지면서 이들의 특성에 주목해 '말이 많고 매우 빠른 사람'이라는 의미가 생겨나게 되었다.

예시	속사포	따발총
예문	한 경연 프로그램에서 타의 추종을 불허하는 그의 속사포 랩이 크게 화제가 되었다.	나는 걔가 과묵한 줄로만 알았는데, 얘기를 해보니 따발총이 따로 없더라고.

2 금기

(1) 특정 주제에 대한 거부감이 높아지면, 해당 표현이 가지는 의미를 대체하기 위해 다른 표현을 찾게 되는데 이때 의미 변화가 일어난다. 완곡어는 주로 공포감, 불쾌감, 거북함을 해소하기 위해 사용한다. 그 예시로는 다음 표의 어휘들이 있다.

(2) 천연두는 과거 전염력도 강하고 사망률도 높아 치료법이 발견되기 전까지는 엄청난 공포의 대상이었기에 이를 해소하기 위해 '마마'라는 완곡어를 사용하였다. 일차적으로는 직접적인 언급을 피하고, 이차적으로는 '마마'라는 존칭어를 사용하여 질병의 신에게서 노여움을 덜기 위한 목적이었다.

(3) 죽음과 관련한 표현을 피하려는 것은 불쾌감을 해소하려는 완곡어에 해당한다. '죽다'라는 직접적인 표현을 대신하여 '돌아가다'를 쓰는 것이 그 예이다.

(4) 성이나 신체 부분에 대한 거북함을 피하고, 예의 있는 표현을 쓰려는 목적으로 완곡 표현을 쓰기도 한다. 공적인 자리에서 '성행위'라는 직접적인 성에 대한 언급을 피하기 위해 '부부관계'라는 표현을 쓰는 것이 그 예이다.

(5) 이처럼 다음 표의 '마마', '돌아가다', '부부관계'는 각각 '천연두', '죽다', '성행위'라는 의미를 추가로 획득하게 되었다.

> 마마(천연두), 돌아가다(죽다), 부부관계(성행위)

제 3 장 | 의미 변화의 분류

제1절　언어의 보수성에 의한 변화

실제 세계의 변화 속도를 언어의 변화가 따라잡지 못하는 경우가 있다. 이처럼 언어의 변화 속도가 실제 세계의 변화 속도에 뒤처지는 것을 언어의 보수성이라 부른다. 이는 제2장에서 살펴본 의미 변화의 원인 중 '역사적 원인'과 같은 것이다. 즉, 언어의 보수성에 의한 변화란 실제 지시물이나 관련 지식, 태도는 변하였는데 그에 대한 명칭이 달라지지 않아 나타나는 의미 변화이다.

> 일출(日出), 일몰(日沒)

제2절　언어의 개신성에 의한 변화

언어의 개신성에 의한 변화는 명칭이 달라지면서 나타나는 의미 변화로, 명칭은 단어, 형식을 의미한다. 크게 상사(相似)와 근접(近接)으로 나눌 수 있는데 '상사'란 '서로 비슷하다', '근접'이란 '가깝다'는 의미이다.

1 의미 간의 상사 및 근접

(1) 의미 간의 상사

뜨거운 것이 열기를 잃는 것을 '식다'라고 표현한다. 그렇다면 다음 표의 (나)처럼 차가운 것이 냉기를 잃는 것을 표현하는 말에는 무엇이 있을까? '미지근해지다'를 쓸 법도 하지만, '식다'만큼 딱 떨어지는 단어가 떠오르지 않는다. 몇몇 사람들은 이 언어의 빈자리에 '식다'를 채워 넣기도 한다. '차가운 맥주가 식다.'라는 문장은 다소 어색하게 느껴지지만, 이러한 표현이 자주 쓰여 받아들여지면 의미 변화가 일어나게 된다.

> (가) 뜨거운 차가 식다.
> (나) 차가운 맥주가 (　　　).

다음 표의 '먹다'에서도 이와 같은 의미 변화가 일어났다. '먹다'의 본래 의미는 '음식 따위를 입을 통하여 배 속에 들여보내다'인데, 비슷한 행위에 대해 상사에 의한 은유가 일어나게 되었다. 이러한 의미 간의 상사는 '의인적 은유', '동물적 은유', '공감각적 은유', '의미의 추상화'로 나눌 수 있다.

먹다	뜻	음식 따위를 입을 통하여 배 속에 들여보내다.
	예문	밥을 먹다.
		• 먼지를 먹다. • 습기를 먹다.

종류	예시	설명
의인적 은유	예 머리 1. 사람이나 동물의 목 위의 부분 2. 단체의 우두머리	사람의 머리가 중요하므로, 그 의미에 주목하여 단체의 우두머리에 빗대었다. '의인'이란 사람이 아닌 것을 사람에 빗대어 표현하는 것을 의미한다.
동물적 은유	예 여우 1. 갯과의 포유류 2. 매우 교활한 사람을 비유적으로 이르는 말	동물이 아닌 것을 동물에 빗대어 표현한 것으로, '여우', '호랑이', '늑대'와 같은 동물들을 사람의 성격에 비유하기도 한다.
공감각적 은유	예 밝다 1. 불빛 따위가 환하다. 2. 분위기, 표정 따위가 환하고 좋아 보이거나 그렇게 느껴지는 데가 있다.	'밝다'는 눈으로 보는 것이기에 시각적 이미지이다. 그러나 '밝은 목소리'와 같은 예에서는 청각적 이미지로 은유되었다.
의미의 추상화	예 보람 1. 약간 드러나 보이는 표적 2. 어떤 일을 한 뒤에 얻어지는 좋은 결과나 만족감. 또는 자랑스러움이나 자부심을 갖게 해 주는 일의 가치	'보람'은 원래 '표적'이라는 구체적인 대상을 의미하는데, 그와 관련된 의미가 추상화되어 '가치'라는 추상적 의미가 덧붙었다.

(2) 의미 간의 근접

근접은 상사보다 의미의 관련성이 더 크다. 의미 간 근접에는 시간, 공간, 인과가 가까워 일어나는 의미 변화가 있다.

종류	예시	설명
시간이 근접하여 일어난 의미 변화	예 점심 1. (16세기) 낮에 먹는 끼니 2. (현대 국어) 하루 중에 해가 가장 높이 떠 있는, 정오부터 반나절쯤까지의 동안	'점심(點心)'은 원래 불교 용어로, 식사 전에 점을 찍듯 먹는 간식을 의미하였다. 불교에서 쓰이던 의미가 일반화되어 낮 시간에 먹는 끼니라는 의미가 생겨났는데, 현대 국어에 이르러 이 끼니를 먹는 시간도 함께 의미하게 되었다.
공간이 근접하여 일어난 의미 변화	예 머리 1. 사람이나 동물의 목 위의 부분 2. 생각하고 판단하는 능력	위에서 다룬 의미 간의 상사에서는 '머리'의 의미에 주목하여 의미 변화가 일어났다. 여기에서는 '머리'의 실제적 공간에 주목하였는데, 머리에는 뇌가 위치하고, 사고가 일어나는 공간이라는 점에 주목하여 '생각하는 능력'이라는 의미가 덧붙었다.

인과적 근접에 의한 의미 변화	㉠ 떨다 1. 물체가 작은 폭으로 빠르게 반복하여 흔들리다. 2. 몹시 추워하거나 두려워하다.	'떨다'는 물체가 반복하여 흔들리는 행위를 의미하는데, 사람이 몸을 흔드는 행위의 원인인 추위, 공포의 의미도 가지게 되었다.
그 외의 의미 근접에 의한 의미 변화	㉠ 공주 1. 정실 왕비가 낳은 임금의 딸 2. 어린 여자아이를 귀엽게 이르는 말	'공주'는 본래 왕과 왕비의 딸을 의미했는데, 현대에 그 의미가 변화하여 어린 여자아이를 귀엽게 부를 때도 쓰게 되었다.

2 명칭 간의 상사 및 근접

(1) 명칭 간의 상사

의미는 서로 관련이 없지만, 두 명칭이 음성적으로 서로 비슷한 경우를 명칭 간의 상사라고 부른다. 음이 비슷한 낱말을 보고 민간 어원을 붙이거나, 어원이 분명하지 않은 고유어에 음이 유사한 한자어를 붙이는 한자 부회의 경우가 있다.

종류	예시			설명
	뜻	어원		
		실제 어원	민간 어원	
민간 어원	㉠ 소나기 갑자기 세차게 쏟아지다가 곧 그치는 비	현대 국어 '소나기'의 옛말인 '쇠나기'는 16세기 문헌에서부터 나타난다.	가뭄에 두 농부가 비가 언제 올지 소를 걸고 내기했다는 설이 있다.	'소나기'는 15세기부터 쓰인 '쇠나기'를 어원으로 가지나, '소(牛)+내기'가 그 어원이라는 설이 있어 왔다. 만일 이 민간 어원을 믿는 사람이 많아졌다면, '행주치마'의 예처럼 '소나기'도 새로운 의미를 가지게 되었을 것이다.
한자 부회	㉠ 여름 한 해의 네 철 가운데 둘째 철	'열음(熱飮)'에서 '여름'이라는 단어가 유래했다는 설이 있다.		'여름'은 15세기 문헌에서부터 '녀름'으로 나타나며, 한자어가 아니다. 그러나 '여름'으로 발음될 수 있는 한자어 '열음(熱飮)'을 만들어 '열을 마시다'라는 의미를 부여하려 했다.

(2) 명칭 간의 근접

두 명칭이 자주 함께 쓰이면 명칭 간 근접하다고 말한다. 두 명칭이 자주 함께 쓰이다 보면 한 단어가 다른 단어의 의미를 대신할 수 있다.

예시	설명
㉐ 불혹 1. 미혹되지 아니함 2. 마흔 살을 달리 이르는 말	'불혹(不惑)'은 논어에서 쓰인 말이다. 40세에 이르러서는 유혹에 흔들리지 않았다는 의미로 '사십이불혹(四十而不惑)'이라 썼는데, 이 문구가 널리 퍼져 불혹이 곧 마흔 살을 이르게 되었다. 비슷한 예로 70세를 의미하는 '고희(古稀)'가 있다.
㉐ 별로 (부정을 뜻하는 말과 함께 쓰여) 이렇다 하게 따로. 또는 그다지 다르게	다음 예문의 (가)에서 볼 수 있듯, '별로'는 부정을 뜻하는 말과 함께 쓰일 뿐, 그 자체로 부정의 의미를 가지지는 않았다. 그러나 (나)처럼 '별로'에 부정의 의미가 덧붙은 사례가 나타나기 시작했다. 언어적 원인의 전염과도 같은 현상이다.
	〈예문〉 (가) 그 일에 대해서는 별로 기분이 내키지 않는다. (나) 새로 생긴 음식점이 생각보다 별로였다.

제 **4** 장 | 의미 변화의 결과

제1절 | 의미의 확대, 축소, 전이 종요

1 의미 확대

의미 변화로 인해 단어가 가리키는 의미가 원래의 의미보다 넓어지는 것을 말한다.

예시	설명
예 영감 1. 정삼품과 종이품의 벼슬아치를 이르던 말 2. 급수가 높은 공무원이나 지체가 높은 사람을 높여 이르는 말 3. 나이 든 부부 사이에서 아내가 그 남편을 이르거나 부르는 말 4. 나이가 많아 중년이 지난 남자를 대접하여 이르는 말	'영감'은 원래 정삼품과 종이품의 벼슬아치를 이르는 말이었으나, 지체가 높은 사람을 가리키는 말로 확대되었다가 지금은 나이가 많은 남자를 대접하는 말로 의미가 확대되었다.
예 저녁 1. 해가 질 무렵부터 밤이 되기까지의 사이 2. '저녁'에 끼니로 먹는 음식. 또는 '저녁'에 끼니를 먹는 일	'저녁'은 원래 시간을 의미했으나, 그 시간에 먹는 끼니까지 일컫는 말로 의미가 확대되었다.

2 의미 축소

의미 변화로 인해 단어가 가리키는 의미가 원래의 의미보다 줄어드는 것을 말한다.

예시	설명
예 설 1. 우리나라 명절의 하나로, 정월 초하룻날 2. 나이를 세는 단위	'설'은 명절을 의미하기도 하고, '한 살, 두 살, …'할 때의 '살(歲)'을 의미하기도 했는데, 어느 순간부터 '살(歲)'의 의미를 잃고 명절의 의미로만 쓰이게 되었다.
예 짐승 1. (과거) 살아 있는 모든 무리 2. (현재) 몸에 털이 나고 네 발을 가진 동물	'짐승'은 15세기 불교 용어에서 기원하여 '살아 있는 모든 무리'를 의미했으나, 지금은 네 발 동물만을 의미한다.
예 호랑이 1. (과거) 범과 이리를 함께 이르는 말 2. (현재) 범	'호랑이'는 '범 호(虎)'와 '이리 랑(狼)'을 합친 말로 말 그대로 '범과 이리'라는 의미였으나, 지금은 '범(虎)'만을 의미한다.

3 의미 전이

의미 확대, 의미 축소처럼 단어가 지시하는 의미가 본래 의미를 포함하면서 커지거나 작아지는 경우도 있지만, 원래 지시하던 의미를 잃고 아예 다른 의미를 지시하게 되는 경우도 있다. 이와 같은 예들은 본래의 의미와 전혀 다른 의미로 쓰이고 있다는 것이 특징적이다.

예시	설명
예 어리다 1. (과거) 어리석다. 2. (현재) 나이가 어리다.	'어리다'는 원래 '어리석다'는 의미였으나 이제는 '나이가 어리다'는 뜻으로 쓰이고 있다.
예 어여쁘다 1. (과거) 가엾고 불쌍하다. 2. (현재) 아름답고 예쁘다.	'어여쁘다'는 원래 '가엾고 불쌍하다'는 의미로 쓰였으나 지금은 '아름답고 예쁘다'는 의미로 쓰이고 있다.

제2절 개량적 변화와 경멸적 변화 (종요)

의미 변화의 방향이 긍정적인지 또는 부정적인지에 따라 개량적 변화와 경멸적 변화로 나눌 수 있다.

1 개량적 변화(의미의 향상)

의미 변화로 인해 단어가 가리키는 의미가 원래의 의미보다 긍정적으로 변하거나, 부정적이었던 의미가 중립적으로 바뀌는 것을 의미한다. 즉 원래의 의미보다 좋은 의미를 가지게 되는 의미 변화이다. 개량적 변화는 경멸적 변화에 비해 잘 일어나지 않는다.

예시	설명
예 광대 1. (과거) 가면극, 인형극, 줄타기, 땅재주, 판소리 따위를 하던 직업적 예능인을 통틀어 이르던 말 2. (현재) 보는 사람들을 즐겁게 하는 재주를 지닌 사람	'광대'는 과거에 부정적인 의미를 가지는 말이었다. 다음 예문의 (가)를 보면 '노름꾼', '천하잡놈'과 함께 쓰이는 의미를 가졌다는 것을 알 수 있으나, 최근에는 (나)처럼 타고난 재능을 이를 때 쓰기도 한다.
	〈예문〉 (가) 노름꾼, 광대, 천하잡놈은 말할 것 없고 물지게꾼 백정까지 어울리길 좋아해서 부모님 속도 무던히 썩혔지만….[1] (나) 그는 예술가라는 말보다는 타고난 광대라는 말을 들을 때 더 기뻐한다.[2]

---

1) 우리말샘 예문(출처 : 박경리, 『토지』)
2) 고려대학교민족문화연구원, 『고려대한국어대사전』, 고려대학교민족문화연구원, 2009.

2 경멸적 변화(의미의 하락)

의미 변화로 인해 단어가 가리키는 의미가 원래의 의미보다 부정적으로 변하거나, 긍정적이었던 의미가 중립적으로 바뀌는 것을 의미한다. 즉 원래의 의미보다 나쁜 의미를 가지게 되는 의미 변화이다.

예시	설명
㉅ 화장실 1. 화장하는 데 필요한 설비를 갖추어 놓은 방 2. '변소'를 달리 이르는 말	'화장실(化粧室)'은 한자를 보면 화장을 하기 위한 설비를 갖추어 놓은 방을 의미한다. 따라서 '단장실', '파우더 룸'을 유의어로 가지기도 한다. 그러나 '화장실'이 '변소'의 완곡어로 쓰이게 되면서 의미 변화가 부정적인 방향으로 일어났다.
㉅ 귀하, 선생님	'귀하, 선생님'과 같은 말은 과거 높임 표현으로만 쓰였으며 함부로 쓰이지 않았으나, 지금은 중립적인 의미를 가지고 일반적으로 자주 쓰인다.

제1장 | 의미 변화의 기본 조건

01 의미 변화의 기본 조건에는 언어 전수 과정에서 나타나는 비지속성, 사물의 종합성과 의미의 불명료성, 언어 의미의 유연성 상실, 의미의 본성적 다의성, 중의적으로 해석되는 문장과 문맥 상황 등이 있다.

01 다음 중 의미 변화의 기본 조건에 해당하지 <u>않는</u> 것은?

① 언어 전수 과정에서 나타나는 비지속성
② 사물의 종합성
③ 의미의 명료성
④ 의미의 본성적 다의성

02 의미 변화를 이끄는 원동력이 되는 것은 다의어이다.

02 다음 설명 중에서 옳지 <u>않은</u> 것은?

① 반의어는 의미 변화를 이끄는 원동력이 된다.
② 아이들은 언어를 배울 때 스스로 그 의미를 유추하기도 한다.
③ 단어 사이의 유연성을 상실하면 의미 변화가 일어나기 쉬워진다.
④ 언어 의미의 유연성이란 단어가 서로 관련을 가지는 것을 의미한다.

03 아이들은 그저 어른의 말을 흉내 내는 것이 아니라, 스스로 그 의미를 유추하기도 한다.

03 다음 설명 중에서 옳지 <u>않은</u> 것은?

① 단어는 시간이 흐르면서 의미 변화를 겪는다.
② 아이들은 언어를 배울 때 잘못된 의미 유추를 하기도 한다.
③ 아이들은 어른의 말을 듣고 접하며 언어를 배운다.
④ 아이들은 어른의 말을 흉내 낼 뿐 스스로 의미를 유추하지는 않는다.

정답 01 ③ 02 ① 03 ④

04 다음 중 단어 의미의 불명료성에 의한 의미 변화의 예로 옳지 **않은** 것은?

① 골반 양쪽의 뼈는 '장골'인데, 이 뼈를 드러내는 옷을 '치골 의상'이라 부른다.

② '엉덩이'는 볼기의 윗부분을 의미했는데, 후에는 볼기 전체 를 가리키게 되었다.

③ '얼굴'은 모습, 형체를 의미했는데, 이후 머리의 앞면을 가리 키는 것으로 그 의미가 변화했다.

④ 프랑스어 'soûl'은 원래 '배부른, 포식한'의 의미였다. 그러 나 후에 '(술) 취한'이라는 의미도 가지게 되었다.

04 어른들이 술 취한 사람에게 'soûl'이 라는 표현을 쓰는 것을 본 아이들이 단어의 뜻을 오해하여 그 의미가 굳 어진 경우로, 언어 전수 과정에서 나 타나는 비지속성 때문에 나타난 의 미 변화이다.

① 골반 양쪽의 뼈는 '장골'이므로 '장골 의상'이라고 부르는 것이 엄밀히는 옳다. 이는 '장골', '치 골'이라는 뼈의 명칭에 대한 친근 성의 부족으로 일어난 현상이다.

② '엉덩이'는 볼기의 윗부분, '궁둥 이'는 볼기의 아랫부분을 각각 가 리켰는데, 의미의 불명료성으로 인해 둘의 의미가 명확하게 구분 되지 못하여 '엉덩이'가 볼기 전 체를 가리키는 의미를 가지게 되 었다.

③ 인간 신체 부위의 경계가 명료하 지 않아 일어난 의미 변화이다.

05 다음 중 의미 변화의 기본 조건에 해당하는 것만 옳게 고른 것은?

> ㉠ 언어 전수 과정에서 나타나는 지속성
> ㉡ 중의적으로 해석되는 문장과 문맥 상황
> ㉢ 언어 의미의 유연성
> ㉣ 사물의 종합성
> ㉤ 의미의 본성적 다의성

① ㉠, ㉣, ㉤

② ㉡, ㉣, ㉤

③ ㉢, ㉣, ㉤

④ ㉠, ㉡, ㉢

05 의미 변화의 기본 조건에 해당하는 것은 ㉡, ㉣, ㉤이다. ㉠은 언어 전수 과정에서 나타나는 비지속성, ㉢은 언어 의미의 유연성 상실이 되어야 의미 변화의 기본 조 건에 해당한다.

정답 (04 ④ 05 ②)

06 1958년 이루어진 wug 실험은 아이들이 언어를 배울 때 그저 어른의 말을 흉내 내는 것이 아니라는 것을 증명하였다.

06 다음 중 아이들이 언어를 배울 때 스스로 문법 규칙을 유추한다는 것을 증명한 실험은?

① 러시안 블루 실험
② wug 실험
③ 라보프의 범주화 실험
④ 친족어 실험

07 인간 신체 부위의 경계가 명료하지 않아 일어난 의미 변화로, 의미의 불명료성으로 촉진된 의미 변화에 해당한다.

07 다음 설명이 의미하는 의미 변화의 기본 조건은?

> '얼굴'은 중세 국어에서 모습, 형체를 의미했는데, 현대 국어에서는 머리의 앞면을 가리키는 것으로 그 의미가 변화했다.

① 언어 전수 과정에서 나타나는 비지속성
② 사물의 종합성과 의미의 불명료성
③ 의미의 본성적 다의성
④ 중의적으로 해석되는 문장과 문맥 상황

08 언어 의미의 유연성이란 단어가 서로 관련을 가지는 것을 의미한다. 언중들이 유연성을 의식하면 의미 변화가 잘 일어나지 않지만 이를 상실하게 되면 의미 변화가 일어나기 쉬워진다.

08 다음 설명에 해당하는 의미 변화의 기본 조건은?

> '점잖다'는 원래 18세기까지 '점지(젊지) 않다'는 의미였다. '점다'가 '젊다'로 형태가 변화하면서 '점잖다'는 '젊다'는 의미와 관련되었다는 사실을 의식할 수 없게 되었다. 그 결과 현대 국어에서 '점잖다'는 나이와 관련 없이 의젓한 사람에게 모두 쓰이게 되었다.

① 언어 전수 과정에서 나타나는 비지속성
② 사물의 종합성과 의미의 불명료성
③ 의미의 본성적 다의성
④ 언어 의미의 유연성 상실

정답 (06 ② 07 ② 08 ④)

09 다음 설명에 해당하는 의미 변화의 기본 조건은?

> 'count one's beads'는 원래 '기도하다'라는 의미였다. 그러나 기도할 때 묵주를 돌리며 기도하는 경우가 많았기에 'count one's beads'는 '묵주를 굴리다', '묵주를 세다'라는 의미를 가지게 되었다. 'count one's beads'를 '기도하다', '묵주를 굴리다' 둘 중 어느 쪽으로 이해해도 문제가 없게 되었고, 그 결과 'bead'는 기도와 묵주의 의미를 모두 가지게 되었다.

① 중의적으로 해석되는 문장과 문맥 상황
② 사물의 종합성과 의미의 불명료성
③ 의미의 본성적 다의성
④ 언어 의미의 유연성 상실

09 'count one's beads'라는 문맥이 중의적으로 해석이 가능해지면서 생긴 의미 변화이다.

10 다음 설명에 해당하는 의미 변화의 기본 조건은?

> 프랑스어 soûl은 원래 '배부른, 포식한'의 의미였다. 그러나 후에 '(술) 취한'이라는 의미도 가지게 되었는데, 이는 어른들이 술 취한 사람에게 soûl이라는 표현을 쓰는 것을 본 아이들이 오해하여 그 의미가 굳어진 것이다.

① 중의적으로 해석되는 문장과 문맥 상황
② 사물의 종합성과 의미의 불명료성
③ 언어 전수 과정에서 나타나는 비지속성
④ 언어 의미의 유연성 상실

10 단어의 의미를 잘못 유추하는 경우가 있다. 오해가 생겼을 때 이를 바로잡지 못한 채 의미가 굳어지기도 한다. 이것이 언어 전수 과정에서 나타나는 비지속성이다.

정답 09 ① 10 ③

01 **정답**
ⓐ 비지속성
ⓑ 유연성

02 **정답**
의미의 불명료성에 의한 의미 변화의 예로 '엉덩이'와 '궁둥이'의 사례를 들 수 있다. 본래 '엉덩이'는 볼기의 윗부분, '궁둥이'는 볼기의 아랫부분을 각각 가리켰는데, 의미의 불명료성으로 인해 둘의 의미가 명확하게 구분되지 못하여 '엉덩이'가 볼기 전체를 가리키는 의미를 가지게 되었다.

03 **정답**
중세 국어에서 '어리다'는 '어리석다(愚)'의 뜻으로 쓰이다가 근대 국어 시기에 '어리석다(愚)', '어리다(幼)'의 뜻을 모두 가지는 다의어가 되었다. 그 후 현대 국어에서 '어리다'는 결국 '어리석다(愚)'의 의미를 잃고 '어리다(幼)'의 뜻만 가지게 되었다.

주관식 문제

01 다음 내용에서 괄호 안에 들어갈 적절한 용어를 순서대로 쓰시오.

> 단어들은 시간이 흐르면서 의미 변화를 겪는다. 단어의 의미가 변하는 근본적인 이유로는 언어 전수 과정에서 나타나는 (ⓐ), 언어 의미의 (ⓑ) 상실 등이 있다.

02 의미의 불명료성에 의한 의미 변화의 예를 한 가지 서술하시오.

03 '어리다'의 의미 변화를 시대에 따라 서술하시오.

제2장   의미 변화의 원인

01 다음 중 의미 변화의 원인이 <u>아닌</u> 것은?

① 역사적 원인
② 절대적 원인
③ 언어적 원인
④ 사회적 원인

02 다음 설명 중에서 옳은 것은?

① 언어 변화의 속도는 상대적으로 빠르다.
② 외국어를 받아들일 때 외국어와 한국어 단어는 별개이므로, 의미 변화는 일어나지 않는다.
③ 언어의 의미는 대중들의 심리에 의해서 영향을 받기도 한다.
④ 새로운 사물, 대상, 제도 등이 생겼을 때 그것을 의미하는 새로운 표현을 항상 만들 필요가 있다.

03 다음 중 의미 변화의 언어적 원인에 해당하지 <u>않는</u> 것은?

① 내포
② 생략
③ 전염
④ 민간 어원

---

01 의미 변화의 원인에는 역사적 원인, 언어적 원인, 사회적 원인, 심리적 원인이 있다.

02 ① 언어 변화의 속도는 상대적으로 느리다. 구체적 지시물은 빠르게 변화하지만, 언어 변화가 그 속도를 따라잡지 못하여 의미 변화가 일어나기도 한다.
② 외국어를 받아들일 때 한국어 단어에 의미 변화를 일으키기도 한다. 영어 'star'가 한국어 '별'의 의미에 영향을 준 것이 그 예이다.
④ 새로운 사물, 대상, 제도 등이 생겼을 때 기존의 단어를 사용할 수 있다.

03 의미 변화의 언어적 원인으로는 '민간 어원', '생략', '전염'의 세 가지가 있다.

정답 (01 ②   02 ③   03 ①)

04 합성어에서 하나의 어근을 생략했을 때 남은 어근이 본래 합성어의 의미를 유지하면서 의미 변화가 일어난다.

04 다음 중 의미 변화의 언어적 원인에 대한 설명으로 옳지 <u>않은</u> 것은?

① 민간 어원은 언어의 음운과 관련된 의미 변화이다.

② 음운이나 단어, 문장 같은 언어 내적 요소가 의미 변화의 원인이 되는 것을 의미한다.

③ 한 단어가 문장 속에서 특정 단어와 함께 많이 사용되어 특정 단어의 의미가 원래 단어의 의미에 옮는 것을 전염이라 한다.

④ 두 어근이 결합한 합성어에서 하나의 어근을 생략했을 때 남은 어근이 새로운 의미를 만들면서 의미 변화가 일어난다.

05 역사적 원인 중 지시물의 변화에 해당하는 예이다.

05 다음 설명에 해당하는 의미 변화의 원인은?

> '바가지'는 본래 박으로 만든 것을 의미했으나, 지금은 대부분 플라스틱으로 만들기 때문에 단어의 의미가 변했다고 볼 수 있다.

① 역사적 원인

② 심리적 원인

③ 언어적 원인

④ 사회적 원인

정답 (04 ④ 05 ①)

06 다음 설명에 해당하는 의미 변화의 원인은?

> '아침밥'은 시간을 의미하는 '아침'에 끼니를 의미하는 '밥'이 결합한 합성어로 '아침 끼니로 먹는 밥'이라는 의미를 가진다. 여기서 '밥'이 생략된 '아침'도 '아침밥'의 의미를 그대로 가지므로 '아침'이 '아침밥'의 의미까지 함께 가지게 되었다.

① 역사적 원인
② 심리적 원인
③ 언어적 원인
④ 사회적 원인

07 다음 설명에 해당하는 의미 변화의 원인은?

> 특정 주제에 대한 관심이 높아지면, 그와 관련된 표현이 가지는 특성에 주목하여 더 다양한 의미를 가지도록 의미의 확장이 일어난다.

① 역사적 원인
② 심리적 원인
③ 언어적 원인
④ 사회적 원인

06 제시문은 언어적 원인 중 하나의 어근을 생략했을 때 남은 어근이 본래 합성어의 의미를 그대로 가지고 있는 생략에 해당한다.

07 제시문은 심리적 원인에 의한 의미 변화이다.

정답 (06 ③ 07 ②)

08 사회적 원인 중 의미의 일반화에 해당한다.

08 다음 설명에 해당하는 의미 변화의 원인은?

> 특수한 집단 속에서 특수한 의미로 쓰이던 단어가 일반 사회에서 사용되면서 새로운 일반적 의미를 갖게 되는 현상이다.

① 역사적 원인
② 심리적 원인
③ 언어적 원인
④ 사회적 원인

09 ① · ② 역사적 원인에 대한 설명이다.
③ 언어적 원인에 대한 설명이다.

09 다음 중 의미 변화의 심리적 원인에 대한 설명으로 옳은 것은?

① 과학의 발달 등으로 지시물에 대한 지식이 변화하였으나, 지시 자체는 변하지 않아 일어나는 의미 변화이다.
② 사회 변화로 인해 지시물에 대한 태도가 변화함에 의해 언어의 의미 변화를 가져온 것을 이른다.
③ 두 어근이 결합한 합성어에서 하나의 어근을 생략했을 때 남은 어근이 본래 합성어의 의미를 그대로 가지고 있는 경우이다.
④ 특정 주제에 대한 거부감이 높아지면, 해당 표현이 가지는 의미를 대체하기 위해 다른 표현을 찾게 되는데 이때 의미 변화가 일어난다.

정답 08 ④ 09 ④

주관식 문제

01 다음 내용에서 괄호 안에 들어갈 적절한 용어를 순서대로 쓰시오.

> 한 사회, 즉 한 집단의 언어가 다른 집단에서 사용될 때 해당 집단에 맞는 의미로 의미 변화가 일어나는 것을 사회적 원인에 의한 의미 변화라 한다. 의미의 확대가 일어나는 (㉠), 의미의 축소가 일어나는 (㉡)이/가 있다.

01 **정답**
㉠ 의미의 일반화
㉡ 의미의 특수화

02 '행주치마'의 두 가지 의미를 설명하고, 그 원인을 쓰시오.

02 **정답**
'행주치마'는 부엌일을 할 때 입는 치마이며, 행주대첩에 부녀자들이 입고 전투를 지원한 것으로도 알려져 있다. '행주치마'는 16세기부터 부엌일을 할 때 입는 치마라는 의미로 사용되던 말이다. 그러나 발음의 유사성으로 인해 임진왜란 행주(幸州)대첩에서 부녀자들이 입었던 옷이라는 민간 어원이 생겼는데, 이는 증거가 없는 낭설에 가깝다. 이 민간 어원으로 인해 '행주치마'는 '행주(幸州)대첩에서 부녀자들이 입었던 옷'이라는 의미를 추가로 획득하게 되었다.

03 **정답**
　ⓐ 단어
　ⓑ 음운
　ⓒ 문장(구조)

03 다음 내용에서 괄호 안에 들어갈 적절한 용어를 순서대로 쓰시오.

> 언어적 원인에 의한 의미 변화의 유형에는 '생략', '민간 어원', '전염'의 세 가지가 있다. 이들은 음운이나 단어, 문장 같은 언어 내적 요소가 의미 변화의 원인이 된다. 이때 '생략'은 (ⓐ), '민간 어원'은 (ⓑ), '전염'은 (ⓒ)와/과 관련된 의미 변화이다.

04 **정답**
　ⓐ 생략
　ⓑ 전염

04 ⓐ과 ⓑ은 의미 변화의 원인이다. 다음 내용에서 괄호에 들어갈 적절한 의미 변화의 원인을 순서대로 쓰시오.

> • (ⓐ) : '아침'이 '아침밥'의 의미를 가지게 되었다.
> • (ⓑ) : '별로'는 부정의 의미를 나타내지 않았지만 후에 '별로'라는 단어만으로 부정의 의미를 나타낼 수 있게 되었다.

제3장   의미 변화의 분류

01 다음 중 언어의 보수성에 대한 설명으로 옳지 <u>않은</u> 것은?

① 실제 세계의 변화 속도에 언어의 변화가 뒤처지는 경우가 있다.

② 언어의 보수성에 의한 변화는 의미 변화의 원인 중 역사적 원인과 같은 것이다.

③ 언어의 변화 속도가 실제 세계의 변화 속도에 뒤처지는 것을 언어의 보수성이라 부른다.

④ 단어, 형식 등 명칭이 달라지면서 나타나는 의미 변화이다.

02 다음 중 의미 변화의 유형에 대한 설명으로 옳지 <u>않은</u> 것은?

① 명칭은 단어, 형식을 의미한다.

② 상사는 근접보다 의미의 관련성이 더 크다.

③ '상사'란 '서로 비슷하다', '근접'이란 '가깝다'는 의미이다.

④ 명칭이 변해서 생기는 의미 변화와, 명칭이 변하지 않아서 생기는 의미 변화로 나눌 수 있다.

03 다음 중 의미는 서로 관련이 없으나 음성적으로 유사한 경우를 일컫는 말은?

① 언어의 보수성

② 의미 간의 근접

③ 명칭 간의 상사

④ 의미 간의 상사

---

01 명칭이 달라지면서 나타나는 의미 변화는 언어의 개신성에 대한 변화이다. 언어의 보수성에 의한 변화는 실제 지시물이나 관련 지식, 태도는 변화였는데 그에 대한 명칭이 달라지지 않아 나타나는 의미 변화이다.

02 근접이 상사보다 의미의 관련성이 더 크다.
④ 명칭이 변해서 생기는 의미 변화는 언어의 개신성에 의한 변화, 명칭이 변하지 않아서 생기는 의미 변화는 언어의 보수성에 의한 변화이다.

03 의미는 서로 관련이 없으나 두 명칭이 음성적으로 유사한 경우를 일컫는 것은 명칭 간 상사이다.

정답 (01 ④   02 ②   03 ③)

04 명칭 간 근접은 두 명칭이 자주 함께 쓰여 한 단어가 다른 단어의 의미를 대신하는 것을 의미한다.
시간, 공간, 인과가 가까워 일어나는 의미 변화는 의미 간 근접이다.

04 다음 설명 중에서 옳지 <u>않은</u> 것은?

① 명칭 간 근접에는 시간, 공간, 인과가 가까워 일어나는 의미 변화가 있다.

② 두 명칭이 자주 함께 쓰이면 명칭 간 근접하다고 말한다.

③ 근접한 두 명칭은 한 단어가 다른 단어의 의미를 대신할 수 있다.

④ 의미는 서로 관련이 없지만, 두 명칭이 음성적으로 서로 비슷한 경우를 명칭 간의 상사라고 부른다.

05 해당 제시문은 의미 간의 상사 중 의미의 추상화에 해당하는 예이다.

05 다음 설명과 관련된 의미 변화 유형은?

예시	설명
㉠ 보람 1. 약간 드러나 보이는 표적 2. 어떤 일을 한 뒤에 얻어지는 좋은 결과나 만족감. 또는 자랑스러움이나 자부심을 갖게 해 주는 일의 가치	'보람'은 원래 '표적'이라는 구체적인 대상을 의미하는데, 그와 관련된 의미가 추상화되어 '가치'라는 추상적 의미가 덧붙었다.

① 의미 간의 상사

② 의미 간의 근접

③ 명칭 간의 상사

④ 명칭 간의 근접

06 해당 제시문은 명칭 간의 상사 중 한자 부회에 해당하는 예이다.

06 다음 설명과 관련된 의미 변화 유형은?

예시	설명
㉠ 여름 한 해의 네 철 가운데 둘째 철	열음(熱飮)에서 '여름'이라는 단어가 유래했다는 설이 있다.

① 의미 간의 상사

② 의미 간의 근접

③ 명칭 간의 상사

④ 명칭 간의 근접

정답 04 ①　05 ①　06 ③

07 다음 설명과 관련된 의미 변화 유형은?

예시	설명
⑩ 머리 1. 사람이나 동물의 목 위의 부분 2. 생각하고 판단하는 능력	'머리'의 실제적 공간에 주목하여 머리에는 뇌가 위치하고, 사고가 일어나는 공간이라는 점에 주목하여 '생각하는 능력'이라는 의미가 덧붙었다.

① 의미 간의 상사
② 의미 간의 근접
③ 명칭 간의 상사
④ 명칭 간의 근접

08 다음 설명과 관련된 의미 변화 유형은?

예시	설명
⑩ 불혹 1. 미혹되지 아니함 2. 마흔 살을 달리 이르는 말	'불혹(不惑)'은 논어에서 쓰인 말이다. 40세에 이르러서는 유혹에 흔들리지 않았다는 의미로 '사십이불혹(四十而不惑)'이라 썼는데, 이 문구가 널리 퍼져 불혹이 곧 마흔 살을 이르게 되었다.

① 의미 간의 상사
② 의미 간의 근접
③ 명칭 간의 상사
④ 명칭 간의 근접

09 다음 중 의미 간의 근접에 해당하는 유형이 <u>아닌</u> 것은?

① 시간 근접
② 공간 근접
③ 인과 근접
④ 행위 근접

---

07 해당 제시문은 의미 간의 근접 중 공간이 근접하여 일어난 의미 변화에 해당하는 예이다.

08 해당 제시문은 명칭 간의 근접에 해당하는 예이다. 두 명칭이 함께 자주 쓰이다 보면 한 단어가 다른 단어의 의미를 대신할 수 있다.

09 의미 간 근접에는 시간, 공간, 인과가 가까워 일어나는 의미 변화가 있다.

정답 07② 08④ 09④

10 의미 간의 상사는 '의인적 은유', '동물적 은유', '공감각적 은유', '의미의 추상화'로 나눌 수 있다.

10 다음 중 의미 간의 상사에 해당하는 유형이 <u>아닌</u> 것은?

① 의인적 은유

② 시간적 환유

③ 공감각적 은유

④ 의미의 추상화

01 **[정답]**
언어의 보수성

주관식 문제

01 다음 내용에서 괄호 안에 들어갈 적절한 용어를 쓰시오.

> 실제 세계의 변화 속도를 언어의 변화가 따라잡지 못하는 경우가 있다. 이처럼 언어의 변화 속도가 실제 세계의 변화 속도에 뒤처지는 것을 (   )(이)라 부른다.

02 **[정답]**
㉠ 상사
㉡ 근접

02 다음 내용에서 괄호 안에 들어갈 적절한 용어를 순서대로 쓰시오.

> 언어의 개신성에 의한 변화는 명칭이 달라지면서 나타나는 의미 변화이다. 크게 (㉠)과/와 (㉡)(으)로 나눌 수 있는데, (㉠)(이)란 '서로 비슷하다', (㉡)(이)란 '가깝다'는 의미이다.

[정답] 10 ②

03 의미 간 상사에 해당하는 의미 변화의 유형을 두 개 이상 예시와 함께 서술하시오.

04 상사와 근접에 대해 간략히 서술하시오.

05 다음 내용에서 괄호 안에 들어갈 적절한 용어를 쓰시오.

예시	설명
예 떨다 1. 물체가 작은 폭으로 빠르게 반복하여 흔들리다. 2. 몹시 추워하거나 두려워하다.	해당 예시는 (　　　)에 의한 의미 변화이다. 사람이 몸을 흔드는 행위의 원인인 추위, 공포의 의미도 '떨다'가 가지게 되었다.

03 정답
의미 간의 상사는 '의인적 은유', '동물적 은유', '공감각적 은유', '의미의 추상화'로 나눌 수 있다. 의인적 은유의 예시로 사람의 목 위 부분을 의미하는 '머리'가 단체의 우두머리를 나타내게 된 경우가 있다. 이는 사람의 머리가 중요하므로, 그 의미에 주목하여 단체의 우두머리에 빗댄 것이다. '밝다'는 눈으로 보는 것이기에 시각적 이미지이다. 그러나 '밝은 목소리'와 같은 예에서는 청각적 이미지로 은유되었다. 이는 공감각적 은유의 예이다.

04 정답
'상사'란 '서로 비슷하다', '근접'이란 '가깝다'는 의미이다. 근접은 상사보다 의미의 관련성이 더 크다는 특징이 있다.

05 정답
인과적 근접

제4장　　의미 변화의 결과

01 의미 변화의 결과에는 의미 확대, 의미 축소, 의미 전이가 있다.

01 다음 중 의미 변화의 결과가 <u>아닌</u> 것은?

① 의미 확대
② 의미 축소
③ 의미 유지
④ 의미 전이

02 경멸적 변화에 대한 설명이다. 개량적 변화는 의미 변화로 인해 단어가 가리키는 의미가 원래의 의미보다 긍정적으로 변하거나, 부정적이었던 의미가 중립적으로 바뀌는 것을 의미한다.

02 다음 설명 중에서 옳지 <u>않은</u> 것은?

① 의미 변화의 결과는 의미 범위의 변화에 따라 의미의 확대와 축소로 나눌 수 있다.
② 의미 변화의 결과는 의미 변화의 방향에 따라 개량적 변화와 경멸적 변화로 나눌 수 있다.
③ 의미 확대는 의미 변화로 인해 단어가 가리키는 의미가 원래의 의미보다 넓어지는 것을 말한다.
④ 개량적 변화는 긍정적이었던 의미가 중립적으로 바뀌는 것을 의미한다.

03 단어의 의미가 본래보다 나쁜 의미를 가지게 되는 것을 경멸적 변화라 한다.

03 다음 중 의미 변화의 결과, 단어의 의미가 본래보다 나쁜 의미를 가지게 되는 것은?

① 의미 확대
② 의미 축소
③ 경멸적 변화
④ 개량적 변화

정답 (01 ③　02 ④　03 ③)

04 다음 중 의미 축소에 대한 설명으로 옳은 것은?

① 의미 변화로 인해 단어가 가리키는 의미가 원래의 의미보다 넓어지는 것을 말한다.

② 의미 변화로 인해 단어가 가리키는 의미가 원래의 의미보다 줄어드는 것을 말한다.

③ 원래의 의미보다 좋은 의미를 가지게 되는 의미 변화이다.

④ 원래의 의미보다 나쁜 의미를 가지게 되는 의미 변화이다.

05 다음 설명과 관련된 의미 변화의 결과는?

> '귀하, 선생님'과 같은 말은 과거 높임 표현으로만 쓰였으며, 함부로 쓰이지 않았으나 지금은 중립적인 의미를 가지고 일반적으로 자주 쓰인다.

① 의미 확대
② 의미 축소
③ 개량적 변화
④ 경멸적 변화

06 다음 설명과 관련된 의미 변화의 결과는?

> '영감'은 원래 벼슬아치를 이르는 말이었으나, 현재는 지체가 높은 사람, 나이가 많은 남자를 모두 의미한다.

① 의미 확대
② 의미 축소
③ 개량적 변화
④ 경멸적 변화

---

04 ① 의미 확대에 대한 설명이다.
③ 개량적 변화에 대한 설명이다.
④ 경멸적 변화에 대한 설명이다.

05 높임 표현 등 긍정의 의미로 쓰였던 단어가 중립적으로 바뀌었으므로, 경멸적 변화에 해당한다.

06 의미 변화로 인해 단어가 가리키는 의미가 원래의 의미보다 넓어진 예로, 의미 확대에 해당한다.

정답 04 ② 05 ④ 06 ①

07 의미 변화의 결과 중 단어의 의미가
    본래보다 좋은 의미를 가지게 된 예
    로, 개량적 변화에 해당한다.

07 다음 설명과 관련된 의미 변화의 결과는?

> '광대'는 과거에 노름꾼, 천하잡놈과 함께 쓰여 부정적인 의
> 미를 가지는 말이었다. 그러나 현대에는 보는 사람을 즐겁게
> 하는 재주를 지닌 사람이라는 의미로, 부정적인 의미가 많이
> 사라지고 칭찬으로 쓰이기도 한다.

① 의미 확대
② 의미 축소
③ 개량적 변화
④ 경멸적 변화

08 의미 변화로 인해 단어가 가리키는
    의미가 원래의 의미보다 넓어진 예
    로, 의미 확대에 해당한다.

08 다음 설명과 관련된 의미 변화의 결과는?

> '저녁'은 원래 시간을 의미했으나, 그 시간에 먹는 끼니까지
> 의미하게 되었다.

① 의미 확대
② 의미 축소
③ 개량적 변화
④ 경멸적 변화

09 의미 변화로 인해 단어가 원래 지시
    하던 의미를 잃고 아예 다른 의미를
    지시하게 된 예로, 의미 전이에 해당
    한다.

09 다음 설명과 관련된 의미 변화의 결과는?

> '어리다'는 원래 어리석다는 의미였으나 이제는 나이가 어리
> 다는 뜻으로 쓰이고 있다.

① 의미 확대
② 의미 축소
③ 의미 전이
④ 의미 고정

정답 07 ③ 08 ① 09 ③

10 다음 설명과 관련된 의미 변화의 결과는?

> '호랑이'는 '범 호(虎)'와 '이리 랑(狼)'을 합친 말로 말 그대로 '범과 이리'라는 의미였으나, 지금은 '범(虎)'만을 의미한다.

① 의미 확대
② 의미 축소
③ 개량적 변화
④ 경멸적 변화

10 의미 변화로 인해 단어가 가리키는 의미가 원래의 의미보다 좁아진 예로, 의미 축소에 해당한다.

주관식 문제

01 다음 내용에서 괄호 안에 들어갈 적절한 용어를 순서대로 쓰시오.

> (㉠) 변화는 의미 변화로 인해 단어가 가리키는 의미가 원래의 의미보다 긍정적으로 변하거나, 부정적이었던 의미가 중립적으로 바뀌는 것을 의미하고, (㉡) 변화는 의미 변화로 인해 단어가 가리키는 의미가 원래의 의미보다 부정적으로 변하거나, 긍정적이었던 의미가 중립적으로 바뀌는 것을 의미한다. (㉠) 변화는 (㉡) 변화에 비해 잘 일어나지 않는다.

01 **정답**
㉠ 개량적
㉡ 경멸적

정답 10 ②

02 **정답**

경멸적 변화

02 '화장실'의 의미 변화는 어떤 의미 변화의 결과에 해당하는지 쓰시오.

03 **정답**

의미 축소란 의미 변화로 인해 단어가 가리키는 의미가 원래의 의미보다 줄어드는 것을 말한다. 의미 축소의 예에는 '짐승'이 있다. 15세기 불교 용어에서 기원한 '짐승'은 살아 있는 모든 무리를 의미했으나, 지금은 네 발 동물만을 의미한다.

03 의미 축소에 대해 예를 들어 서술하시오.

04 **정답**

개량적 변화란 의미 변화로 인해 단어가 가리키는 의미가 원래의 의미보다 긍정적으로 변하거나, 부정적이었던 의미가 중립적으로 바뀌는 것을 의미한다. 즉 원래의 의미보다 좋은 의미를 가지게 되는 의미 변화이다. 개량적 변화의 예로는 '광대'가 있다. '광대'는 과거에 노름꾼, 천하잡놈과 함께 쓰여 부정적인 의미를 가지는 말이었다. 그러나 현대에는 보는 사람을 즐겁게 하는 재주를 지닌 사람이라는 의미로 부정적인 의미가 많이 사라지고 칭찬으로 쓰이기도 한다.

04 개량적 변화에 대해 예를 들어 서술하시오.

제 **5** 편

문장 의미론

| 단원 개요 |

문장의 의미는 단순한 단어 의미의 합이 아니다. 문장 의미는 문장을 구성하는 단어들과, 그 단어들을 결합하는 규칙에 의하여 결정된다. 문장 의미론의 필요성을 확인하고, 문장 의미론의 기본 개념을 살펴본다.

| 출제 경향 및 수험 대책 |

문장의 동의성과 중의성의 의미를 예시와 함께 익히고 구분할 수 있도록 한다. 특히 중의문의 의미를 해석하는 문제가 나올 수 있으므로 예시를 통해 충분히 익히는 것이 중요하고, 함의와 전제의 차이에 주목해야 한다.

제 1 장 | 문장 의미론의 성격

제1절　문장 의미론의 필요성

1 문장의 정의

(1) 문장은 생각이나 감정을 표현할 때 완결된 내용을 나타내는 최소 단위이다.

(2) 일상에서 문장을 사용하여 생각을 전달하므로, 언어생활의 기본 단위라 할 수 있다.

2 합성성의 원리 (종요)

(1) 언어표현 전체의 의미는 그것을 구성하는 부분들의 의미(어휘적 의미)와 부분들이 결합하는 통사 규칙(구조적 의미)에 의하여 결정된다.

(2) 문장의 의미는 어휘적 의미와 구조적 의미로 구분할 수 있다. 어휘적 의미는 개별 단어의 의미를 뜻하며, 구조적 의미는 단어들이 결합하는 방식에 관련된 의미이다. 즉 문장의 의미는 문장을 구성하는 단어의 의미와 그것들이 결합하는 방식에 의해 결정된다.

(3) 문장의 의미는 문장을 구성하는 단어들만으로 결정되는 것이 아니다. 다음 두 문장은 동일한 단어 '아이', '가', '사과', '를', '먹는다'로 구성되었으나 두 문장의 의미는 명백히 다르다.

> (가) 아이가 사과를 먹는다.
> (나) 사과가 아이를 먹는다.

3 문장 의미론의 필요성

문장의 의미는 단순한 단어의 의미 합과 다르므로, 단어 그 자체의 의미와 구분되는 문장에 대한 의미 연구가 필요하다. 문장 의미론은 문장의 내부적 작용 방식을 살펴본다.

제2절	**문장 의미론의 연구 대상** 종요

단어가 아닌 문장에서 드러나는 문장의 속성이 있는데, 이는 다음 두 가지로 분류가 가능하다. 이와 같은 문장 속성은 비단 한국어뿐만이 아니라 모든 언어에서 보편적으로 드러나는 것으로, 이 중 모순성은 한 문장 안에서도, 문장과 문장 사이에서도 발견되는 의미 속성이다.

한 문장의 의미 속성	항진성, 모순성, 변칙성, 중의성
문장 사이의 의미 속성	동의성, 모순성, 함의, 전제

1 항진성

어떤 문장이 항상 참이 되는 것을 **항진성**(tautology)이라 한다.

(1) 다음에 제시된 문장 (가)는 동어반복으로 항진성을 가지게 되었다.

(2) 제시된 문장 (나)는 문장을 구성하는 단어들이 상하의관계로, 항상 참이다.

(3) 정보의 관점에서 문장 (가)는 거의 기능하지 못하나, 문장 (나)는 (가)에 비해 새로운 정보를 전달하는 것이 가능하다.

> (가) 백두산은 백두산이다.
> (나) 백두산은 산이다.

2 모순성

어떤 문장이 항상 참이 되는 항진성과 반대로, 어떤 문장이 항상 거짓이 되는 것을 **모순성**(contradiction)이라 한다.

(1) 다음의 문장 중에서 (가), (나)는 논리적으로 참이 될 수 없는 문장들이다. (가), (나)는 한 문장 안에서 모순성이 드러난 예이다.

(2) 반면 (다), (라)는 연속해서 봤을 경우, 그 사이에 모순성이 드러난다. 비가 내린 적이 없는데 비가 그칠 수는 없다. 문장 사이의 모순은 (마)처럼 하나의 문장으로 연결해 보면 더욱 명확히 드러난다.

> (가) 아버지는 할아버지보다 나이가 많다.
> (나) 모든 기혼자는 결혼하지 않았다.
>
> (다) 세차게 쏟아지던 비가 그쳤다.
> (라) 비가 내린 적이 없다.
> (마) 세차게 쏟아지던 비가 그쳤지만, 비가 내린 적이 없다.

3 변칙성

적절한 단어를 선택하지 않아 문장의 의미가 자연스럽지 않은 것을 **변칙성**(anomaly)이라 한다. 이는 제2편 제2장 제2절의 '(3) 선택 제약 검증'에 언급된 통사적 선택 제약과도 관련된다.

다음에 제시된 문장 (가)의 '시끄러운 딸기', '빠르게 예쁘다', 문장 (나)의 '보랏빛 시간', '문을 앉는다' 등은 일반적이지 않고 변칙적인 속성을 드러낸다.

> (가) 시끄러운 딸기가 빠르게 예쁘다.
> (나) 보랏빛 시간이 문을 앉는다.

4 중의성

한 문장이 두 가지 이상의 의미를 나타내는 것을 **중의성**(ambiguity)이라 한다. 정확한 정보 전달을 위해서는 문장이 중의성을 가지지 않는 것이 좋다.

다음에 제시된 문장 (가)는 (나a, b)의 두 가지 의미로 해석될 수 있다.

> (가) 영수는 손이 크다.
> (나) a. 영수는 다른 사람들보다 손의 크기가 크다.
>   b. 영수는 씀씀이가 크다.

5 동의성

중의성과는 달리 두 문장이 하나의 의미, 즉 같은 의미를 나타내는 것을 **동의성**(synonymy)이라 한다. 두 단어가 하나의 의미를 나타내는 것을 동의어라 하듯이, 두 문장이 하나의 의미를 나타내는 것을 동의문이라 한다.

(1) 다음에 제시된 문장 (가)와 문장 (나)는 능동사, 피동사를 활용한 동의문이다.

(2) 제시된 문장 (다)와 문장 (라)는 '주다–받다', '사다–팔다'와 같은 반의어를 활용한 동의문이다.

> (가) 경찰이 도둑을 잡았다.
> (나) 도둑이 경찰에 잡혔다.
>
> (다) 영수는 미나에게 냄비를 팔았다.
> (라) 미나는 영수에게 냄비를 샀다.

6 함의

함의(entailment)는 문장 사이의 논리적 관계에서 나타나는 의미 속성이다. 어떤 문장 p가 참일 때 문장 q도 반드시 참이면, 'p는 q를 함의한다'고 한다.

(1) 다음에 제시된 (가)와 (나)에서 각각 p는 q를 함의한다. 이는 어휘의 관계에서 파악할 수 있다. (가)에서 '독살하다'는 '죽다'의 하의어이고, (나)에서 '도둑'은 '사람'의 하의어다.

(2) p가 참일 때는 문장 q도 반드시 참이지만, p가 거짓일 때 q가 참일지 거짓일지는 알 수 없다.

> (가) p : 신하가 왕을 독살했다.
> 　　q : 왕이 죽었다.
> (나) p : 민수는 도둑이 도망치는 것을 보았다.
> 　　q : 민수는 사람이 도망치는 것을 보았다.

7 전제

전제(presupposition) 또한 함의와 같이 문장 사이의 논리적 관계에서 나타나는 의미 속성이다. 어떤 문장 p가 참이기 위해 문장 q가 반드시 참이어야 하는 경우, 'p는 q를 전제한다'고 한다. p를 통해 q를 자연스레 알게 된다는 점에서는 함의와 같다.

(1) 함의와 다른 점은, q가 p를 발화하기 위한 배경적 지식으로 작용한다는 것이다. 함의의 경우 q는 p로 인해 새롭게 생겨나는 정보이다. 이는 다음에 제시된 (가)에서 확인할 수 있다.

(2) 함의와 또 하나 구분되는 것은 p가 부정되었을 때이다. 함의와 달리 전제의 경우 p가 거짓이어도 q는 그대로 참이다. 다음에 제시된 (나)에서 거짓말한 것을 후회하지 않는다고 하더라도, 거짓말을 했다는 사실은 여전히 참이다.

> (가) p : 지호의 형은 대학생이다.
>   q : 지호는 형이 있다.
> (나) p : 나는 네게 거짓말한 것을 후회한다.
>   q : 나는 네게 거짓말을 했다.

제 **2** 장 │ 문장의 동의성

두 문장이 하나의 의미, 즉 같은 의미를 나타내는 것을 동의성(synonymy)이라 한다. 두 단어가 하나의 의미를 나타내는 것을 동의어라 하듯이, 두 문장이 하나의 의미를 나타내는 것을 **동의문**이라 한다. 동의문은 어휘적 동의문과 통사적 동의문으로 나뉜다.

제1절 어휘적 동의문

어휘적 동의문에는 동의어에 의한 동의문, 반의어에 의한 동의문, 어휘소 대치에 의한 동의문이 있다.

1 동의어에 의한 동의문

문장의 어떤 단어를 동의어로 바꾸어 만든 동의문으로, 어휘적 동의문 중 가장 단순한 형태이다.
다음에 제시된 (가), (나)에서 '해'와 '태양', '아버지'와 '아빠'는 동의어이다. 동일한 문장 구조에서 특정 단어를 바꾸어 성립하는 것이다.

> (가) a. <u>해</u>가 뜬다.
>   b. <u>태양</u>이 뜬다.
> (나) a. <u>아버지</u>는 집에 계신다.
>   b. <u>아빠</u>는 집에 계신다.

2 반의어에 의한 동의문

반의어에 의한 동의문은 상보 반의어를 사용하는 것과 방향 반의어를 사용한 것이 있다. 전자는 상보반의관계의 단어 중 하나를 부정하여 동의문을 이루고, 후자는 단어의 위치를 바꾸어 동의문을 이룬다. 다음에 제시된 표를 보자.

(1) 제시된 (가)는 상보 반의어를 사용한 동의문의 예이다. '참-거짓'의 상보 반의어 중 거짓을 부정하여 동의문을 만들었다.

(2) 제시된 (나)는 방향 반의어를 사용한 동의문의 예이다. '왼쪽–오른쪽'이라는 방향 반의어를 사용하는 동시에, '과일 가게'와 '생선 가게'의 위치를 바꾸었다.

(가) a. 이 이야기는 <u>참이다</u>.
    b. 이 이야기는 <u>거짓이 아니다</u>.
(나) a. 과일 가게는 생선 가게 <u>왼쪽</u>에 있다.
    b. 생선 가게는 과일 가게 <u>오른쪽</u>에 있다.

---

3 어휘소 대치에 의한 동의문

어떤 단어나 표현을 다른 표현으로 대체하여 표현할 수 있다.

(1) 다음에 제시된 (가)는 단어를 풀어 써서 대체한 동의문의 예이다. '기혼자'라는 단어를 '결혼한 사람'이라는 표현으로 풀어 썼다. (나) 또한 '죽었다'라는 단어를 다양한 표현으로 대체한 것인데, 이를 통해 여러 동의문이 생길 수 있다.

(2) 다음의 (다), (라)는 다른 표현을 사용하여 같은 의미의 문장을 만든 것이다. (다)는 관용어, (라)는 속담을 이용하여 만든 동의문이다.

(가) a. 그는 <u>기혼자</u>이다.
    b. 그는 <u>결혼한 사람</u>이다.
(나) a. 왕이 <u>죽었다</u>.
    b. 왕이 <u>숨을 거두었다</u>.
    c. 왕이 <u>눈을 감았다</u>.
    d. 왕이 <u>세상을 떠났다</u>.
(다) a. 영수는 <u>아는 사람이 많다</u>.
    b. 영수는 <u>발이 넓다</u>.
(라) a. 민수는 <u>아주 똑똑하다</u>.
    b. 민수는 <u>하나를 알면 열을 안다</u>.

제2절 통사적 동의문

통사적 동의문에는 능동과 피동에 의한 동의문, 단형과 장형에 의한 동의문, 문장 성분의 계층 이동에 의한 동의문, 어순 변화에 의한 동의문, 생략에 의한 동의문, 양태 표현의 대치에 의한 동의문이 있다.

1 능동과 피동에 의한 동의문

능동문과 피동문은 문장 표현은 다르지만 의미는 같은 동의문이다. 피동문에는 피동 접미사 '-이-, -히-, -리-, -기-'로 만든 단형 피동문과, '-어지다', '-게 되다' 등을 활용한 장형 피동문이 있다.

(1) 다음에 제시된 (가b)는 피동 접미사 '-히-'를 붙여 만든 단형 피동문이다. (가a)와 (가b)는 각각 능동문, 피동문으로 동의문이 된다.

(2) 다음의 (나b)는 '-어지다'로 만든 장형 피동문이다. (나a)와 (나b)는 각각 능동문, 피동문으로 동의문이 된다.

> (가) a. 경찰이 도둑을 잡았다.
>   b. 도둑이 경찰에게 잡혔다.
> (나) a. 커튼이 햇빛을 가렸다.
>   b. 햇빛이 커튼에 가려졌다.

2 단형과 장형에 의한 동의문

단형, 장형에 의한 동의문 유형에는 피동문, 사동문, 부정문이 있다.

(1) 다음에 제시된 (가a)는 피동 접미사 '-히-'를 활용한 단형 피동문, (가b)는 '-어지다'를 활용한 장형 피동문으로, (가a)와 (가b)는 동의문이 된다.

(2) 다음의 (나a)는 사동 접미사 '-이-'를 활용한 단형 사동문, (나b)는 '-게 하다'를 활용한 장형 사동문으로, (나a)와 (나b)는 동의문이 된다.

(3) 다음의 (다a)는 부정 부사 '못'을 활용한 단형 부정문, (다b)는 부정 용언 '못하다'를 활용한 장형 부정문으로, (다a)와 (다b)는 동의문이 된다.

> (가) a. 강한 바람에 종이가 뒤집혔다.
>   b. 강한 바람에 종이가 뒤집어졌다.
> (나) a. 아픈 아이에게 약을 먹였다.
>   b. 아픈 아이에게 약을 먹게 했다.
> (다) a. 나는 그 소식을 못 들었다.
>   b. 나는 그 소식을 듣지 못했다.

3 문장 성분의 계층 이동에 의한 동의문

어떤 문장 성분이 안긴문장(하위문)에 있다가 안은문장(상위문)으로 이동하면서 만들어지는 동의문이다.
다음에 제시된 (가a)에서 '민지'는 안긴문장 '민지가 예쁘다'의 주어였는데, (가b)에서는 안은문장의 목적어가 되었다. (가a)와 (가b)는 동의문이 된다.

> (가) a. 그는 민지가 예쁘다고 생각한다.
>   b. 그는 민지를 예쁘다고 생각한다.

4 어순 변화에 의한 동의문

어순이 달라도 의미는 동일할 수 있다. 한국어는 어순이 비교적 자유로운 편으로, 이는 문장 성분의 위치가 바뀌어도 의미가 크게 변하지 않는다는 것을 의미한다.
다음에 제시된 (가a~d)에서 '다들'이 어디에 있든 그 의미가 같다. (가e)처럼 전체적인 어순을 바꾸어도 의미가 크게 변하지 않는다.

> (가) a. 다들 이만 집에 갑시다.
>   b. 이만 다들 집에 갑시다.
>   c. 이만 집에 다들 갑시다.
>   d. 이만 집에 갑시다, 다들.
>   e. 집에 이만 다들 갑시다.

5 생략에 의한 동의문

어떤 문장 성분은 생략되어도 이전 문장과 의미가 동일하다. 생략된 문장 성분이 무엇인지 알 수 있으면 동의성이 성립한다.

(1) 다음에 제시된 (가)는 목적격 조사 '를'이 생략된 예이다. (가a)와 (가b)는 동의문이다.

(2) 다음의 (나)는 주어 '너'가 생략된 예이다. (나a)와 (나b)는 동의문이다.

(3) 다음의 (다)는 반복되는 서술어 '먹었다'가 생략된 예이다. (다a)와 (다b)는 동의문이다.

> (가) a. 숙제 다 하고 게임해라.
>   b. 숙제를 다 하고 게임해라.
> (나) a. 밥 먹었어?
>   b. 너 밥 먹었어?
> (다) a. 나는 자장면을, 친구는 짬뽕을 먹었다.
>   b. 나는 자장면을 먹었고, 친구는 짬뽕을 먹었다.

6 양태 표현의 대치에 의한 동의문

동일한 양태를 다양한 표현으로 나타낼 수 있다.

(1) 다음에 제시된 (가)는 가능성의 양태를 '-겠-'과 '-을 수 있다'의 두 가지 방법으로 나타낸 것이다. (가a)와 (가b)는 동의문이다.

(2) 다음의 (나)는 추측의 양태를 '-겠-'과 '-을 것이다'의 두 가지 방법으로 나타낸 것이다. (나a)와 (나b)는 동의문이다.

> (가) a. 그건 어린아이도 알겠다.
>   b. 그건 어린아이도 알 수 있다.
> (나) a. 곧 비가 오겠다.
>   b. 곧 비가 올 것이다.

> **더 알아두기**
>
> **양태(modality)**
> 양태란 어떤 문장을 발화할 때 그 문장의 내용에 대한 화자의 판단이나 태도를 의미한다. 예를 들어 '곧 비가 오겠다'라는 문장에서 화자는 '곧 비가 온다'는 추측의 판단을 담는다. 즉, '-겠-'은 추측 양태를 나타내는 선어말어미가 된다.

제 **3** 장 | 문장의 중의성

한 문장이 두 가지 이상의 의미를 나타내는 것을 중의성(ambiguity)이라 하고, 중의성을 갖는 문장을 **중의문**이라 한다.

제1절　중의문의 발생 이유

중의문은 어휘적 중의문과 통사적 중의문으로 나뉜다. 이 중 통사적 중의문은 겉보기, 즉 표층에서는 동일한 문장이 심층에서 서로 다른 심층 구조로 해석되기 때문에 나타난다.

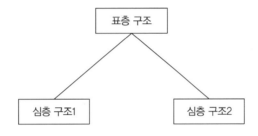

제2절　어휘적 중의문

어휘적 중의문은 다의어에 의한 것과 동음어에 의한 것이 있다.

1　다의어에 의한 중의문

문장을 구성하는 단어에 다의어가 쓰여 나타나는 중의문이다.

(1) 다음에 제시된 문장 (가), (나)는 각각 다의어 '내일', '길'에 의한 중의문이다.

(2) 다음 (나a, b)처럼 구체적인 설명을 덧붙여 중의성을 해소할 수 있다.

> (가) 내일을 위해 산다.
>   a. 오늘의 바로 다음 날을 위해 산다.
>   b. 미래를 위해 산다.
> (나) 그곳에 길이 있다.
>   a. 그곳에 <u>다른 마을로 가는</u> 길이 있다.
>   b. 그곳에 <u>문제를 해결할</u> 길이 있다.

2 동음어에 의한 중의문

문장을 구성하는 단어에 동음어가 쓰여 나타나는 중의문이다.

(1) 다음에 제시된 문장 (가), (나)는 각각 동음어 '차다', '차'에 의한 중의문이다.

(2) 다음 (나a, b)처럼 구체적인 설명을 덧붙여 중의성을 해소할 수 있다.

> (가) 물이 차다.
>   a. 물의 온도가 차갑다.
>   b. 어떤 장소에 물이 가득하다.
> (나) 차를 준비했다.
>   a. <u>빨리 서울에 가려고</u> 차를 준비했다.
>   b. <u>손님께 대접할 따뜻한</u> 차를 준비했다.

제3절 통사적 중의문 종요

통사적 중의문에는 수식 범위에 의한 중의문, 비교 범위에 의한 중의문, 조사 '과/와'에 의한 중의문, 양화사 범위에 의한 중의문, 부정 범위에 의한 중의문, 명사구 사이 동사에 의한 중의문, 동작상에 의한 중의문이 있다.

1 수식 범위에 의한 중의문

수식어가 꾸미는 범위에 따라 다른 의미로 해석될 수 있는 중의문이다.

(1) 다음 표에 제시된 (가)의 '아름다운'은 '어머니'를 수식하는 것일 수도 있고, '어머니의 딸'을 수식하는 것일 수도 있다.

(2) 수식 범위에 의한 중의문은 제시된 (나), (다)와 같이 구조를 파악할 수 있다. (나a)에서 '훌륭한'은 '대학의 학생'을 수식하고, (나b)에서는 '훌륭한'이 '대학'을 수식한다. (나b)와 같이 의미를 이해한다면 '누나는 훌륭한 대학의 학생이다. 하지만 누나는 좋은 학생은 아니다.'와 같이 말할 수도 있다. (다)도 마찬가지로 '찬란한'이 '슬픔'을 수식하는 것인지, '봄'을 수식하는 것인지에 따라 의미가 다르다.

(3) (가a, b)처럼 쉼표나 휴지를 둠으로써 중의성을 해소할 수 있다.

(가) 아름다운 어머니의 딸이었다.
   a. 어머니가 아름답다. → 아름다운 어머니의, 딸이었다.
   b. 어머니의 딸이 아름답다. → 아름다운, 어머니의 딸이었다.

(나) 누나는 훌륭한 대학의 학생이다.
   a. 누나는 훌륭한 대학의 학생이다.

   b. 누나는 훌륭한 대학의 학생이다.

(다) 찬란한 슬픔의 봄
   a. 찬란한 슬픔의 봄

   b. 찬란한 슬픔의 봄

---

2 비교 범위에 의한 중의문

비교를 나타내는 조사 '보다'의 범위에 따라 다른 의미로 해석될 수 있는 중의문이다.

(1) 다음에 제시된 (가), (나)에서 비교조사 '보다'가 붙은 '아버지', '너'의 역할이 달라지면서 문장의 의미가 달라진다. (가a)에서 '아버지'는 주어처럼 기능하는 것이고, (가b)에서는 목적어처럼 기능하는 것이다. (나) 또한 마찬가지이다.

(2) 기호로 표현한다면 (나)와 같이 표현할 수 있다.

> (가) 어머니가 아버지보다 아들을 자주 본다.
>   a. <u>어머니가 아들을 보는 횟수</u>가 <u>아버지가 아들을 보는 횟수</u>보다 많다.
>   b. <u>어머니가 아들을 보는 횟수</u>가 <u>어머니가 아버지를 보는 횟수</u>보다 많다.
> (나) 나는 너보다 게임을 더 좋아한다.
>   a. <u>내가 게임을 좋아하는 마음</u> > <u>네가 게임을 좋아하는 마음</u>
>   b. <u>내가 게임을 좋아하는 마음</u> > <u>내가 너를 좋아하는 마음</u>

3 조사 '과/와'에 의한 중의문

조사 '과/와'가 어떻게 기능하는지에 따라 다른 의미로 해석될 수 있는 중의문이다.

(1) (가)에서 조사 '과/와'에 결합한 '영철이'가 어떻게 해석되는지에 따라 의미가 달라진다. 다음의 (가a)에서 '영철이'는 주어 '창수'와 함께 '때리다'라는 행위를 수행한다. 여기서 '과/와'는 부사격 조사로 해석된다. 반면 (가b)에서는 '영철이'가 '창희'와 함께 목적어로 기능한다. 즉 (가b)에서는 '과/와'가 접속조사로 해석된다.

(2) (나)는 '동호', '도희' 모두 '결혼하다'라는 행위를 수행하지만, 함께 했는지 각자 했는지에 따라 의미가 달라진다.

(3) (가)처럼 쉼표나 휴지를 둠으로써 중의성을 해소할 수 있다.

> (가) 창수는 영철이와 창희를 때렸다.
>   a. 창수와 영철이가 같이 창희를 때렸다(때린 사람이 두 명).
>   → 창수는 영철이와, 창희를 때렸다.
>   b. 창수가 영철이와 창수 두 명을 때렸다(때린 사람이 한 명).
>   → 창수는, 영철이와 창희를 때렸다.

> (나) 동호와 도희는 결혼했다.
> 　　 a. 동호와 도희는 서로 결혼했다(한 쌍이 결혼했다).
> 　　 b. 동호와 도희는 각자 다른 사람과 결혼했다(두 쌍이 결혼했다).

4 양화사 범위에 의한 중의문

양화사의 작용 범위에 따라 다른 의미로 해석될 수 있는 중의문이다.

(1) 다음에 제시된 (가)는 해석에 따라 매주 최소 10권의 책이 읽히거나, 최대 50권의 책이 읽히는 것으로 해석할 수 있다. (가a)는 양화사 '5명'이 '독서 모임 학생'에 작용한 경우, (가b)는 문장 전체에 작용한 경우이다. (나)도 마찬가지로 양화사 '모든'이 '남학생'에 작용하는지 또는 문장 전체에 작용하는지에 따라 의미가 달라진다.

(2) 제시된 (나)처럼 양화사의 작용 범위를 정하는 말 '어떤', '각각' 등을 넣어서 중의성을 해소할 수 있다.

> (가) 5명의 독서 모임 학생이 매주 10권의 책을 읽는다.
> 　　 a. 매주 독서 모임에서는 10권의 책이 읽힌다(한 명당 2권씩).
> 　　　 [5명의 [독서 모임 학생]]이 매주 10권의 책을 읽는다.
> 　　 b. 매주 독서 모임에서는 50권의 책이 읽힌다(한 명당 10권씩).
> 　　　 [5명의 [독서 모임 학생이 매주 10권의 책을 읽는다.]]
> (나) 모든 남학생이 한 여학생을 좋아했다.
> 　　 a. 어떤 여학생 한 명을 모든 남학생이 좋아했다.
> 　　　 → 모든 남학생이 <u>어떤</u> 한 여학생을 좋아했다.
> 　　 b. 모든 남학생이 한 명씩 좋아하는 여학생이 있었다.
> 　　　 → 모든 남학생이 <u>각각</u> 한 여학생을 좋아했다.

더 알아두기

양화사(量化詞, quantifier)
양화사란 개체의 수(數)나 양(量)을 나타내는 어휘를 말한다. '하나', '둘', '열'과 같은 양수사가 양화사에 포함된다. '모든', '어떤' 또한 양화사이다.

5 부정 범위에 의한 중의문

부정을 나타내는 서술어 '않다', '못하다' 등이 부정하는 범위에 따라 다른 의미로 해석될 수 있는 중의문이다.

(1) 다음에 제시된 (가)에서 '않았다'는 단어 '나', '어제', '수희', '만나다'를 모두 부정할 수 있다. 각각 (가a~d)로 해석된다.

(2) 제시된 (나)는 부정 서술어에 양화사가 함께 쓰인 문장이다. 부정 서술어 '않다'가 '오다'에 작용하는지, '다 오다'에 작용하는지에 따라 의미가 달라진다.

> **(가)** 나는 어제 수희를 만나지 않았다.
>   a. 어제 수희를 만난 것은 <u>내</u>가 아니다.
>   b. 내가 수희를 만난 것은 <u>어제</u>가 아니다.
>   c. 내가 어제 만난 것은 <u>수희</u>가 아니다.
>   d. 나는 어제 수희와 통화만 했고, <u>만나지</u> 않았다.
> **(나)** 참가자가 다 오지 않았다.
>   a. 참가자가 한 명도 오지 않았다.
>   참가자가 다 [[오지 않았다.]]
>   b. 참가자가 일부만 왔다.
>   참가자가 [[다 오지] 않았다.]

6 명사구 사이 동사에 의한 중의문

명사구 사이에 있는 동사가 앞뒤 명사구 중 어떤 명사구와 관계를 맺느냐에 따라 의미가 달라지는 중의문이다. '명사구1+동사+명사구2'의 형식에서 동사가 명사구1과 명사구2 중 어느 것과 관계를 맺는지에 따라 의미가 달라진다.

(1) 다음에 제시된 (가a)와 (나a)는 동사가 명사구1과 관계를 맺은 것, (가b)와 (나b)는 동사가 명사구2와 관계를 맺은 것이다.

(2) (가)처럼 쉼표나 휴지를 둠으로써 중의성을 해소할 수 있다.

> **(가)** <u>수호</u>는 <u>웃으면서</u> <u>달려오는 아이</u>를 보았다.
>   명사구1   동사   명사구2
>   a. 웃고 있는 수호는 달려오는 아이를 보았다.
>   → 수호는 웃으면서, 달려오는 아이를 보았다.

b. 수호가 달려오는 아이를 보았다. 그 아이는 웃고 있었다.

　　→ 수호는, 웃으면서 달려오는 아이를 보았다.

(나) <u>선생님</u>이 <u>보고 싶은</u> <u>학생들</u>이 많다.
　　명사구1　　　동사　　　명사구2

a. 선생님이 학생들을 보고 싶어 한다.

b. 많은 학생들이 선생님을 보고 싶어 한다.

7　동작상에 의한 중의문

동작상을 어떻게 해석하는가에 따라 의미가 달라지는 중의문이다.

(1) 다음에 제시된 (가)에서 '-고 있다'가 (가a)처럼 동작의 진행을 의미하기도 하고, (가b)처럼 동작이 완료된 후 그 상태가 지속되는 것을 의미하기도 하여 중의문이 되었다.

(2) 제시된 (나)에서 '-던'이 (나a)처럼 습관적 행동을 의미하기도 하고, (나b)처럼 동작의 미완료를 의미하기도 하여 중의문이 되었다.

(가) 그는 넥타이를 매고 있다.

　　a. 그는 넥타이를 매는 동작을 하는 중이다.

　　b. 그는 넥타이를 맨 상태이다.

(나) 형이 입던 옷을 동생에게 주었다.

　　a. 형이 평소에 입고 다니던 옷을 동생에게 주었다.

　　b. 형이 옷을 입는 도중에 옷을 벗어서 동생에게 주었다.

더 알아두기

동작상(動作相, aspect)

동작상이란 움직임의 상태를 의미한다. 상(相)이라고도 한다. 한국어에는 대표적으로 완료상, 진행상, 예정상이 있다.

완료상은 '-어 있다'로 주로 표현된다. '동수는 의자에 앉아 있다.'라는 문장은 이미 '앉다'라는 동작이 완료되었음을 의미한다. 진행상은 '-고 있다'로 표현되곤 한다. '희수는 책을 읽고 있다.'라는 문장은 '읽다'라는 동작이 진행 중임을 의미한다. 예정상 형식 중에는 '-려 하다'가 있다. '이제 그 일을 잊으려 한다.'가 그 예이다.

제 4 장 | 문장의 정보와 초점

1 구정보와 신정보

문장은 정보를 가진다. 정보의 가치는 고정되지 않고, 상황에 따라 변한다. 예를 들어 다음에 표로 제시된 (가)에서 정보의 가치는 모두 중립적이다. 그러나 (나B)는 (가)와 같은 문장임에도 정보의 가치에 차이가 생긴다. (나A)에서 '뭐' 살 거냐는 대답으로 (나B)가 쓰였으므로, 이 경우 '뭐'에 해당하는 '연필'이 중요한 가치를 지닌다.

(1) **구정보**(old information)는 화자와 청자가 이미 공유하고 있는 정보이다. 다음에 제시된 (나B)의 '나', '내일', '문구점', '사다'와 같은 것들이 구정보에 해당한다.

(2) **신정보**(new information)는 화자가 청자에게 새로 알려주는 정보이다. 제시된 (나B)의 '연필'이 신정보에 해당한다.

(3) 만일 '너 내일 어디에서 연필 살 거야?'라고 물으면 '어디'에 해당하는 '문구점'이 신정보가 되고, 나머지가 구정보가 된다.

(4) 구정보, 신정보의 판단은 화자가 한다. 설령 청자가 이미 알고 있는 정보라도, 화자가 그렇지 않다고 판단하면 신정보가 된다.

> (가) 나는 내일 문구점에서 연필을 살 거야.
> (나) A : 너 내일 문구점에서 뭐 살 거야?
>   B : 나는 내일 문구점에서 연필을 살 거야.

2 구정보와 신정보 표지

구정보와 신정보를 구분하는 대표적인 표지에는 조사가 있다.

(1) 조사 '은/는'은 일반적으로 구정보에 붙는 구정보 표지이다. 다음에 제시된 (가)는 '나무꾼'이 첫 등장하는 상황으로, '나무꾼'은 신정보에 해당한다. 이 뒤에 신정보 표지 '이/가'가 붙으면 자연스럽지만, 구정보 표지 '은/는'이 붙으면 비문이 되는 것을 확인할 수 있다.

(2) 조사 '이/가'는 일반적으로 신정보에 붙는 신정보 표지이다. 제시된 (나)에서 '저번 일'은 화자와 청자가 공유하는 구정보이다. 이 뒤에 구정보 표지 '은/는'이 붙으면 자연스럽지만, 신정보 표지 '이/가'가 붙으면 비문이 되는 것을 확인할 수 있다.

(3) 이러한 특성은 의문사를 통해서도 확인할 수 있다. 의문사는 새로운 정보를 묻는다는 점에서 신정보의 특성을 가지는데, 제시된 (다)에서 의문사는 구정보 표지 '은/는'과는 결합할 수 없음을 알 수 있다.

(4) 그러나 의문사와 구정보 표지 '은/는'이 결합하기도 하는데, 다음에 제시된 (라)가 그 예이다. 하지만 이 경우 '언제'는 의문이 아니라 반어적 강조를 나타내기 위해 쓰인 것이다.

> (가) 옛날에 나무꾼<u>이</u> 살았습니다.
>   *옛날에 나무꾼<u>은</u> 살았습니다.
> (나) 저번 일<u>은</u> 미안하게 되었네.
>   *저번 일<u>이</u> 미안하게 되었네.
> (다) 안에 무엇<u>이</u> 들었나요?
>   *안에 무엇<u>은</u> 들었나요?
> (라) 언제<u>는</u> 좋아서 했나?
>   *언제<u>가</u> 좋아서 했나?

3 구정보와 신정보의 특징

구정보와 신정보의 특징을 다음에 제시된 예문을 바탕으로 설명한다.

(1) 구정보는 생략이 쉽다. (가A)의 질문에 (가B1)처럼 대답해도 좋지만, 신정보인 연필 외에는 구정보를 모두 제외하고 (가B3)처럼 대답하는 것도 가능하다. 그러나 (가B4)처럼 신정보를 제외하고 구정보로만 문장을 구성하는 것은 불가능하다.

(2) 그러나 (가B1~B4) 중에서 가장 자연스러운 대답은 (가B2)로 느껴질 것이다. 이는 구정보와 신정보가 적절히 함께 쓰이는 것이 자연스럽다는 뜻이 된다.

(3) (가B1)처럼 대답하면 생략 가능한 구정보가 너무 많아 문장이 비효율적으로 느껴지고, (가B3)와 같은 대답은 다소 딱딱하게 느껴진다. 이처럼 적절한 구정보의 사용은 화자와 청자 사이에 공감대를 형성하고 이해를 도와 자연스러운 대화가 되도록 한다.

> (가) A : 너 내일 문구점에서 뭐 살 거야?
> B1 : 나는 내일 문구점에서 연필을 살 거야.
> B2 : 내일 연필 살 거야.
> B3 : 연필.
> B4 : 내일 살 거야.

제2절 │ 주제와 설명

1 주제와 설명

주제와 설명은 제1절의 '구정보와 신정보'에 대응하는 면이 있다. 그러나 구정보와 신정보는 화자가 청자의 입장에서 정보를 구분하는 것이고, 주제와 설명은 화자가 화자 자신의 입장에서 정보를 구분한다는 점에서 차이가 있다.

(1) 주제(topic)는 무엇에 대해 말할 때 '무엇'에 해당하는 부분으로, 화제라고도 한다. '은/는'은 대표적인 주제 표지이다. 다음에 제시된 (가), (나)에서 '나는', '밤에는'이 주제에 해당한다.

(2) 설명(comment)은 주제에 대해 서술하는 부분이다. 제시된 (가), (나)에서 주제를 제외한 '대한민국의 학생이다.', '사고가 나기 쉽다.'가 설명에 해당하며, 논평이라고도 한다.

(3) 주제와 주어가 혼동될 수 있으나 둘은 서로 구분된다. 주제와 주어가 일치하는 (가)와 달리 (나)는 '밤에는'이 주제, '사고가'가 주어이므로 서로 다르다.

> (가) <u>나는</u> 대한민국의 학생이다.
> (나) <u>밤에는</u> 사고가 나기 쉽다.

2 정보전달력

정보전달력은 정보의 의사소통상 중요도를 의미한다.

(1) 중요한 정보는 정보전달력이 크고, 덜 중요한 정보는 정보전달력이 작다.

(2) 문장을 구성할 때 정보전달력은 다음 그림과 같이 작은 것에서 큰 것 순으로 배열되는 것이 자연스럽다. 주제의 정보전달력은 작고, 설명의 정보전달력은 크므로 문장을 구성할 때 '주제-설명' 순으로 구성된다.

3 주제의 특징

(1) 대하여성

주제는 서술하고자 하는 대상이다. 다음에 제시된 예문 (가)에서 '음악을 좋아한다.'는 주제에 해당하는 '그'에 대하여 서술하는 것이다. 이를 대하여성이라 한다.

(2) 문두성

주제는 일반적으로 문장의 첫머리에 나타나는데, 그 예로 다음 표의 (나)에서 '은/는'이 붙은 두 표현 '나는'과 '귤은'이 있다. 이때 문장 첫머리 '나는'의 '는'은 주제 표지이고, '귤은'의 '은'은 다른 과일과 달리 귤은 좋아한다는 의미를 나타내는 대조 표지로 기능하고 있다.

(3) 구정보성

주제는 구정보에 해당하는데, 청자와 화자가 모두 공유하는 것을 주제로 선택하는 것이 자연스럽다. 다음 표의 문장 (다)와 같이 말했을 때, 청자가 영미를 모른다면 자연스러운 발화가 되기 어렵다. 이때 (다)의 설명은 신정보에 해당하지만, 설명이 항상 신정보와 일치하지는 않는다.
(라B)는 (다)와 구조가 거의 유사하지만, 설명에 해당하는 '두 달 후에 결혼한대.'에서 '두 달 후'만 신정보이고, '결혼한대.'는 구정보이다.

(4) 그 외

이밖에도 주제는 생략이 잘된다는 특징이 있다.

> (가) <u>그는</u> 음악을 좋아한다.
> (나) <u>나는</u> 귤은 좋아해.
> (다) <u>영미는</u> 두 달 후에 결혼한대.
> (라) A : <u>동호는</u> 언제 결혼한대?
>   B : 동호는 두 달 후에 결혼한대.

제3절　초점과 잉여정보

1 초점

(1) 초점(focus)
① 초점은 청자에게 새로운 정보를 제공한다.
② 초점은 화자가 문장에서 강조하는 정보이다.
③ 적절한 문장은 새로운 정보를 가지고 있어야 하므로, 초점은 생략할 수 없다.

(2) 초점을 나타내는 방식
초점을 나타내는 방식에는 음운적 방식, 형태적 방식, 통사적 방식, 복합적 방식이 있다.

① **음운적 방식**
　㉠ 특정 문장 요소에 강세를 주어 초점임을 나타낼 수 있다.
　㉡ 다음 예문에서 굵은 글씨가 음운적 강세를 나타낸다고 할 때, 굵은 글씨가 각각 (가)~(다)의 초점이 된다. (가)~(다)가 (A)~(C)의 질문에 대한 답에 각각 대응한다고 생각하면 이해가 쉽다.
　㉢ 일반적으로 문장의 모든 요소는 강세를 줌으로써 초점이 될 수 있다.

> (가) **지수가** 학교에서 공부한다.
> (나) 지수가 **학교에서** 공부한다.
> (다) 지수가 학교에서 **공부한다.**

> (A) 누가 학교에서 공부하니?
> (B) 지수가 어디에서 공부하니?
> (C) 지수가 학교에서 뭐 하니?

② **형태적 방식**

　㉠ 주격 조사, 목적격 조사

　　ⓐ 격조사가 붙어 초점을 나타낼 수 있다.

　　ⓑ 다음에 제시된 문장 (나)에서는 주격 조사 '가'가 붙은 '다혜'가, (다)에서는 목적격 조사 '를'이 붙은 '사과'가 문장의 초점이 된다.

　　ⓒ (가)는 격조사가 붙어 있지 않고, (라)는 격조사가 모두 붙어 있다. 이 경우 동사 바로 앞이 일반적으로 초점이 된다. 즉 (가), (라)의 초점은 '사과'이다.

> (가) 다혜 사과 먹는다.
> (나) <u>다혜가</u> 사과 먹는다.
> (다) 다혜 <u>사과를</u> 먹는다.
> (라) 다혜가 사과를 먹는다.

　㉡ 보조사 '만'

　　ⓐ 격조사 외에 초점을 나타낼 수 있는 조사에는 보조사 '만'이 있다.

　　ⓑ (나)~(라)에서 보조사 '만'이 붙은 '다혜', '사과', '먹다'가 문장의 초점이 된다.

　　ⓒ (가)는 일반적으로 동사 앞에 있는 '사과'가 초점이 된다.

> (가) 다혜는 사과를 먹는다.
> (나) <u>다혜만</u> 사과를 먹는다.
> (다) 다혜는 <u>사과만을</u> 먹는다.
> (라) 다혜는 사과를 <u>먹기만 한다</u>.

---

③ **통사적 방식**

　㉠ 분열문

　　ⓐ 분열문으로 초점을 나타낼 수 있다. 분열문이란 문장의 특정 내용을 강조하기 위해 '~은 것은 ~이다'와 같은 형식으로 쓰이는 구문을 말한다.

　　ⓑ 다음에 제시된 문장 (나), (다)는 (가)에서 각각 '사과'와 '태수'가 분열된 분열문이다. 이런 분열문을 초점 분열문이라 한다.

　　ⓒ (나)를 '태수가 뭔가 먹었는데 그것은 바로 사과이다.'와 같이 이해할 수 있는데, 즉 '태수'와 '먹다'는 구정보이고, '사과'는 신정보이자 초점인 것이다. (다)도 같은 원리로 '태수'가 초점이 된다.

> (가) 태수가 사과를 먹었다.
> (나) 태수가 먹은 것은 <u>사과이다</u>.
> (다) 사과를 먹은 것은 <u>태수이다</u>.

ⓛ 어순

ⓐ 초점을 나타내는 아무 표지가 없을 때 흔히 동사 바로 앞이 초점인 경우가 많다. 이를 활용해 초점으로 나타내고자 하는 문장 성분을 동사 앞에 놓기도 한다.

ⓑ 다음에 제시된 (가)에서는 동사 앞 '필통'이, (나)에서는 '지호'가 초점이 된다.

ⓒ 그러나 어순은 초점을 나타내는 방식 중 약한 방식에 해당한다. 만일 (가)에서 '지호가'에 음운적 강세를 두면 어순보다는 음운적 강세에 의해 '지호'가 초점이 된다.

> (가) 지호가 필통을 샀다.
> (나) 필통을 지호가 샀다.

④ **복합적 방식**

㉠ 음운적 · 형태적 · 통사적 방식을 함께 사용하여 강하게 초점을 나타내는 것이 가능하다. 다음에 제시된 (가)는 보조사 '만'과 음운적 강세를 함께 이용한 예이다.

㉡ 이 중 가장 강한 방식은 음운적 방식이다. (나)는 (가)와 구조가 같지만, '다혜가'에 음운적 강세를 두면 '다혜'가 초점이 된다.

> (가) 다혜가 **사과만** 먹는다.
> (나) **다혜가** 사과만 먹는다.

(3) 초점의 역할

① **부정문의 중의성 해소**

제3절에서 살펴본 '부정 범위에 의한 중의문'의 중의성을 해소할 수 있다. 초점 분열문을 만들어 다음에 제시된 (가a~d)와 같이 중의성을 해소할 수 있다.

> (가) 나는 어제 수희를 만나지 않았다.
>   a. 어제 수희를 만난 것은 <u>내가</u> 아니다.
>   b. 내가 수희를 만난 것은 <u>어제가</u> 아니다.
>   c. 내가 어제 만난 것은 <u>수희가</u> 아니다.
>   d. 나는 어제 수희와 통화만 했고, <u>만나지</u> 않았다.

② **문답쌍**

문답쌍이란 질문과 대답으로 이루어진 문장의 쌍을 의미한다.

㉠ 초점을 이용해 문답쌍의 의미를 정확히 할 수 있다.

㉡ 다음에 제시된 (가A)의 질문에서 초점을 어디에 두느냐에 따라 다양한 답변이 나올 수 있다. 만일 얻고자 하는 정보가 '언제 현수가 카페를 갔는지'라면 '어제'를 초점으로 두어 (가B2)와 같은 답변을 얻을 수 있다.

> (가) A : 현수 어제 카페 갔지?
> B1 : 아니. 현지가 갔어.
> B2 : 아니. 일주일 전에 갔어.
> B3 : 아니. 학원 갔어.

2 잉여정보

(1) 잉여정보(redundancy)

문장 속에서 없어도 의미를 파악하는 데에 영향을 주지 않는 정보를 의미한다.

(2) 잉여정보의 예시

① **단어 차원의 잉여정보**

해변가, 외갓집 등

② **문장 차원의 잉여정보**

㉠ 어휘 요소와 문법 요소의 중복

ⓐ 다음에 제시된 (가)에서는 보조사 '도'와 부사 '또한'이, (나)에서는 관형사 '매'와 보조사 '마다'가 의미가 중복된다. 이들이 잉여정보이다.

ⓑ 겹치는 요소 중 하나를 생략해도 괜찮다.

> (가) 나도 또한 동의한다.
> (나) 매 시간마다 알람이 울린다.

㉡ 수식어와 피수식어의 중복

ⓐ 다음에 제시된 (가)의 '미녀'에는 이미 아름답다는 의미가 있는데 '아름다운'이라는 수식을 또 하여 의미가 중복된다. (나) 역시 마찬가지이다.

ⓑ 수식하는 부분을 생략할 수 있다.

> (가) 아름다운 미녀
> (나) 먹기만 하는 먹보

ⓒ 문장 중복 사용

ⓐ 다음에 제시된 (가)는 '~을 좋아한다', (나)는 '~를 마시다'라는 요소가 중복되고 있는데, 이것이 잉여정보이다.

ⓑ 제시된 (다), (라)처럼 잉여정보를 생략하고 간결하게 문장을 정리할 수 있다.

> (가) 지효는 국어를 좋아하고 수호는 수학을 좋아한다.
> (나) 탄산음료를 마시지 말고 물을 마셔야 한다.

> (다) 지효는 국어를, 수호는 수학을 좋아한다.
> (라) 탄산음료보다는 물을 마셔야 한다.

(3) 잉여정보의 역할

① 잉여정보가 있다고 해서 항상 비문이 되는 것은 아니다. 이는 잉여정보에도 나름의 역할이 있음을 의미한다.

② 잉여정보는 문장을 복잡하게 하여 효율성을 떨어뜨리기도 하지만, 같은 정보를 반복 제시하여 정보 이해에 도움을 줄 수 있다.

③ 의도적으로 잉여정보를 사용해 중요한 정보를 강조할 수도 있다.

제 5 장 | 함의와 전제

제1절 | 함의의 정의 중요

1 함의

어떤 문장 p가 참일 때 문장 q도 반드시 참이면, 'p는 q를 함의한다'고 한다.

(1) p가 참일 때

q도 참이다(함의의 정의).

(2) p가 거짓일 때

q는 참 또는 거짓이 된다. 신하가 왕을 암살하지 않았다면 왕은 죽지 않았을 수도 있으나(q는 거짓), 신하가 아닌 사람에게 암살당했거나 암살이 아닌 방법으로 살해당한 것이라면 왕은 죽은 것이다(q는 참).

(3) q가 참일 때

p는 참 또는 거짓이 된다. 왕이 죽었다면, 신하에게 암살당했을 수 있다(p는 참). 그러나 신하가 아닌 사람에게 암살당하거나, 암살이 아닌 방법으로 살해당했을 수도 있다(p는 거짓).

(4) q가 거짓일 때

p는 거짓이 된다. 왕이 죽지 않았는데 왕이 암살당한 것이 참일 수는 없다.

위 내용을 다음의 예시 문장 및 **함의관계 진리표**로 정리할 수 있다.

(가) p : 왕은 신하에게 암살당했다.
    q : 왕은 죽었다.
(나) p가 거짓일 때
    p1 : 왕은 암살당한 적이 없다. → q는 거짓
    p2 : 왕은 동생에게 암살당했다. → q는 참
(다) q가 참일 때
    p : 왕은 신하에게 암살당했다. → p는 참
    p3 : 왕은 형에게 암살당했다. → p는 거짓
(라) q가 거짓일 때
    p : 왕은 신하에게 암살당했다. → p는 거짓

[함의관계 진리표]

p		q
참	→	참
거짓	→	참 또는 거짓
참 또는 거짓	←	참
거짓	←	거짓

2 상호함의

상호함의는 어떤 문장 p가 참일 때 문장 q도 반드시 참이고, 동시에 q가 참일 때 문장 p도 반드시 참인 경우를 말한다. 다음 표와 같이 정리할 수 있다.

> p : 아버지가 어머니께 꽃을 줬다.
> q : 어머니가 아버지께 꽃을 받았다.

[상호함의관계 진리표]

p		q
참	→	참
거짓	→	거짓
참	←	참
거짓	←	거짓

제2절   함의의 생성

1 어휘

(1) 상하의관계

다음에 제시된 표의 내용처럼, p는 q를 함의한다. 이는 '복숭아'가 '과일'의 하의어이기 때문이다. '복숭아'는 하의어, '과일'은 상의어인데 하의어는 상의어의 의미를 모두 포함하기 때문에 하의어가 성립하면 상의어도 성립하게 된다.

> p : 경수는 <u>복숭아</u>를 먹었다.
> q : 경수는 <u>과일</u>을 먹었다.

(2) 동의관계

p는 q를 함의한다. 이는 다음에 제시된 예문에서 알 수 있듯, '해'가 '태양'의 동의어이기 때문이다.

> p : 오늘은 <u>해</u>가 일찍 떴다.
> q : 오늘은 <u>태양</u>이 일찍 떴다.

2 성취동사

p는 q를 함의한다. 다음 제시문을 보면, '성공하다, 성취하다, 완수하다, 완성하다'와 같은 성취동사는 성취의 내용을 함의함을 알 수 있다. p에서 성공한 것은 '성을 지은 것'이므로 이를 함의한다.

> p : 마침내 성을 짓는 데 <u>성공했다</u>.
> q : 성을 지었다.

3 보조사

(1) 다음에 제시된 문장 (가)에서 p1, p2는 q를 함의한다. (가)의 p1의 '은'은 대조를 나타내는 보조사이고, (가)의 p2의 '만'은 한정의 의미를 나타내는 보조사이기 때문이다.

(2) 제시된 (나)의 p1~p4는 q를 함의한다. (나)의 p1~p4의 '도, 부터, 조차, 까지'는 대상 외의 것이 존재한다는 의미를 가지는 보조사이기 때문이다.

> (가) p1 : 연수는 아버지 말<u>은</u> 듣는다.
>   p2 : 연수는 아버지 말<u>만</u> 듣는다.
>   q : 연수는 아버지를 제외한 다른 사람 말은 듣지 않는다.
> (나) p1 : <u>경호도</u> 바다에 가고 싶어 한다.
>   p2 : <u>경호부터</u> 바다에 가고 싶어 한다.
>   p3 : <u>경호조차</u> 바다에 가고 싶어 한다.
>   p4 : <u>경호까지</u> 바다에 가고 싶어 한다.
>   q : 경호가 아닌 다른 사람도 바다에 가고 싶어 한다.

4 연접과 이접

논리학에서 연접은 '그리고'와 관련되는 개념, 이접은 '또는'과 관련되는 개념이다.

(1) 연접

① 접속조사

다음에 제시된 (가)에서 p는 q1, q2를 함의한다. 두 개의 명사구 '소설', '시'를 접속조사 '과'로 연결하였기 때문이다.

② 연결어미

제시된 (나)에서 p는 q1, q2를 함의한다. 연결어미 '-고'가 q1, q2 두 문장을 연결하고 있기 때문이다.

> (가) p : 그는 소설과 시를 쓰는 것이 취미이다.
>   q1 : 그는 소설 쓰는 것이 취미이다.
>   q2 : 그는 시 쓰는 것이 취미이다.
> (나) p : 오늘은 밥을 먹고 잠을 잤다.
>   q1 : 오늘 밥을 먹었다.
>   q2 : 오늘 잠을 잤다.

(2) 이접

① 접속조사

다음에 제시된 (가)에서 p1, p2는 각각 q를 함의할 수 있다. 두 개의 명사구 '힙합', '락'을 접속조사 '이나'로 연결하였기 때문이다.

② 연결어미

제시된 (나)에서 p1, p2는 각각 q를 함의할 수 있다. 연결어미 '-거나'가 p1, p2 두 문장을 연결하고 있기 때문이다.

(가) p1 : 그는 힙합을 듣는다.
　　 p2 : 그는 락을 듣는다.
　　 q : 그는 힙합<u>이나</u> 락을 듣는다.
(나) p1 : 주말에는 집에서 쉬어요.
　　 p2 : 주말에는 카페에 가요.
　　 q : 주말에는 집에서 쉬<u>거나</u> 카페에 가요.

---

5 능동문, 피동문

능동은 주어가 직접 어떤 일을 하는 것, 피동은 주어가 다른 힘에 의해 움직이는 것을 의미한다.
다음 예문에서, p는 q를 함의한다. p는 능동문이고 q는 피동문인데, 이는 통사적 원인에 의한 함의관계이다.

---

p : 경찰이 도둑을 잡았다.
q : 도둑이 경찰에게 잡혔다.

제3절 전제의 정의 _{종요}

1 전제

어떤 문장 p가 참이기 위해 문장 q가 반드시 참이어야 하는 경우, 'p는 q를 전제한다'고 한다.

(1) p가 참일 때

q도 참이다(전제의 정의).

(2) p가 거짓일 때

q는 참이 된다. 규호의 누나가 대학생이 아니라 고등학생이어도 규호가 누나가 있다는 사실은 여전히 참이다. 이것이 함의와 구별되는 전제의 특징이다.

(3) q가 참일 때

p는 참 또는 거짓이 된다. 규호가 누나가 있는 것이 참일 때 규호의 누나는 대학생일 수도 있고(p는 참), 고등학생일 수도 있다(p는 거짓).

(4) q가 거짓일 때

p는 참도 거짓도 아닌 문장이 된다. 규호는 누나가 없는데, '규호의 누나는 대학생이다'라는 문장은 참이 될 수 없고, 거짓이 될 수도 없다.

이는 다음의 예시 문장 및 **전제관계 진리표**로 정리할 수 있다.

(가) p : 규호의 누나는 대학생이다.
   　　q : 규호는 누나가 있다.
(나) p가 거짓일 때
   　　p1 : 규호의 누나는 대학생이 아니다. → q는 참
(다) q가 참일 때
   　　p1 : 규호의 누나는 대학생이다. → p는 참
   　　p2 : 규호의 누나는 고등학생이다. → p는 거짓
(라) q가 거짓일 때
   　　p : 규호의 누나는 대학생이다. → 판단 불가

[전제관계 진리표]

p		q
참	→	참
거짓	→	참
참 또는 거짓	←	참
판단 불가	←	거짓

제4절　전제의 생성

1 특정 단어의 존재

다음에 제시된 (가), (나)에서 각각 p는 q를 전제한다. (가p)의 '내가 가지고 싶어 하는 노트북'의 존재가 참이어야 (가p)가 참이 될 수 있으므로, (가q)를 전제하게 된다. (나)도 마찬가지이다.

(가) p : 내가 가지고 싶어 하는 노트북은 아주 비싸다.

　　q : 내가 가지고 싶어 하는 노트북이 있다.

(나) p : 그림이 아주 크다.

　　q : 그림이 존재한다.

---

2 반복 · 첨가 부사어

(1) 다음에 제시된 문장 (가)에서 p는 q를 전제한다. 반복을 나타내는 부사어 '다시'가 쓰였기 때문이다.

(2) 다음의 (나)에서 p는 q를 전제한다. 첨가를 나타내는 부사어 '더'가 쓰였기 때문이다.

(가) p : 민호는 학교에 <u>다시</u> 돌아올 것이다.

　　q : 민호는 학교에 온 적이 있다.

(나) p : 반찬에 소금을 <u>더</u> 넣어야 한다.

　　q : 반찬에 소금을 넣었다.

---

3 비교 표현

다음에 제시된 (가), (나)에서 각각 p는 q를 전제한다. 비교 표현 '보다', '만큼'이 쓰였기 때문이다.

> (가) p : 하니가 <u>연호보다</u> 빠르다.
>   q : 연호는 빠르다.
> (나) p : 돼지고기는 소<u>고기만큼</u> 맛있다.
>   q : 소고기는 맛있다.

4 동사

(1) 다음에 제시된 (가)에서 p는 q를 전제한다. '알다, 모르다, 잊다, 기억하다, 깨닫다, 발견하다'와 같은 사실동사가 전제를 유발한다.

(2) 다음의 (나)에서 p는 q를 전제한다. '칭찬하다, 비판하다, 사과하다, 용서하다'와 같은 판단동사가 전제를 유발한다.

(3) 다음의 (다)에서 p는 q를 전제한다. '시작하다, 계속하다, 멈추다'와 같은 상태변화동사가 전제를 유발한다.

> (가) p : 엄마는 아직 오빠가 돌아온 것을 <u>모른다</u>.
>   q : 오빠가 돌아왔다.
> (나) p : 선생님이 늦게까지 공부하는 희연이를 <u>칭찬했다</u>.
>   q : 희연이가 늦게까지 공부했다.
> (다) p : 오랜 기다림 끝에 기차가 움직이기 <u>시작했다</u>.
>   q : 기차가 움직였다.

5 시간 부사절

p는 q를 전제한다. '후, 전, 이래'와 같은 시간 부사를 이용한 시간 부사절은 전제를 유발한다.

> p : 그는 대회에서 우승한 후, 순식간에 유명해졌다.
> q : 그는 대회에서 우승했다.

6 분열문

p는 q를 전제한다. '~은 것은 ~이다'와 같은 형식으로 쓰이는 분열문은 전제를 유발한다.

> p : 이상한 소리를 들은 것은 내가 밤늦게 책을 읽고 있을 때였다.
> q : 이상한 소리를 들었다.

제1장 문장 의미론의 성격

01 생각이나 감정을 표현할 때 완결된 내용을 나타내는 최소 단위는 문장이다.

01 다음 설명에 해당하는 개념으로 옳은 것은?

> 생각이나 감정을 표현할 때 완결된 내용을 나타내는 최소 단위

① 문장
② 발화
③ 단어
④ 형태소

02 제시문은 합성성의 원리에 대한 설명이다.

02 다음 설명에 해당하는 개념으로 옳은 것은?

> 언어표현 전체의 의미는 그것을 구성하는 부분들의 의미(어휘적 의미)와 부분들이 결합하는 통사 규칙(구조적 의미)에 의하여 결정된다.

① 문장의미론
② 문장 원리
③ 어휘 원리
④ 합성성의 원리

정답 01 ① 02 ④

03 다음 설명 중에서 옳지 <u>않은</u> 것은?

① 문장은 언어생활의 기본 단위이다.

② 문장의 의미는 문장을 구성하는 단어들로 결정된다.

③ 문장 의미론은 문장의 내부적 작용 방식을 살펴본다.

④ 문장에서 단어들이 결합하는 통사 규칙을 구조적 의미라 한다.

03 문장의 의미는 문장을 구성하는 단어의 의미와 그것들이 결합하는 방식에 의해 결정된다. 이를 합성성의 원리라 한다.

04 다음 중 문장의 속성이 <u>아닌</u> 것은?

① 항진성

② 모순성

③ 동음관계

④ 함의

04 동음관계는 단어에서 나타나는 속성이다.

05 다음 중 문장과 문장 사이의 의미 속성에 해당하는 것은?

① 동의성

② 항진성

③ 변칙성

④ 중의성

05 ②·③·④는 한 문장 안에서의 의미 속성이다.

정답 (03 ② 04 ③ 05 ①)

06 어떤 문장이 항상 참이 되는 것을 항진성이라 한다.

06 다음 예문에 해당하는 문장 속성으로 옳은 것은?

> 백두산은 백두산이다.

① 항진성
② 모순성
③ 함의
④ 전제

07 적절한 단어를 선택하지 않아 문장의 의미가 자연스럽지 않은 것을 변칙성이라 한다.

07 다음 예문에 해당하는 문장 속성으로 옳은 것은?

> 보랏빛 시간이 문을 앉는다.

① 항진성
② 모순성
③ 변칙성
④ 중의성

08 '아버지는 할아버지보다 나이가 많다.'는 논리적으로 참이 될 수 없는 문장이다. 이처럼 어떤 문장이 항상 거짓이 되는 것을 모순성이라 한다.

08 다음 예문에 해당하는 문장 속성으로 옳은 것은?

> 아버지는 할아버지보다 나이가 많다.

① 항진성
② 모순성
③ 함의
④ 전제

정답 06 ① 07 ③ 08 ②

09 다음 예문에 해당하는 문장 속성으로 옳은 것은?

> p : 지호의 형은 대학생이다.
> q : 지호는 형이 있다.

① 항진성
② 모순성
③ 중의성
④ 전제

10 다음 예문에 해당하는 문장 속성으로 옳은 것은?

> p : 신하가 왕을 독살했다.
> q : 왕이 죽었다.

① 항진성
② 모순성
③ 함의
④ 전제

11 다음 예문에 해당하는 문장 속성으로 옳은 것은?

> (가) 경찰이 도둑을 잡았다.
> (나) 도둑이 경찰에 잡혔다.

① 항진성
② 동의성
③ 중의성
④ 변칙성

정답 09 ④ 10 ③ 11 ②

12 모순성은 어떤 문장이 항상 거짓이 되는 것을 의미한다. '오늘 날씨가 좋다.'라는 문장은 참이 될 수도, 거짓이 될 수도 있으므로 모순성이 드러나지 않는다.

12 다음 중 문장의 속성과 예시가 잘못 연결된 것은?

① 항진성 – 언니는 여자다.
② 변칙성 – 부드러운 시간은 컴퓨터에 졸리다.
③ 모순성 – 오늘 날씨가 좋다.
④ 중의성 – 어머니는 손이 크다.

13 어떤 문장이 항상 참이 되는 항진성과 반대로 어떤 문장이 항상 거짓이 되는 것을 모순성이라 한다.

13 다음 중 항진성에 반대되는 문장 속성은?

① 모순성
② 변칙성
③ 중의성
④ 동의성

14 정확한 정보 전달을 위해서는 문장이 중의성을 가지지 않는 것이 좋다.

14 다음 중 문장의 속성에 대한 설명으로 옳지 않은 것은?

① 단어의 상하의관계가 항진성을 유발하기도 한다.
② 변칙성은 통사적 선택 제약과 관련된다.
③ 문장이 중의성을 가지는 것은 다양한 의미를 가질 수 있기에 정보 전달에 유리하다.
④ 모순성은 한 문장 안에서 나타날 수도 있고, 문장 사이에서 나타날 수도 있는 의미 속성이다.

정답 (12 ③   13 ①   14 ③)

주관식 문제

01 합성성의 원리와 문장 의미론의 필요성에 대해 서술하시오.

02 함의와 전제를 비교하시오.

03 변칙성의 예문을 한 개 쓰시오.

01 정답
언어표현 전체의 의미는 그것을 구성하는 부분들의 의미(어휘적 의미)와 부분들이 결합하는 통사 규칙(구조적 의미)에 의하여 결정되며, 이를 합성성의 원리라고 한다. 하지만 문장의 의미가 단순한 단어의 의미 합과 다르므로, 단어 그 자체의 의미와 구분되는 문장에 대한 의미 연구가 필요하다. 문장 의미론은 문장의 내부적 작용 방식을 살펴본다.

02 정답
함의와 전제는 모두 문장 사이의 논리적 관계에서 나타나는 의미 속성이다. 어떤 문장 p가 참일 때 문장 q도 반드시 참이면 'p는 q를 함의한다'고 하고, 어떤 문장 p가 참이기 위해 문장 q가 반드시 참이어야 하는 경우 'p는 q를 전제한다'고 한다. 이처럼 p를 통해 q를 자연스레 알게 된다는 점은 전제와 함의가 같지만 전제는 q가 p를 발화하기 위한 배경적 지식으로 작용하고 함의의 경우 q는 p로 인해 새롭게 생겨나는 정보이다. 또한 전제의 경우 p가 거짓이어도 q는 그대로 참이지만, 함의의 경우 p가 거짓일 때 q가 참일지 거짓일지 알 수 없다.

03 정답
시끄러운 딸기가 빠르게 예쁘다.

제2장 문장의 동의성

01 두 문장이 같은 의미를 나타내는 문장 의미 속성은 동의성이다.

01 다음 중 두 문장이 같은 의미를 나타내는 문장 의미 속성을 이르는 것은?

① 동의성
② 중의성
③ 모순성
④ 항진성

02 '독살하다'는 '죽다'의 하의어이므로 '신하가 왕을 독살했다.'는 문장이 참이면 '왕이 죽었다.'라는 문장도 반드시 참이다. 이와 같은 관계에서 나타나는 의미 속성은 함의이다.
① 동일한 문장 구조에서 '해'와 '태양'이라는 동의어를 바꾸어 동의문을 이루었다.
② '팔다-사다'라는 반의관계에 있는 단어 쌍의 어순 변형에 의하여 동의문을 이루었다.
③ '참-거짓'의 상보 반의어 중 거짓을 부정하여 동의문을 이루었다.

02 다음 중 동의성을 가지는 문장의 예가 <u>아닌</u> 것은?

① 가 : 해가 눈부시다.
　　나 : 태양이 눈부시다.
② 가 : 영수는 미나에게 냄비를 팔았다.
　　나 : 미나는 영수에게 냄비를 샀다.
③ 가 : 이 이야기는 참이다.
　　나 : 이 이야기는 거짓이 아니다.
④ 가 : 신하가 왕을 독살했다.
　　나 : 왕이 죽었다.

03 어순 변화에 의한 동의문은 통사적 동의문에 해당한다.

03 다음 중 동의문의 종류와 그 분류가 <u>잘못</u> 연결된 것은?

① 어휘적 동의문 – 어휘소 대치에 의한 동의문
② 어휘적 동의문 – 어순 변화에 의한 동의문
③ 통사적 동의문 – 생략에 의한 동의문
④ 통사적 동의문 – 양태 표현의 대치에 의한 동의문

정답 01① 02④ 03②

04 다음 중 동의문에 대한 설명으로 옳지 <u>않은</u> 것은?

① 동의문은 어휘적 동의문과 통사적 동의문으로 나뉜다.

② 동의어에 의한 동의문은 어휘적 동의문 중 가장 단순한 형태이다.

③ 동의문은 항상 참이 되는 문장을 이른다.

④ 한국어는 어순이 비교적 자유로운데, 이는 문장 성분의 위치가 바뀌어도 의미가 크게 변하지 않는다는 것을 의미한다.

05 다음 예문에 해당하는 동의문 유형으로 옳은 것은?

> a. 아버지는 집에 계신다.
> b. 아빠는 집에 계신다.

① 동의어에 의한 동의문

② 반의어에 의한 동의문

③ 어휘소 대치에 의한 동의문

④ 생략에 의한 동의문

06 다음 예문에 해당하는 동의문 유형으로 옳은 것은?

> a. 영수는 아는 사람이 많다.
> b. 영수는 발이 넓다.

① 동의어에 의한 동의문

② 반의어에 의한 동의문

③ 어휘소 대치에 의한 동의문

④ 생략에 의한 동의문

---

04 동의문은 두 문장의 의미가 같은 것을 이른다. 항상 참이 되는 문장은 항진성을 가지는 문장이다.

05 동일한 문장 구조에서 '아버지'를 '아빠'라는 동의어로 바꿔 만든 동의문이다.

06 '아는 사람이 많다'라는 표현을 '발이 넓다'라는 표현으로 대체한, 어휘소 대치에 의한 동의문이다. 어휘소 대치에 의한 동의문은 어떤 단어나 표현을 다른 표현으로 대체하여 사용할 수 있다.

정답 (04 ③ 05 ① 06 ③)

07 '왼쪽–오른쪽'이라는 방향 반의어를 사용하는 동시에, '과일 가게'와 '생선 가게'의 위치를 바꾸어 동의문을 이루었다.

07 다음 예문에 해당하는 동의문 유형으로 옳은 것은?

> a. 과일 가게는 생선 가게 왼쪽에 있다.
> b. 생선 가게는 과일 가게 오른쪽에 있다.

① 동의어에 의한 동의문
② 반의어에 의한 동의문
③ 어휘소 대치에 의한 동의문
④ 생략에 의한 동의문

08 한국어는 어순이 비교적 자유로워 문장 성분의 위치가 바뀌어도 문장의 의미가 크게 변하지 않는다. '다들 집에', '집에 다들'이라고 '다들'의 어순을 바꾸었지만, 문장의 의미는 같다.

08 다음 예문에 해당하는 동의문 유형으로 옳은 것은?

> a. 이만 다들 집에 갑시다.
> b. 이만 집에 다들 갑시다.

① 능동과 피동에 의한 동의문
② 단형과 장형에 의한 동의문
③ 어순 변화에 의한 동의문
④ 생략에 의한 동의문

09 주어 '너'가 생략된 예로, 이처럼 어떤 문장 성분은 생략되어도 이전 문장과 의미가 동일하다.

09 다음 예문에 해당하는 동의문 유형으로 옳은 것은?

> a. 밥 먹었어?
> b. 너 밥 먹었어?

① 능동과 피동에 의한 동의문
② 단형과 장형에 의한 동의문
③ 어순 변화에 의한 동의문
④ 생략에 의한 동의문

정답 07 ② 08 ③ 09 ④

10 다음 예문에 해당하는 동의문 유형으로 옳은 것은?

> a. 나는 그 소식을 못 들었다.
> b. 나는 그 소식을 듣지 못했다.

① 능동과 피동에 의한 동의문
② 단형과 장형에 의한 동의문
③ 어순 변화에 의한 동의문
④ 생략에 의한 동의문

11 다음 예문에 해당하는 동의문 유형으로 옳은 것은?

> a. 경찰이 도둑을 잡았다.
> b. 도둑이 경찰에게 잡혔다.

① 능동과 피동에 의한 동의문
② 단형과 장형에 의한 동의문
③ 어순 변화에 의한 동의문
④ 생략에 의한 동의문

12 다음 중 문장 성분의 계층 이동에 의한 동의문의 예시에 해당하는 것은?

① 가 : 커튼이 햇빛을 가렸다.
　　나 : 햇빛이 커튼에 가려졌다.
② 가 : 그는 민지가 예쁘다고 생각한다.
　　나 : 그는 민지를 예쁘다고 생각한다.
③ 가 : 숙제 다 하고 게임해라.
　　나 : 숙제를 다 하고 게임해라.
④ 가 : 그건 어린 아이도 알겠다.
　　나 : 그건 어린 아이도 알 수 있다.

10 '나는 그 소식을 못 들었다.'는 부정 부사 '못'을 활용한 단형 부정문, '나는 그 소식을 듣지 못했다.'는 부정 용언 '못하다'를 활용한 장형 부정문으로 두 문장은 단형과 장형에 의한 동의문이다.

11 '도둑이 경찰에게 잡혔다.'는 '경찰이 도둑을 잡았다.'의 '잡았다'에 피동 접미사 '-히-'를 붙여 만든 피동문으로, 능동문과 피동문이라는 문장 표현은 다르지만 의미는 같다.

12 어떤 문장 성분이 안긴문장(하위문)에 있다가 안은문장(상위문)으로 이동하면서 만들어지는 동의문이다. (가)에서 '민지'는 안긴문장 '민지가 예쁘다'의 주어였는데, (나)에서 안은문장의 목적어가 되었다.
① 능동과 피동에 의한 동의문이다.
③ 목적격 조사 '를'이 생략된 동의문이다.
④ 양태 표현의 대치에 의한 동의문이다.

정답　10 ②　11 ①　12 ②

13 '해–태양'이라는 동의어에 의한 동의
문으로, 어휘적 동의문에 해당한다.
② '–겠'과 '–을 것이다'라는 양태
표현의 대치에 의한 동의문이다.
③ 반복되는 서술어 '먹었다'가 생략
된, 생략에 의한 동의문이다.
④ '가렸다'를 피동인 '가려졌다'로
만든, 능동과 피동에 의한 동의문
이다.

13 다음 중 통사적 동의문에 해당하지 <u>않는</u> 것은?

① 가 : 해가 눈부시다.

　나 : 태양이 눈부시다.

② 가 : 곧 비가 오겠다.

　나 : 곧 비가 올 것이다.

③ 가 : 나는 자장면을, 친구는 짬뽕을 먹었다.

　나 : 나는 자장면을 먹었고, 친구는 짬뽕을 먹었다.

④ 가 : 커튼이 햇빛을 가렸다.

　나 : 햇빛이 커튼에 가려졌다.

주관식 문제

01 **정답**
두 문장이 하나의 의미를 나타내는
것을 동의문이라 한다. '아버지가 주
무신다'와 '아빠가 주무신다'와 같은
문장이 동의문의 예이다.

01 문장의 동의성을 예시와 함께 서술하시오.

정답 (13 ①)

02 다음 내용에서 괄호 안에 들어갈 적절한 용어를 순서대로 쓰시오.

> 동의문은 동의문을 만드는 방법에 따라 (㉠) 동의문과
> (㉡) 동의문으로 나뉜다.

03 동의문을 만드는 유형을 세 가지 이상 쓰시오.

제3장 문장의 중의성

01 한 문장이 두 가지 이상의 의미를 나타내는 문장 속성은 중의성이다.

01 다음 중 한 문장이 두 가지 이상의 의미를 나타내는 것을 이르는 것은?

① 동의성
② 항진성
③ 중의성
④ 모순성

02 ① 동음어에 의한 중의문이다.
③ 수식 범위에 의한 중의문이다.
④ 조사 '과/와'에 의한 중의문이다.

02 다음 중 중의성을 가지는 문장의 예가 <u>아닌</u> 것은?

① 물이 차다.
② 영수는 초등학생이다.
③ 아름다운 어머니의 딸이었다.
④ 창수는 영철이와 창희를 때렸다.

03 수식 범위에 의한 중의문은 통사적 중의문에 해당한다.

03 다음 중 중의문의 종류와 그 분류가 잘못 연결된 것은?

① 어휘적 중의문 – 다의어에 의한 것
② 어휘적 중의문 – 수식 범위에 의한 중의문
③ 통사적 중의문 – 양화사 범위에 의한 중의문
④ 통사적 중의문 – 비교 범위에 의한 중의문

정답 (01 ③ 02 ② 03 ②)

04 다음 설명 중에서 옳지 <u>않은</u> 것은?

① 중의문은 어휘적 중의문과 통사적 중의문으로 나뉜다.

② 어휘적 중의문은 다의어, 동음어와 관계된다.

③ 문장의 중의성을 해소하는 것은 불가능하다.

④ 양화사란 개체의 수나 양을 나타내는 어휘를 말한다.

04 구체적인 설명을 덧붙이거나 쉼표나 휴지 두기, 범위를 정하는 말 넣기 등의 방법으로 문장의 중의성을 해소할 수 있다.

05 다음 중 통사적 중의문이 발생하는 이유로 옳은 것은?

① 표층에서는 동일한 문장이 심층에서 서로 다른 심층 구조로 해석되기 때문에 나타난다.

② 표층에서는 동일한 문장이 심층에서 서로 같은 심층 구조로 해석되기 때문에 나타난다.

③ 심층에서는 동일한 문장이 표층에서 서로 다른 표층 구조로 해석되기 때문에 나타난다.

④ 심층에서는 동일한 문장이 표층에서 서로 같은 표층 구조로 해석되기 때문에 나타난다.

05 통사적 중의문은 겉보기, 즉 표층에서는 동일한 문장이 심층에서 서로 다른 심층 구조로 해석되기 때문에 나타난다.

06 다음 예문에 해당하는 중의문 유형으로 옳은 것은?

> 그곳에 길이 있다.

① 다의어에 의한 중의문

② 동음어에 의한 중의문

③ 수식 범위에 의한 중의문

④ 비교 범위에 의한 중의문

06 문장을 구성하는 단어로, '길'이라는 다의어가 쓰여 나타나는 중의문이다.

정답 04 ③ 05 ① 06 ①

07 수식어가 꾸미는 범위에 따라 다른 의미로 해석될 수 있는 중의문으로, '훌륭한'이 '대학의 학생을 수식할 수도 있고, '대학'을 수식할 수도 있다.

07 다음 예문에 해당하는 중의문 유형으로 옳은 것은?

> 형은 훌륭한 대학의 학생이다.

① 다의어에 의한 중의문
② 동음어에 의한 중의문
③ 수식 범위에 의한 중의문
④ 비교 범위에 의한 중의문

08 비교를 나타내는 조사 '보다'의 범위에 따라 다른 의미로 해석될 수 있는 중의문이다.

08 다음 예문에 해당하는 중의문 유형으로 옳은 것은?

> 어머니가 아버지보다 아들을 자주 본다.

① 다의어에 의한 중의문
② 동음어에 의한 중의문
③ 수식 범위에 의한 중의문
④ 비교 범위에 의한 중의문

09 조사 '과/와'가 어떻게 기능하는지에 따라 다른 의미로 해석될 수 있는 중의문으로, '결혼하다'라는 행위를 함께 했을 수도, 같이 했을 수도 있다.

09 다음 예문에 해당하는 중의문 유형으로 옳은 것은?

> 동호와 도희는 결혼했다.

① 조사 '과/와'에 의한 중의문
② 부정 범위에 의한 중의문
③ 양화사 범위에 의한 중의문
④ 명사구 사이 동사에 의한 중의문

정답 07 ③ 08 ④ 09 ①

10 다음 예문에 해당하는 중의문 유형으로 옳은 것은?

> 나는 어제 수희를 만나지 않았다.

① 조사 '과/와'에 의한 중의문
② 부정 범위에 의한 중의문
③ 양화사 범위에 의한 중의문
④ 명사구 사이 동사에 의한 중의문

10 부정을 나타내는 서술어 '않다', '못하다' 등이 부정하는 범위에 따라 다른 의미로 해석될 수 있는 중의문이다.

11 다음 예문에 해당하는 중의문 유형으로 옳은 것은?

> 5명의 독서 모임 학생이 매주 10권의 책을 읽는다.

① 조사 '과/와'에 의한 중의문
② 부정 범위에 의한 중의문
③ 양화사 범위에 의한 중의문
④ 명사구 사이 동사에 의한 중의문

11 양화사의 작용 범위에 따라 매주 최소 10권, 또는 최대 50권의 책이 읽힌다는 의미로 해석될 수 있는 중의문이다.

주관식 문제

01 중의문에 대해 예시와 함께 서술하시오.

01 **정답**
한 문장이 두 가지 이상의 의미를 나타내는 문장을 중의문이라 한다. 예를 들어 '내일을 위해 산다'라는 문장은 '오늘의 바로 다음 날을 위해서 산다.'와 '미래를 위해 산다.'의 두 가지 의미를 가질 수 있다.

 정답 10 ② 11 ③

02 **정답**
ⓐ 어휘적
ⓑ 통사적

02 다음 내용에서 괄호 안에 들어갈 적절한 용어를 순서대로 쓰시오.

중의문은 (ⓐ) 중의문과 (ⓑ) 중의문으로 나뉜다. 이 중 (ⓑ) 중의문은 겉보기, 즉 표층에서는 동일한 문장이 심층에서 서로 다른 심층 구조로 해석되기 때문에 나타난다.

03 **정답**
동음어에 의한 중의문, 다의어에 의한 중의문 등

03 어휘적 중의문의 예를 한 개 쓰시오.

04 **정답**
어떤 여학생 한 명을 모든 남학생이 좋아했다, 모든 남학생이 한 명씩 좋아하는 여학생이 있었다.

04 다음 중의문이 가질 수 있는 두 가지 해석을 쓰시오.

모든 남학생이 한 여학생을 좋아했다.

제4장   문장의 정보와 초점

01 다음 설명 중에서 옳지 <u>않은</u> 것은?

① 문장의 정보의 가치는 고유한 것으로 변하지 않는다.

② 화자와 청자가 이미 공유하고 있는 정보를 구정보라 한다.

③ 구정보, 신정보의 판단은 화자가 한다.

④ 구정보와 신정보를 구분하는 대표적인 표지에는 조사가 있다.

01 정보의 가치는 고정되지 않고, 상황에 따라 변한다.

02 다음 중 밑줄 친 부분이 구정보인 것은?

① <u>언제</u> 미국에 갔었지?

② 가 : 내일 뭐 할 거야?

　나 : 내일 <u>공부할</u> 거야.

③ 옛날에 <u>나무꾼이</u> 살았습니다.

④ 가 : 지난주에 영화관에서 무슨 영화 봤었지?

　나 : <u>지난주에</u> 타이타닉 봤었어.

02 '지난주에 영화관에서 무슨 영화 봤었지?'라는 물음에서 '무슨'에 해당하는 '타이타닉'이 신정보이고, 나머지는 모두 구정보이다.

① 의문사는 새로운 정보를 묻는다는 점에서 신정보의 특성을 가진다.

② '내일 뭐 할 거야?'라는 물음에서 '뭐'에 해당하는 '공부할'은 신정보이다.

③ 일반적으로 조사 '이/가'는 신정보에 붙는 신정보 표지이고, 조사 '은/는'은 구정보에 붙는 구정보 표지이다.

03 다음 중 신정보 표지에 해당하는 것은?

① 은/는

② 이/가

③ 와/과

④ 았/었

03 조사 '이/가'는 일반적으로 신정보에 붙는 신정보 표지이다.

정답   01 ①   02 ④   03 ②

04 '너 내일 문구점에서 뭐 살 거야?'라는 질문에 '연필'이라고 대답하는 것이 가능한 것처럼, 신정보로만 문장을 구성하는 것이 가능하다.

04 **다음 설명 중에서 옳지 않은 것은?**

① 구정보는 생략이 쉽다.
② 신정보를 제외하고 구정보로만 문장을 구성하는 것은 불가능하다.
③ 구정보를 제외하고 신정보로만 문장을 구성하는 것은 불가능하다.
④ 구정보와 신정보가 적절히 함께 쓰이는 것이 자연스럽다.

05 정보전달력은 정보의 의사소통상 중요도를 의미한다.

05 **다음 설명이 나타내는 개념으로 옳은 것은?**

> 정보의 의사소통상 중요도

① 의사소통력
② 정보 의미
③ 정보전달력
④ 정보력

06 주제와 주어는 서로 혼동될 수는 있으나 둘은 서로 구분된다.

06 **다음 설명 중에서 옳지 않은 것은?**

① 무엇에 대해 말할 때 '무엇'에 해당하는 부분이 주제이다.
② 주제에 대해 서술하는 부분을 설명이라 한다.
③ 주제와 설명은 화자가 화자 자신의 입장에서 정보를 구분한다.
④ 주제와 주어는 늘 일치한다.

정답 04 ③ 05 ③ 06 ④

07 다음 중 정보전달력에 대한 설명으로 옳은 것은?

① 중요한 정보는 정보전달력이 크고, 덜 중요한 정보는 정보전달력이 작다.

② 문장을 구성할 때 정보전달력이 큰 것에서 작은 것 순으로 배열되는 것이 자연스럽다.

③ 정보전달력은 주제가 크고 설명이 작다.

④ 정보전달력을 통해 함의의 의미를 설명할 수 있다.

08 다음 중 주제가 가지는 특징이 <u>아닌</u> 것은?

① 대하여성

② 문두성

③ 생략가능성

④ 신정보성

09 다음 중 괄호 안에 공통으로 들어갈 적절한 용어로 옳은 것은?

( )은/는 청자에게 새로운 정보를 제공하고, 화자가 문장에서 강조하는 정보에 해당한다. 적절한 문장은 새로운 정보를 가지고 있어야 하므로, ( )은/는 생략할 수 없다.

① 화제

② 초점

③ 잉여정보

④ 주제

---

07 ② 문장을 구성할 때 정보전달력이 작은 것에서 큰 것 순으로 배열되는 것이 자연스럽다.
③ 주제의 정보전달력은 작고 설명의 정보전달력은 크다.
④ 정보전달력은 주제를 설명하기 위한 개념이다.

08 주제는 구정보성이라는 특징을 갖는다.
③ 주제는 생략이 잘된다는 특징을 갖는다.

09 초점은 청자에게 새로운 정보를 제공하고, 화자가 문장에서 강조하는 정보에 해당한다.

정답 07 ① 08 ④ 09 ②

10 초점을 나타내는 방식에는 음운적 방식, 형태적 방식, 통사적 방식, 복합적 방식이 있다.

10 다음 중 초점을 나타내는 방식에 해당하지 <u>않는</u> 것은?

① 음운적 방식
② 형태적 방식
③ 의미적 방식
④ 통사적 방식

11 분열문이란 문장의 특정 내용을 강조하기 위해 '~은 것은 ~이다'와 같은 형식으로 쓰이는 구문을 말한다.

11 다음 예문에 해당하는 초점 실현 방식으로 옳은 것은?

> (가) 태수가 먹은 것은 <u>사과이다</u>.
> (나) 사과를 먹은 것은 <u>태수이다</u>.

① 음운적 강세
② 분열문
③ 목적격 조사
④ 어순

12 '미녀'에는 이미 아름답다는 의미가 있는데 '아름다운'이라는 수식을 또 하여 의미가 중복된다.

12 다음 예문에 해당하는 잉여정보 유형으로 옳은 것은?

> 아름다운 미녀

① 문장 중복 사용
② 어휘적 잉여정보
③ 어휘 요소와 문법 요소의 중복
④ 수식어와 피수식어의 중복

정답 10 ③ 11 ② 12 ④

13 다음 중 잉여정보에 대한 설명으로 옳지 <u>않은</u> 것은?

① 잉여정보가 있으면 필연적으로 비문이 된다.

② 잉여정보는 같은 정보를 반복 제시하여 정보 이해에 도움을 줄 수 있다.

③ 잉여정보를 사용해 중요한 정보를 의도적으로 강조할 수도 있다.

④ 잉여정보는 문장을 복잡하게 하여 효율성을 떨어뜨릴 수 있다.

13 잉여정보가 있다고 해서 항상 비문이 되는 것은 아니다.

주관식 문제

01 다음 내용에서 괄호 안에 들어갈 적절한 용어를 순서대로 쓰시오.

> 구정보와 신정보를 구분하는 대표적인 표지에는 조사가 있다. 조사 '(㉠)'은/는 일반적으로 구정보에 붙는 구정보 표지이고, 조사 '(㉡)'은/는 일반적으로 신정보에 붙는 신정보 표지이다.

01 정답
㉠ 은/는
㉡ 이/가

02 주제와 설명의 개념에 대해 예시를 들어 설명하시오.

02 정답
무엇에 대해 말할 때 '무엇'에 해당하는 부분을 주제, 주제에 대해 서술하는 부분을 설명이라고 한다. 예를 들어 '나는 대한민국 국민이다.'라는 문장에서 '나는'은 주제에 해당하고, '대한민국 국민이다'는 설명에 해당한다.

정답 (13 ①)

03 **정답**

주제와 설명은 구정보와 신정보에 대응하는 면이 있다. 그러나 구정보와 신정보는 화자가 청자의 입장에서 정보를 구분하는 것이고, 주제와 설명은 화자가 화자 자신의 입장에서 정보를 구분한다는 점에서 차이가 있다.

03 주제와 설명이 구정보와 신정보와 어떻게 다른지 서술하시오.

| 제5장 | 함의와 전제 |

01 다음 중 괄호 안에 들어갈 용어로 옳은 것은?

> 어떤 문장 p가 참일 때 문장 q도 반드시 참이면, 'p는 q를 ( )한다'고 한다.

① 전제
② 초점
③ 함의
④ 함축

01 어떤 문장 p가 참일 때 문장 q도 반드시 참이면, 'p는 q를 함의한다'고 한다.

02 다음 함의관계 진리표에 들어갈 속성을 옳게 짝지은 것은?

p		q
참	→	참
거짓	→	(㉠)
참 또는 거짓	←	참
(㉡)	←	거짓

	㉠	㉡
①	거짓	참
②	거짓	참 또는 거짓
③	참 또는 거짓	참
④	참 또는 거짓	거짓

02 p가 거짓이면, q는 참 또는 거짓이 된다. q가 거짓이면, p는 거짓이 된다.

정답 (01 ③ 02 ④)

03 상호함의는 어떤 문장 p가 참일 때 문장 q도 반드시 참이고, 동시에 q가 참일 때 문장 p도 반드시 참인 경우를 말한다. '왕은 신하에게 암살당했다'가 참인 경우 '왕은 죽었다'가 참이 되지만, '왕은 죽었다'가 참인 경우 '왕은 신하에게 암살당했다'는 참일 수도 있고 거짓일 수도 있다.

03 **다음 중 상호함의가 <u>아닌</u> 것은?**

① p : 아버지가 어머니께 꽃을 줬다.

　 q : 어머니가 아버지께 꽃을 받았다.

② p : 왕은 신하에게 암살당했다.

　 q : 왕은 죽었다.

③ p : 호랑이가 토끼를 잡았다.

　 q : 토끼가 호랑이에게 잡혔다.

④ p : 오늘은 해가 일찍 떴다.

　 q : 오늘은 태양이 일찍 떴다.

04 상호함의관계 진리표에서 p와 q의 진리치는 동일하다.
상호함의관계에서 어떤 문장 p가 참이면 문장 q도 반드시 참이고, p가 거짓이면 q도 거짓이다. 동시에 q가 참이면 p도 반드시 참이고, q가 거짓이면 p도 거짓이다.

04 **다음 상호함의관계 진리표에 들어갈 속성을 옳게 짝지은 것은?**

p		q
참	→	참
(㉠)	→	거짓
참	←	(㉡)
거짓	←	거짓

	㉠	㉡
①	거짓	참
②	거짓	거짓
③	참 또는 거짓	참
④	참 또는 거짓	거짓

정답 03 ② 04 ①

05 다음 예문에 해당하는 함의 생성 요인은?

> p : 경찰이 도둑을 잡았다.
> q : 도둑이 경찰에게 잡혔다.

① 연접
② 접속조사
③ 능동문, 피동문
④ 동음관계

06 다음 중 괄호 안에 들어갈 용어로 옳은 것은?

> 어떤 문장 p가 참이기 위해 문장 q가 반드시 참이어야 하는 경우, 'p는 q를 (   )한다'고 한다.

① 함의
② 전제
③ 화행
④ 모순

07 다음 전제관계 진리표에 들어갈 속성을 옳게 짝지은 것은?

p		q
참	→	참
거짓	→	(㉠)
참 또는 거짓	←	참
(㉡)	←	거짓

	㉠	㉡
①	참	거짓
②	참	판단 불가
③	참 또는 거짓	참
④	참 또는 거짓	거짓

08 전제의 생성 요인에는 특정 단어의 존재, 반복·첨가 부사어, 비교 표현, 동사, 시간 부사절, 분열문이 있다.

08 다음 중 전제의 생성 요인이 <u>아닌</u> 것은?

① 비교 표현

② 시간 부사절

③ 분열문

④ 함의

09 반복을 나타내는 부사어 '다시'가 전제를 유발하고 있다.

09 다음 예문에 해당하는 전제 생성 요인은?

> p : 민호는 학교에 다시 돌아올 것이다.
> q : 민호는 학교에 온 적이 있다.

① 능동문, 피동문

② 특정 단어의 존재

③ 반복·첨가 부사어

④ 비교 표현

주관식 문제

01 **정답**
p가 참이면, q도 참인 함의관계이다. 왕이 죽었다면, 신하에게 암살당했을 수 있다(p는 참). 그러나 신하가 아닌 사람에게 암살당하거나, 암살이 아닌 방법으로 죽었을 수도 있다(p는 거짓). 따라서 q가 참이면, p는 참 또는 거짓이 된다.

01 다음 문장관계를 서술하고, q가 참일 때 p의 진리치가 어떻게 결정되는지 서술하시오.

> p : 왕은 신하에게 암살당했다.
> q : 왕은 죽었다.

정답 (08 ④ 09 ③)

02 p가 q1, q2를 함의하도록 하는 요소를 서술하시오.

> p : 오늘은 밥을 먹고 잠을 잤다.
> q1 : 오늘 밥을 먹었다.
> q2 : 오늘 잠을 잤다.

02 정답
연결어미 '-고'

03 다음 전제관계 진리표의 괄호 안에 들어갈 적절한 용어를 쓰고, 이를 p, q의 예문을 가지고 설명하시오.

p		q
참	→	참
거짓	→	참
참 또는 거짓	←	참
( )	←	거짓

> p : 우리 반 반장은 키가 크다.
> q : 우리 반은 반장이 있다.

03 정답
판단 불가
q가 거짓이면, p는 참도 거짓도 아닌 문장이 된다. 우리 반에 반장이 없을 경우, '우리 반 반장은 키가 크다'라는 문장은 참도 거짓도 될 수도 없다.

SD에듀와 함께, 합격을 향해 떠나는 여행

제 6 편

화용론

화용론은 비교적 늦게 연구가 시작된 분야로, 학자들마다 화용론의 중요성을 다르게 생각한다. 언어의 실제 사용을 연구하는 학문이기에 가장 핵심적인 연구 분야라고 보는 관점도 있는 한편, 지나치게 실용 위주이므로 깊이 있는 연구 분야라고 보지 않는 관점도 있다. 그럼에도 불구하고 화용론이 실제 세계의 언어와 가장 밀접하다는 것은 부정할 수 없는 사실이다. 화용론을 통해 기존의 연구로는 밝힐 수 없었던 언어의 의미가 어떻게 생겨나는지 살펴본다.

| 출제 경향 및 수험 대책 |

추상적인 부분들이 많아 다소 어렵게 느껴질 수 있는 부분으로, 제시된 예문을 살펴보면서 내용을 조금씩 이해해 나가는 것이 중요하다. 직시, 함축, 화행의 체계를 이해하고 정의와 특징을 잘 알아두도록 한다.

제 1 장 | 화용론의 성격

제1절 화용론의 정의 중요

1 화용론

구체적 담화 상황 속에서 실제로 쓰인 발화의 의미를 연구하는 분야이다. 음운론, 문법론, 의미론과 달리 언어 표현을 둘러싼 화자, 청자, 시·공간적 배경, 맥락과 같은 외부 환경과 함께 발화 의미를 연구한다.

다음에 제시된 (가)의 문장 자체의 의미는 시간이 있는지 묻는 것이다. 문장 그대로의 의미로 이해한다면 이 뒤에 '시간은 소중하니 아껴 써.'와 같은 말이 이어질 것이다. 하지만 (가)를 발화한 화자가 소연이를 좋아한다면 이 뒤에 데이트 신청이 이어질 것을 예상할 수 있다. (가)의 의미를 '나와 데이트할 생각이 있니?'로 파악할 수 있는 것이다. 이것이 외부 요소를 고려한 화용적 의미 파악이다.

> (가) 소연아, 혹시 시간 있니?
> [문장 의미] 소연아, 혹시 시간 있니? 시간은 소중하니 아껴 써.
> [화용 의미] 소연아, 혹시 시간 있니? 내일 나랑 저녁 먹으러 갈래?

2 발화

발화(發話, utterance)란 머릿속에서 떠올린 문장을 실제로 표현한 것이다. 문장은 인간의 머릿속에만 존재하는 추상적인 언어 형식이다. 이것이 실제 세계에서 표현되어야 비로소 발화가 되는 것이다.

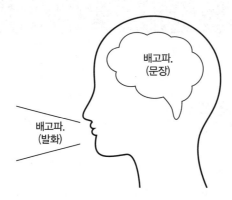

이는 소쉬르의 랑그와 파롤 개념에도 대응한다. '**랑그**(langue)'란 화자의 머릿속에 들어 있는 언어 형식을 의미하고, '**파롤**(parole)'은 실제 세계에 표현된 언어 표현이다. 즉 화용론은 발화, 파롤을 연구 대상으로 삼는다.

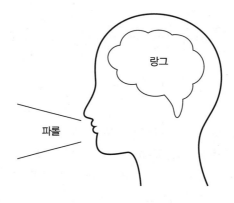

제2절 | 화용론의 연구 영역

화용론의 연구 영역에는 화자 의미, 맥락 의미, 암시 의미, 상대적 거리 표현이 있다.

1 화자 의미

화자가 전달하고자 의도하는 의미를 화자 의미라 한다. 다음과 같이 냉면을 먹자는 제안에 B와 같은 대답은 문장 자체로는 오늘의 기온을 말하고 있지만, 실제 화자가 전달하고자 한 의미는 냉면을 먹고 싶지 않다는 것이다. 이처럼 화용론은 문장 속에 담긴 화자의 의도를 연구한다.

> A : 냉면 먹으러 갈까?
> B : 오늘 날이 추워.
> [문장 의미] 오늘 기온이 낮다.
> [화자 의미] 냉면을 먹고 싶지 않다.

2 맥락 의미

맥락에서 알 수 있는 의미를 맥락 의미라 한다. 발화 의미는 맥락에 따라서 달라지는데, 예를 들어 다음 (가)의 발화는 맥락에 따라 두 가지 의미를 가질 수 있다. 학급 여학생들의 키에 대해서 얘기하고 있는 상황에서는 혜수가 크다는 의미가 되지만, 혜수의 장래희망이 모델이라는 얘기를 하고 있는 상황에서는 키가 작다는 의미가 된다. 이처럼 화용론은 맥락에 따라 변하는 문장의 의미를 연구한다.

> (가) 혜수는 키가 170이야.
> [맥락 의미1] 여자 중에선 큰 편이야.
> [맥락 의미2] 모델을 하기엔 키가 작아.

3 암시 의미

추론을 통해 알 수 있는 함축된 의미를 암시 의미라 한다. 다음에 제시된 A의 질문에 대한 B의 대답은 문장 자체로는 관련이 없는 대답이지만, 추론을 통해 유진이가 시험에 붙을 것이라는 의미를 암시하고 있음을 알 수 있다. 발화는 여러 방법을 통해 문장 자체의 의미보다 더 많은 것을 함축할 수 있어, 이는 함축과 관련된다.

> A : 유진이가 이번 시험에 붙을 수 있을까?
> B : 유진이가 독서실에서 집에 가지를 않는대.
> [문장 의미] 유진이가 독서실에서 집에 가지 않는다.
> [암시 의미] 유진이는 이번 시험에 붙을 것이다.

4 상대적 거리 표현

화자가 대상에게 가지는 물리적·심리적 거리가 언어 표현에 나타나는 것을 의미한다. 다음에 제시된 (가)와 (나)에서 화자와 대상의 물리적 거리에 따라 언어 표현이 달라지는 것을 알 수 있다. 그런데 (다)와 (라)의 예를 보면 화자와 희수의 물리적 거리는 같음에도 희수를 가리키는 표현이 달라짐을 알 수 있다. 즉 언어 표현에는 물리적 거리뿐만 아니라 심리적 거리도 작용함을 알 수 있다. 이처럼 화자와 대상 사이의 거리에 따라 달라지는 언어 표현 연구는 직시와 관련된다.

> (가) (옆에 있는 사람을 가리키며) 이분을 소개하고 싶습니다.
> (나) (멀리 있는 사람을 가리키며) 저분을 소개하고 싶습니다.
> (다) (희수가 방에 들어간 후)
> 　　A : 희수는 이제 뭐해?
> 　　B : 걔는 이제 숙제할 거야.
> (라) (희수가 방에 들어간 후)
> 　　A : 희수는 늘 싹싹하네.
> 　　B : 쟤가? 말도 마.

제 2 장 | 직시

제1절 **직시의 정의** 중요

직시(直示, deixis)란 특정 맥락 속에서만 지시 대상을 알 수 있는 표현을 의미한다. 다음의 예에서 '너, 어제, 친구, 거기'가 직시에 해당한다. 이들은 각각 실제로는 '지수, 2월 15일, 주원, 책사랑서점'을 가리킨다. 만일 아무 맥락 정보 없이 (가)의 문장이 제시되면 각각의 직시가 무엇을 지시하는지 전혀 알 수 없다.

> (가) 너는 어제 친구랑 거기 갔어?
> (나) 지수는 2월 15일에 주원이랑 책사랑서점에 갔어?

제2절 **직시의 중심** 중요

1 직시의 중심

직시의 중심은 일반적으로 화자이다. 사람, 공간, 시간의 관점에서 화자 중심으로 기준점을 설정하면 사람은 말하는 사람, 즉 화자가 된다. 공간은 화자가 발화하는 바로 그 장소이며, 시간은 화자가 발화를 행하는 그 시점을 기준점으로 설정하게 된다. 이를 종합하여 직시의 기준점을 '나-여기-지금(I-here-now)'이라고 부르기도 한다.

> (가) <u>나</u>는 <u>내일</u>도 <u>여기</u> 오고 싶어.
> → 나 : 화자 자신
> → 내일 : 발화하는 시점의 다음 날
> → 여기 : 발화하는 장소

2 직시의 투사

화자가 직시의 중심을 다른 곳에 두는 것을 직시의 투사라 한다. 다음의 (가)는 직시의 중심을 화자에서 청자로 옮긴 것이다. (가)에서 말하는 아버지는 화자의 아버지가 아닌 청자의 아버지를 의미한다. (나)의 오른쪽은 화자 기준이 아닌 청자를 기준으로 한 오른쪽을 의미한다.

> (가) 아버지는 잘 계시니?
> (나) 맞은편에 계신 분들은 오른쪽으로 한 발짝 이동해 주세요.

제3절 직시의 유형

1 지시어의 이원 체계와 삼원 체계

(1) 이원 체계

이원 체계는 화자와 가까운지, 그렇지 않은지에 따라 두 종류의 지시어를 사용하는 경우이다. 그 예로 영어가 있는데, 영어는 'this'와 'that'을 사용하는 이원 체계이다.

[이원 체계(영어)]

this	화자와 가까움
that	화자와 가깝지 않음

(2) 삼원 체계

삼원 체계는 화자와 가까운지, 청자와 가까운지, 화·청자 모두에게 가깝지 않은지에 따라 세 종류의 지시어를 사용하는 경우이다. 대표적으로 한국어, 일본어, 스페인어 등이 이에 해당한다.

[삼원 체계(한국어)]

이	화자와 가까움
그	청자와 가까움
저	화·청자와 가깝지 않음

이는 물리적 거리뿐만 아니라 심리적 거리와도 관련된다.

2 인칭 직시

인칭 직시의 기준은 화자와 청자이다. [화자]와 [청자]의 의미 성분으로 인칭 직시를 분석하면 다음 표와 같이 1인칭, 2인칭, 3인칭을 분석할 수 있다.

[인칭 직시의 성분 분석]

[+화자]	[−화자]	
	[+청자]	[−청자]
1인칭	2인칭	3인칭

1인칭, 2인칭, 3인칭은 다음 표처럼 다시 단수와 복수로 나뉜다. 대상의 물리적 · 심리적 거리에 따라 지시어를 통해 3인칭을 나타낼 수 있다.

[인칭별 단수 및 복수 표현]

구분	단수	복수
1인칭	나, 저	우리, 저희
2인칭	너, 당신	너희, 여러분
3인칭	• 그 • 이 사람, 그 사람, 저 사람 • 이분, 그분, 저분	• 그들 • 이 사람들, 그 사람들, 저 사람들 • 이분들, 그분들, 저분들

3 시간 직시

시간 직시는 발화 시점을 기준으로 전 · 중 · 후로 나뉜다.

발화시 전	발화시	발화시 후
방금 아까 어제 작년 …	지금 요즘 오늘 올해 …	금방 이따 내일 내년 …

[시간 직시 표현]

시간 지시부사	시간을 나타내는 구	지시어+의존명사
지금, 아까, 요즈음, 오늘, 어제	하루 전, 이틀 후, 지난 주, 다음 달	이때, 그때, 접때, 이번, 저번, 이 다음, 그 다음, 저 다음
		→ 지시어란 기본적으로 장소 직시이다. 지시어를 활용한 시간 직시는 장소 직시가 시간 직시로 은유된 것이라 볼 수 있다. 장소라는 구체적 영역에서 시간이라는 추상적 영역으로 은유적 추이가 일어난 것이다.

4 장소 직시

장소 직시는 지시어의 삼원 체계를 잘 드러낸다. 다음 예문 (가)와 (나)에 사용된 이동동사 '오다'와 '가다'도 장소 직시가 될 수 있다. '오다'는 일반적으로 화자에게 가까워지는 이동을 나타내며, '가다'는 화자에게서 벗어나는 이동을 나타낸다.

> (가) 예희가 이리 온다.
> (나) 예희가 그리/저리 간다.

화자와 가까움	청자와 가까움	화·청자와 가깝지 않음
여기	거기	저기
이곳	그곳	저곳
이쪽	그쪽	저쪽
…	…	…

함축(含蓄, implicature)은 발화를 통해 간접적·암시적으로 전달되는 정보이다. 다음에 제시된 예문을 보면, 하나에게 데이트 신청을 하기 위해 다양한 표현을 사용할 수 있다. (가)는 직접적인 표현인 반면 (나), (다)는 간접적인 표현이다. (나), (다)에서 (가)의 의미를 알아내기 위해서는 추론이 필요한데, 이는 논리적인 추론이라기보다는 경험이나 관습에 의한 화용적 추론이다.

(가) 하나야, 나와 데이트해 줄래?
(나) 하나야, 영화 좋아해?
(다) 하나야, 주말에 약속 있어?

제2절 협력 원리와 대화 격률

그라이스(Grice)는 협력 원리(cooperative principle)라는 대원칙 아래, 네 종류의 대화 격률(maxims)이 작동하여 대화가 이루어진다고 설명했다.

1 협력 원리

대화상의 발화가 주고받는 이야기의 목적과 방향이 요구하는 것에 맞게 제때 이바지하게끔 하라.

2 대화 격률

질의 격률	• 거짓이라고 믿는 것을 말하지 말라. • 충분한 증거가 없는 것을 말하지 말라.
양의 격률	• 대화에 필요한 만큼의 정보를 제공하라. • 필요 이상으로 정보를 제공하지 않도록 하라.
관계의 격률	관련된 발화를 하라.
방식의 격률	• 표현의 애매성을 피하라. • 중의성을 피하라. • 간결하게 하라. • 순서대로 하라.

3 대화 격률의 준수와 위배 중요

대화 격률을 반드시 지켜야 하는 것은 아니다. 때로는 대화 격률을 위배하여 대화가 이루어지기도 한다.

(1) 대화 격률의 준수

대화 격률을 준수함으로써 의미를 함축할 수 있다. 다음 (가)의 예문은 질의 격률을 준수한 문장이다. 실제로 자신이 확인하였고, 진실이라고 믿는 내용을 발화함으로써 의미를 함축하고 있다.

> (가) 질의 격률 준수
> 어제 선우가 책을 읽고 있더라.
> [함축 의미] 실제로 내가 어제 선우가 책 읽는 것을 확인했다.

(2) 대화 격률의 위배

대화 격률을 명백하게 위배함으로써 의미를 함축할 수 있다. 당연히 지켜야 한다고 생각되는 대화 격률을 위배함으로써 다른 의미가 숨겨져 있음을 암시하는 것이다.

다음 (가B)는 질문에 대한 충분한 양의 정보를 제공하지 못하고 있으므로 양의 격률을 위배한 발화로, 이를 통해 의미를 함축한다. (나B)는 질문과 관련 없는 대답을 하며 관계의 격률을 위배하고 있다. 이를 통해 의미를 함축한다.

(가) 양의 격률 위배
A : 너 지금 어디 가?
B : 그냥 밖에.
[함축 의미] 어디 가는지 알려주고 싶지 않다.

(나) 관계의 격률 위배
A : 우리 영화 보러 갈까?
B : 오늘 날씨가 참 좋네.
[함축 의미] 영화 보러 갈 생각이 없다.

제3절 대화 함축과 고정 함축 (종요)

1 대화 함축과 고정 함축

함축이 표현되는 방법을 대화 함축(conversational implicature)과 고정 함축(conventional implicature)의 두 가지로 나눌 수 있다.

(1) 대화 함축

대화의 맥락에 의해 발생하는 함축이다. 예를 들어, 다음 예문은 단순히 날이 덥다는 직접적 의미를 가질 수 있으나, 창문 가까이에 앉은 사람에게 말하는 것이라면 날이 더우니 창문을 열어 달라는 의미를 함축하고 있다고도 볼 수 있다. 특정 표현에 의존하지 않고 대화의 맥락에 의해 함축이 발생하고 있으며, 이는 다시 **일반 대화 함축**과 **특수 대화 함축**으로 구분된다.

이제 날이 덥네.

(2) 고정 함축

대화 맥락과 관련 없이 특정 표현의 고정된 의미에 의해 발생하는 함축이다. 다음에 제시된 문장은 현주가 똑똑하다는 직접적 의미를 가지지만, 조사 '도'에 의해 현주 외에 똑똑한 사람이 더 있다는 의미를 함축할 수 있다.

현주도 똑똑하다.

(3) 대화 함축의 특징 [중요]

대화 함축은 취소가능성(cancellability), 비분리성(nondetachability), 계산가능성(calculability), 비확정성(indeterminacy) 등의 특성을 가진다. 고정 함축의 특징은 이와는 반대이다.

① 취소가능성

대화 함축은 대화의 흐름이 변하면서 취소될 수 있다. 다음의 예문에서 B는 양의 격률을 위배하면서 알려주고 싶지 않다는 의미를 함축하지만, 이어지는 발화를 통해 이 함축을 취소하고 A의 질문에 정보를 제공한다.

> A : 그게 뭐야?
> B : 아무것도 아니야. 사실은 너 주려고 산 거야.

② 비분리성

어떤 표현을 그와 유사한 역할을 하는 다른 표현으로 바꾸어도 함축 의미는 유지된다. 다음의 예에서 B 대신 B1로 발화해도 영화 보러 갈 생각이 없다는 함축 의미는 유지된다. 발화의 의미가 같다면 다른 표현을 사용하더라도 대화 함축을 분리하는 것은 불가능하다.

> A : 우리 영화 보러 갈까?
> B : 오늘 날씨가 참 좋네.
> B1 : 벌써 집에 갈 시간이네.

③ 계산가능성

다음의 예문은 호준이는 누나가 딱 둘이라는 함축 의미를 가진다. 이는 협력 원리와 대화 격률에 의한 것이다. 해당 발화에서 화자와 청자 모두 협력 원리와 대화 격률을 지킬 것이라는 일정한 단계를 거쳐 계산하여 함축 의미를 추론한다.

> 호준이는 누나가 둘이다.

④ 비확정성

대화 함축은 대화 맥락에 의해 발생하므로 맥락에 따라 의미가 달라질 수 있다. 다음 B의 발화는 기계처럼 정확하고 놀라운 연주였다는 긍정적 의미를 함축할 수도 있지만, 기계처럼 감정이 없는 연주였다는 부정적 의미를 함축할 수도 있다.

> A : 오늘 들은 연주 어땠어?
> B : 마치 기계 같았어.

2 일반 대화 함축과 특수 대화 함축

(1) 일반 대화 함축(generalized conversational implicature)

일반 대화 함축은 일반적 대화 상황에서 논리적으로 추론 가능한 함축이다. 일반 대화 함축은 대화 맥락에 덜 의존적이고, 추론이 가능하다. '모든, 대부분, 많은, 약간의', '항상, 종종, 가끔'과 같은 척도 표현에 의해 실현되는 척도 함축이 대표적인 예이다. 다음에 제시된 (가)는 일반 대화 함축의 대표적인 예문이며, (나)는 척도 표현 '많은'에 의해 실현된 척도 함축 예문이다. (다)의 예문처럼 고정 함축과는 달리 취소가 가능하다는 특징이 있다.

(가) A : 지우랑 현석이 중에 누가 수영 대회에서 우승했어?
    B : 지우가 졌어.
    [함축 의미] 현석이가 우승했다.
(나) 많은 학생이 강연에 참석했다.
    [함축 의미] 모든 학생이 강연에 참석한 것은 아니다.
(다) 많은 학생이 강연에 참석했다. 확인해 보니 모든 학생이 강연에 참석했다.

---

(2) 특수 대화 함축(particularized conversational implicature)

특수 대화 함축은 구체적 대화 상황에서 개별적으로 추론 가능한 함축이다. 특수 대화 함축은 대화 맥락에 의존적이고, 예측이 불가능하다. 일반적으로 대화 격률을 위반하는 함축은 특수 대화 함축에 해당한다.

A : 이번 주말에 나랑 영화 보러 갈래?
B : 멀리 사는 친구가 놀러 온대요.
[함축 의미] 이번 주말에 영화 보러 같이 갈 수 없다.

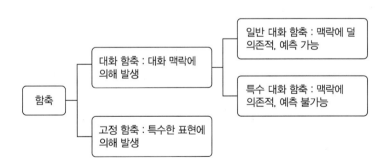

제 **4** 장 │ 화행

다음 (가)~(라)의 예문처럼 문장이 담화 상황 속에서 실제로 수행하는 언어 행위를 화행이라고 한다.

> (가) 민수는 스물여덟 살이다.
> (나) 그는 꼭 성공해서 데리러 오겠다고 내게 약속했다.
> (다) 이 두 사람이 부부가 된 것을 엄숙히 선언합니다.
> (라) 거기 물 좀 건네주길 바라네.

오스틴(Austin)이 진술문과 수행문을 다음과 같이 최초로 구분하였다. 중요

진술문	참, 거짓을 가릴 수 있는 문장이다. 위 예문의 (가), (나)가 진술문에 해당한다.
수행문	진술문과 달리 참, 거짓을 가릴 수 없는 행위를 위한 문장이다. 위 예문의 (다), (라)는 각각 선언, 요청의 행위를 수행한다.

그러나 후에 진술문 또한 일종의 언어 행위를 유발한다는 것을 증명하였다. 다음의 (마)는 참, 거짓을 구분할 수 있는 진술문이지만, (바)처럼 '솔직하게 말한다'는 행위를 수반하고 있다고 볼 수 있다.

> (마) 솔직히 이 식당은 맛이 없다.
> (바) 이 식당은 맛이 없다고 솔직하게 말한다.

제1절 │ 화행의 세 가지

언어 행위는 다음과 같은 세 가지 행위가 동시에 이루어지는 것으로 본다.

구분	정의	예시
		예 거기 물 좀 줄래요?
언표행위 (locutionary act)	문장을 만들고 발화하는 행위	"거기 물 좀 줄래요?"
언표수반행위 (illocutionary act)	발화 행위에 같이 따르는 화자가 의도한 행위	물을 건네줄 것을 요구함
언표효과행위 (perlocutionary act)	발화로 인해 일어나는 청자의 반응 행위	이 말을 들은 청자가 물을 건네줌

제2절 적정조건

(1) 설(Searle)의 적정조건

설은 오스틴 이후 성공적인 의사소통을 위해 지켜져야 할 네 가지 적정조건을 다음과 같이 설정하였다.

① **명제내용조건**

명제내용조건은 의사소통을 위해 화행의 내용이 무엇인지 알 수 있어야 한다는 것이다. 예를 들어 문장으로서 성립하지 않거나 이해가 불가능한 외국어 문장은 명제내용조건을 어기는 것이다.

② **예비조건**

예비조건은 화행 수행 전 화자와 청자가 발화에 합당한 조건을 갖추고 있어야 한다는 것이다. 예를 들어 질문의 예비조건으로는 화자가 질문의 답을 모른다는 조건을 갖추고 있어야 한다.

③ **성실조건**

성실조건은 화자의 의도가 진실해야 한다는 것이다. 예를 들어 질문의 성실조건은 화자가 질문의 답을 진심으로 원해야 한다는 것이다.

④ **본질조건**

본질조건은 화행을 통해 화자나 청자에게 기대할 수 있는 반응을 예측할 수 있다는 것이다. 예를 들어 질문의 본질 조건은 화자가 청자에게 정보를 얻어 내는 것이다.

위 내용을 간단히 요약하면 다음과 같다.

명제내용조건	화행의 명제내용이 명시되어야 한다는 조건
예비조건	화행 수행 전, 화자와 청자에게 요구되는 조건
성실조건	화행의 성공적 수행을 위해 화자에게 요구되는 조건
본질조건	화행의 성공적 수행을 위해 화자 또는 청자에게 요구되는 조건

(2) 화행별 적정조건

S : 화자, H : 청자, A : 미래 행위

〈요청의 조건〉

명제내용조건	S는 H가 미래에 행할 A를 서술한다.
예비조건1	H는 A를 할 수 있다.
예비조건2	H가 자발적으로 할지 S에게 분명하지 않다.
성실조건	S는 H가 A를 하기를 원한다.
본질조건	H가 A를 하도록 하는 S의 시도로 간주된다.

┌───┐
│ 〈질문의 조건〉   │
│ 명제내용조건   묻고자 하는 명제를 의미한다.   │
│ 예비조건1   S는 질문의 답을 모른다.   │
│ 예비조건2   질문할 당시에 H가 정보를 제공할지가 S와 H에게 분명하지 않다. │
│ 성실조건   S는 이 정보를 원한다.   │
│ 본질조건   H에게 이 정보를 얻어 내려는 시도로 간주된다.   │
└───┘

(3) 다섯 가지 언어 행위 유형

설(Searle)은 이상과 같은 적정조건을 기준으로 언어 행위를 다음과 같이 다섯 가지 유형으로 분류하였다.

단언행위 (Assertives)	자랑하다, 불평하다, 예측하다, …
명령행위 (Directives)	충고하다, 명령하다, 요청하다, …
언약행위 (Commissives)	걸다(bet), 찬동하다, 약속하다, …
정표행위 (Expressives)	사과하다, 축하하다, 감사하다, …
선언행위 (Declaratives)	임명하다, 선언하다, 해고하다, …

제3절　직접 화행과 간접 화행 （중요）

1 직접 화행과 간접 화행

(1) 직접 화행

언표수반행위와 문장 유형이 일치하는 화행으로, 다음 예문의 (가), (나)가 직접 화행의 예이다. (가)는 평서문이라는 문장 유형과 진술이라는 언표수반행위가 일치하고, (나)는 의문문이라는 문장 유형과 질문이라는 언표수반행위가 일치한다.

(2) 간접 화행

언표수반행위와 문장 유형이 일치하지 않는 화행으로, 다음 문장의 (다), (라)가 간접 화행의 예이다. (다)의 문장 유형은 의문문이지만 요청하는 문장이고, (라)의 문장 유형은 명령문이지만, 위협하는 문장이다.

(가) 은지는 고등학생이다.

(나) 내일 몇 시 기차야?

(다) 문 좀 닫아줄 수 있어요?

(라) 내 눈 앞에서 사라져.

더 알아두기

문장 유형과 직접 화행

문장 유형	직접 화행의 언표수반행위
평서문	진술
의문문	질문
명령문	명령

2 간접 화행을 사용하는 이유

설은 공손성(politeness)을 위해 간접 화행을 사용한다고 설명한다. 공손성을 지키기 위해 간접적으로 돌려 말하기 위해 간접 화행을 사용한다는 것이다.

다음 예문들은 모두 문을 열어 달라는 요청을 수행한다. (가)에서 (다)로 갈수록 공손성을 가지는 것을 알 수 있다.

(가) 문 열어요.

(나) 문을 좀 열 수 있을까요?

(다) 여기 덥네요.

제1장 화용론의 성격

01 화용론은 구체적 담화 상황 속에서 실제로 쓰인 발화의 의미를 연구하는 분야이다.

01 다음 중 구체적 담화 상황 속에서 실제로 쓰인 발화의 의미를 연구하는 분야는?

① 어휘론
② 문법론
③ 의미론
④ 화용론

02 '랑그(langue)'란 화자의 머릿속에 들어 있는 언어 형식을 의미하고, '파롤(parole)'은 실제 세계에 표현된 언어 표현이다. 즉 화용론은 발화, 파롤을 연구 대상으로 삼는다.

02 다음 설명 중에서 옳지 <u>않은</u> 것은?

① 화용론은 랑그를 연구 대상으로 삼는다.
② 머릿속에서 떠올린 문장을 실제로 표현한 것을 발화라 한다.
③ 소쉬르가 랑그와 파롤 개념을 도입했다.
④ 화용론은 언어 표현을 둘러싼 화자, 청자, 시·공간적 배경, 맥락과 같은 외부 환경과 함께 발화 의미를 연구한다.

03 화용론의 연구 영역에는 화자 의미, 맥락 의미, 암시 의미, 상대적 거리 표현 등이 있다.

03 다음 중 화용론의 연구 영역이 <u>아닌</u> 것은?

① 화자 의미
② 맥락 의미
③ 전제 의미
④ 암시 의미

정답 01 ④ 02 ① 03 ③

04 다음 괄호 안에 들어갈 용어를 순서대로 옳게 고른 것은?

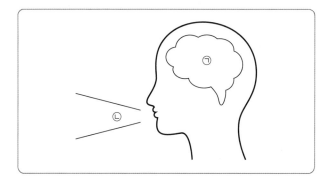

	㉠	㉡
①	발화	화행
②	발화	문장
③	랑그	파롤
④	파롤	랑그

04 '랑그(langue)'란 화자의 머릿속에 들어 있는 언어 형식을 의미하고, '파롤(parole)'은 실제 세계에 표현된 언어 표현이다.

05 다음 예문에 해당하는 화용론의 연구 영역으로 옳은 것은?

> A : 냉면 먹으러 갈까?
> B : 오늘 날이 추워.
> [화용 의미] 냉면을 먹고 싶지 않다.

① 화자 의미
② 맥락 의미
③ 암시 의미
④ 상대적 거리

05 냉면을 먹자는 제안에 '오늘은 날이 추워.'라는 대답은 문장 자체로는 오늘의 기온을 말하고 있지만, 실제 화자가 전달하고자 한 의미는 냉면을 먹고 싶지 않다는 것이다. 이처럼 화자가 전달하고자 의도하는 의미를 화자 의미라 한다.

정답 04 ③ 05 ①

06 '유진이가 이번 시험에 붙을 수 있을까?'라는 질문에 대한 '유진이가 독서실에서 집에 가지를 않는대.'라는 대답은 문장 자체로는 관련이 없지만, 추론을 통해 유진이가 시험에 붙을 것이라는 의미를 암시하고 있음을 알 수 있다. 이처럼 추론을 통해 알 수 있는 함축된 의미를 암시 의미라 한다.

06 다음 예문에 해당하는 화용론의 연구 영역으로 옳은 것은?

A : 유진이가 이번 시험에 붙을 수 있을까?
B : 유진이가 독서실에서 집에 가지를 않는대.
[문장 의미] 유진이가 독서실에서 집에 가지 않는다.
[화용 의미] 유진이는 이번 시험에 붙을 것이다.

① 화자 의미
② 맥락 의미
③ 암시 의미
④ 상대적 거리

07 발화 의미는 맥락에 따라서 달라질 수 있다.

07 다음 설명 중에서 옳지 <u>않은</u> 것은?

① 문장 속에 담긴 화자의 의도를 화자 의미라 한다.
② 발화 의미는 맥락과 관계없이 일정하다.
③ 발화는 여러 방법을 통해 문장 자체의 의미보다 더 많은 것을 함축할 수 있다.
④ 언어 표현에는 물리적 거리뿐만 아니라 심리적 거리도 작용한다.

주관식 문제

01 정답
화자, 청자, 시·공간적 배경, 맥락 등

01 화용론은 언어 표현의 외부 환경을 함께 연구한다. 외부 환경의 예를 세 개 이상 쓰시오.

정답 (06 ③ 07 ②)

02 다음 문장의 화자가 '소연'을 좋아한다고 가정할 경우, 그 화용 의미가 무엇인지 쓰시오.

> 소연아, 혹시 시간 있니?

03 다음 내용에서 괄호 안에 들어갈 적절한 용어를 순서대로 쓰시오.

> 소쉬르는 (㉠)과/와 (㉡) 개념을 도입했다. (㉠) (이)란 화자의 머릿속에 들어 있는 언어 형식을 의미하고, (㉡)은/는 실제 세계에 표현된 언어 표현이다. 화용론은 이 중 발화, (㉡)을/를 연구 대상으로 삼는다.

제2장 직시

01 직시란 특정 맥락 속에서만 지시 대
상을 알 수 있는 표현을 의미한다.
① 화행은 담화 상황 속에서 실제로
수행되는 언어 행위이다.
② 랑그는 화자의 머릿속에 들어 있
는 언어 형식이다.
④ 함축은 발화를 통해 간접적 · 암
시적으로 전달되는 정보이다.

01 다음 중 특정 맥락 속에서만 지시 대상을 알 수 있는 표현을
의미하는 것은?

① 화행
② 랑그
③ 직시
④ 함축

02 '너, 어제, 거기'가 직시에 해당한다.
이들은 제시되는 맥락 정보에 따라
지시 대상이 달라진다.

02 다음 밑줄 친 부분 중 직시가 <u>아닌</u> 것은?

너는 어제 주희랑 거기 갔어?

① 너
② 어제
③ 주희
④ 거기

03 직시의 중심을 사람, 공간, 시간의 관
점에서 설정할 수 있다.

03 다음 중 직시의 기준점이 <u>아닌</u> 것은?

① 화자 자신
② 화자가 발화하는 장소
③ 화자가 발화를 행하는 시점
④ 화자가 발화한 문장

정답 01③ 02③ 03④

04 다음 괄호 안에 들어갈 용어로 옳은 것은?

> 화자가 직시의 중심을 다른 곳에 두는 것을 (   )(이)라 한다.

① 직시의 변화
② 직시의 투사
③ 직시의 수행
④ 직시의 이해

05 다음 설명 중에서 옳지 <u>않은</u> 것은?

① 아무 맥락 정보 없이 직시가 제시되면 그것이 무엇을 지시하는지 전혀 알 수 없다.
② 직시의 중심은 일반적으로 화자이다.
③ 직시의 기준점을 '나-여기-지금(I-here-now)'이라고 부르기도 한다.
④ '아버지는 잘 계시니?'라는 문장에서 아버지는 화자의 아버지를 의미한다.

06 다음 중 직시의 유형에 해당하지 <u>않는</u> 것은?

① 화자 직시
② 인칭 직시
③ 시간 직시
④ 장소 직시

---

04 화자가 직시의 중심을 청자로 옮기는 등 다른 곳에 두는 것을 직시의 투사라 한다.

05 '아버지는 잘 계시니?'라는 문장에서 아버지는 화자의 아버지가 아닌 청자의 아버지를 의미한다.

06 직시의 유형에는 인칭 직시, 시간 직시, 장소 직시가 있다.

정답 04 ② 05 ④ 06 ①

07 한국어는 세 종류의 지시어를 사용
하는 삼원 체계이다.

07 다음 설명 중에서 옳지 않은 것은?

① 한국어는 이원 체계의 지시어를 사용한다.

② 이원 체계는 화자와 가까운지, 그렇지 않은지에 따라 두 종류의 지시어를 사용하는 경우이다.

③ 일본어는 삼원 체계의 지시어를 사용한다.

④ 삼원 체계는 화자와 가까운지, 청자와 가까운지, 화·청자 모두에게 가깝지 않은지에 따라 세 종류의 지시어를 사용하는 경우이다.

08 ① 1인칭 : [+화자]
②·③ 2인칭 : [-화자], [+청자]

08 다음 중 인칭 직시의 성분 분석이 옳은 것은?

① 1인칭 : [-화자], [+청자]

② 2인칭 : [-화자], [-청자]

③ 2인칭 : [+화자]

④ 3인칭 : [-화자], [-청자]

09 '그곳'은 장소 직시의 예이다.

09 다음 중 인칭 직시에 해당하는 예시가 아닌 것은?

① 그

② 나

③ 우리

④ 그곳

정답 07① 08④ 09④

10 다음 중 직시의 유형과 그 예시가 옳게 연결된 것은?

① 인칭 직시 – 아까

② 인칭 직시 – 저곳

③ 시간 직시 – 이따

④ 장소 직시 – 당신

11 다음 중 직시에 대한 설명으로 옳지 <u>않은</u> 것은?

① 지시어는 기본적으로 시간 직시이다.

② 시간 직시는 발화 시점을 기준으로 전·중·후로 나뉜다.

③ 이동동사 '오다'와 '가다'도 장소 직시가 될 수 있다.

④ 대상의 물리적·심리적 거리에 따라 지시어가 달라진다.

12 다음 예문에서 나타난 직시의 유형으로 옳은 것은?

> (가) 예희가 이리 온다.
> (나) 예희가 그리/저리 간다.

① 인칭 직시

② 시간 직시

③ 장소 직시

④ 함축 직시

10 ① '아까'는 시간 직시이다.
② '저곳'은 장소 직시이다.
④ '당신'은 인칭 직시이다.

11 지시어란 기본적으로 장소 직시이다. 지시어를 활용한 시간 직시는 장소 직시가 시간 직시로 은유된 것이라 볼 수 있다.

12 '오다'는 일반적으로 화자에게 가까워지는 이동을 나타내며, '가다'는 화자에게서 벗어나는 이동을 나타낸다. 이처럼 이동동사 '오다'와 '가다'도 장소 직시가 될 수 있다.

정답 (10 ③ 11 ① 12 ③)

01

정답

나-여기-지금(I-here-now)

02

정답

㉠ 이
㉡ 저

03

정답

지시어의 삼원 체계는 화자와 가까운지, 청자와 가까운지, 화·청자 모두에게 가깝지 않은지에 따라 세 종류의 지시어를 사용하는 경우이다. 한국어, 일본어, 스페인어 등이 이에 해당한다.

주관식 문제

01 직시의 기준점을 이르는 말을 쓰시오.

02 다음 표에서 괄호 안에 들어갈 적절한 용어를 순서대로 쓰시오.

(㉠)	화자와 가까움
그	청자와 가까움
(㉡)	화·청자와 가깝지 않음

03 지시어의 삼원 체계에 대해 서술하시오.

04 인칭 직시의 예를 세 개 이상 쓰시오.

04 **정답**
나, 당신, 여러분, 우리, 그들 등

제3장 함축

01 다음 중 발화를 통해 간접적 · 암시적으로 전달되는 정보를 의미하는 것은?

① 함축
② 화행
③ 직시
④ 파롤

---

02 함축 의미를 알기 위해서는 논리적인 추론보다는 경험이나 관습에 의한 화용적 추론이 필요하다.
② 그라이스는 대화 격률을 '질의 격률, 양의 격률, 관계의 격률, 방식의 격률' 네 가지로 정리하였다.
④ 대화 격률을 반드시 지켜야 하는 것은 아니다. 때로는 대화 격률을 위배하여 대화가 이루어지기도 한다.

02 다음 설명 중에서 옳지 <u>않은</u> 것은?

① 그라이스는 협력 원리라는 대원칙 아래 대화 격률이 작동하여 대화가 이루어진다고 설명했다.
② 그라이스가 정리한 대화 격률은 네 가지이다.
③ 함축 의미를 알기 위해서는 논리적인 추론이 필요하다.
④ 대화 격률을 반드시 지켜야 하는 것은 아니다.

---

03 대화 격률에는 질의 격률, 양의 격률, 관계의 격률, 방식의 격률이 있다.

03 다음 중 대화 격률에 해당하지 <u>않는</u> 것은?

① 질의 격률
② 양의 격률
③ 관계의 격률
④ 함축의 격률

정답 01 ① 02 ③ 03 ④

04 다음 중 대화 격률과 그 설명이 옳게 짝지어진 것은?

① 질의 격률 – 표현의 애매성을 피하라.

② 양의 격률 – 충분한 증거가 없는 것을 말하지 말라.

③ 관계의 격률 – 관련된 발화를 하라.

④ 방식의 격률 – 필요 이상으로 정보를 제공하지 않도록 하라.

04 ① 방식의 격률에 대한 설명이다.
② 질의 격률에 대한 설명이다.
④ 양의 격률에 대한 설명이다.

05 다음 예문에서 함축이 일어나는 이유로 옳은 것은?

> 어제 선우가 책을 읽고 있더라.
> [함축 의미] 실제로 내가 어제 선우가 책 읽는 것을 확인했다.

① 질의 격률 준수

② 질의 격률 위배

③ 양의 격률 준수

④ 양의 격률 위배

05 실제로 자신이 확인하였고, 진실이라고 믿는 내용을 발화함으로써 질의 격률을 준수하고 있다.

06 다음 예문에서 함축이 일어나는 이유로 옳은 것은?

> A : 너 지금 어디 가?
> B : 그냥 밖에.

① 질의 격률 준수

② 질의 격률 위배

③ 양의 격률 준수

④ 양의 격률 위배

06 질문에 대한 충분한 양의 정보를 제공하지 못하고 있으므로 양의 격률을 위배한 발화이다. 이를 통해 어디에 가는지 알려주고 싶지 않다는 의미를 함축하였다.

정답 04 ③ 05 ① 06 ④

07 질문과 관련 없는 대답을 하며 관계의 격률을 위배하고 있다.

07 다음 예문에서 함축이 일어나는 이유로 옳은 것은?

> A : 우리 영화 보러 갈까?
> B : 오늘 날씨가 참 좋네.

① 관계의 격률 준수
② 관계의 격률 위배
③ 방식의 격률 준수
④ 방식의 격률 위배

08 함축이 표현되는 방법을 대화 함축과 고정 함축으로 나눌 수 있는데, 고정 함축은 대화 맥락과 관련 없이 특정 표현의 고정된 의미에 의해 발생하는 함축을 의미한다. 대화 함축은 대화의 맥락에 의해 발생하는 함축으로 일반 대화 함축과 특수 대화 함축으로 구분된다.

08 다음 설명 중에서 옳지 <u>않은</u> 것은?

① 대화 함축은 대화의 맥락에 의해 발생한다.
② 대화 함축은 특정 표현에 의존하지 않는다.
③ 고정 함축은 대화 맥락과 관련 없이 특정 표현의 고정된 의미에 의해 발생한다.
④ 고정 함축은 일반 고정 함축과 특수 고정 함축으로 구분된다.

09 조사 '도'에 의해 영이 외에 예쁜 사람이 더 있다는 의미를 함축하는 고정 함축이 발생하고 있다.
①·③·④는 대화 맥락에 의한 대화 함축에 해당한다.

09 다음 중 고정 함축에 해당하는 것은?

① 엄마, 배고파요.
② 영이도 예쁘다.
③ 날이 춥네.
④ 주말에 시간 있어?

정답 (07② 08④ 09②)

10 다음 중 대화 함축의 특징이 <u>아닌</u> 것은?

① 취소가능성
② 비분리성
③ 계산불가능성
④ 비확정성

11 다음 예문에 해당하는 대화 함축의 특징은?

A : 그게 뭐야?
B : 아무것도 아니야. 사실은 너 주려고 산 거야.

① 취소가능성
② 비분리성
③ 계산가능성
④ 비확정성

12 다음 설명 중에서 옳지 <u>않은</u> 것은?

① 일반 대화 함축은 일반적 대화 상황에서 논리적으로 추론 가능한 함축이다.
② 일반 대화 함축은 대화 맥락에 덜 의존적이고, 추론이 가능하다.
③ 특수 대화 함축은 고정 함축과는 달리 취소가 가능하다는 특징이 있다.
④ 일반적으로 대화 격률을 위반하는 함축은 특수 대화 함축에 해당한다.

10 대화 함축의 특징은 계산가능성이다.

11 B는 A의 질문에 먼저 '아무것도 아니야.'라고 답한다. 이는 알려 주고 싶지 않다는 의미를 함축한 문장이다. 하지만 바로 '사실은 너 주려고 산 거야.'라며 이 함축을 취소하고 A의 질문에 정보를 제공하였다. 이처럼 대화 함축은 대화의 흐름이 변하면서 취소될 수 있다.

12 취소가 가능한 것은 일반 대화 함축이다.

정답 (10 ③ 11 ① 12 ③)

01 **정답**
ⓐ 협력 원리
ⓑ 대화 격률

01 다음 내용에서 괄호 안에 들어갈 적절한 용어를 순서대로 쓰시오.

그라이스는 (ⓐ)(이)라는 대원칙 아래 네 종류의 (ⓑ)
이/가 작동하여 대화가 이루어진다고 설명했다.

02 **정답**
B의 답변은 어디 가는지 알려주고 싶
지 않다는 의미를 함축하고 있다. 이
는 질문에 대한 충분한 양의 정보를
제공하지 못하고 있으므로 양의 격
률을 위배한 발화이다. 이처럼 대화
격률을 위배함으로써 의미를 함축할
수 있다.

02 다음 대화에서 B의 발화에 함축된 의미를 설명하고, 이런 의미가
나타난 이유를 서술하시오.

A : 너 지금 어디 가?
B : 그냥 밖에.

03 다음 내용에서 괄호 안에 들어갈 적절한 용어를 순서대로 쓰시오.

> 함축이 표현되는 방식을 두 가지로 나누어 볼 수 있다. 대화의 맥락에 의해 발생하는 함축을 (㉠) 함축, 대화 맥락과 관련 없이 특정 표현의 의미에 의해 발생하는 함축을 (㉡) 함축이라 한다.

03 **정답**
㉠ 대화
㉡ 고정

제4장   화행

01 담화 상황 속에서 실제로 실행되는 언어 행위를 화행이라 한다.

01 다음 중 담화 상황 속에서 실제로 실행되는 언어 행위를 의미하는 것은?

① 발화
② 화행
③ 함축
④ 직시

02 진술문은 참, 거짓을 가릴 수 있는 문장이고, 수행문은 진술문과 달리 행위를 위한 문장이다. 이를 최초로 구분한 학자는 오스틴이다.

02 다음 중 진술문과 수행문을 최초로 구분한 학자는?

① 오스틴
② 설
③ 촘스키
④ 프레게

03 언어행위는 언표행위, 언표수반행위, 언표효과행위라는 세 가지 행위가 동시에 이루어지는 것으로 본다.

03 다음 중 화행의 세 가지 요소가 아닌 것은?

① 언표행위
② 언표수반행위
③ 언표효과행위
④ 언표외부행위

정답 (01 ②   02 ①   03 ④)

04 다음 중 화행의 요소와 그 설명이 옳게 짝지어진 것을 모두 고른 것은?

> ㉠ 언표행위 – 문장을 만들고 발화하는 행위
> ㉡ 언표수반행위 – 발화 행위에 같이 따르는 화자가 의도한 행위
> ㉢ 언표효과행위 – 발화로 인해 일어나는 청자의 반응 행위

① ㉠
② ㉡, ㉢
③ ㉠, ㉢
④ ㉠, ㉡, ㉢

05 다음 중 적정조건에 해당하지 <u>않는</u> 것은?

① 명제내용조건
② 정직조건
③ 성실조건
④ 예비조건

06 다음 중 적정조건과 설명이 옳게 짝지어진 것을 모두 고른 것은?

> ㉠ 명제내용조건 – 화행의 명제내용이 명시되어야 한다는 조건
> ㉡ 예비조건 – 화행 수행 중 화자와 청자에게 요구되는 조건
> ㉢ 성실조건 – 화행의 성공적 수행을 위해 청자에게 요구되는 조건
> ㉣ 본질조건 – 화행의 성공적 수행을 위해 화자와 청자에게 요구되는 조건

① ㉡, ㉣
② ㉠, ㉢
③ ㉠, ㉣
④ ㉠, ㉢, ㉣

04 '거기 물 좀 줄래요?'라는 문장을 발화한다고 할 때, 이 문장을 만들고 발화하는 행위를 언표행위, 문장을 말함으로써 화자가 의도한 행위(물을 건네줄 것을 요구함)를 언표수반행위, 이 발화로 인해 일어나는 청자의 반응 행위(청자가 물을 건네줌)를 언표효과행위라고 한다.

05 적정조건에는 명제내용조건, 예비조건, 성실조건, 본질조건이 있다.

06 ㉡ 예비조건은 화행 수행 전 요구되는 조건이다.
㉢ 성실조건은 화행의 성공적 수행을 위해 화자에게 요구되는 조건이다.

정답 04 ④ 05 ② 06 ③

07 ① 예비조건에 대한 설명이다.
② 성실조건에 대한 설명이다.
③ 본질조건에 대한 설명이다.

07 다음 중 명제내용조건에 해당하는 설명은?

① 화행 수행 전 화자와 청자가 발화에 합당한 조건을 갖추고 있어야 한다는 것이다.
② 화자의 의도가 진실해야 한다는 것이다.
③ 화행을 통해 화자나 청자에게 기대할 수 있는 반응을 예측할 수 있다는 것이다.
④ 문장으로서 성립하지 않거나 이해가 불가능한 외국어 문장은 명제내용조건을 어기는 것이다.

08 해당 적정조건이 나타내는 화행은 요청에 해당한다.

08 다음 적정조건이 나타내는 화행으로 옳은 것은?

명제내용조건	S가 H가 미래에 행할 A를 서술한다.
예비조건 1	H는 A를 할 수 있다.
예비조건 2	H가 자발적으로 할지 S에게 분명하지 않다.
성실조건	S는 H가 A를 하기를 원한다.
본질조건	H가 A를 하도록 하는 S의 시도로 간주된다.

① 요청
② 선언
③ 언약
④ 질문

정답 (07 ④ 08 ①)

09 다음 적정조건이 나타내는 화행으로 옳은 것은?

명제내용조건	묻고자 하는 명제를 의미한다.
예비조건 1	S는 질문의 답을 모른다.
예비조건 2	질문할 당시에 H가 정보를 제공할지가 S와 H에게 분명하지 않다.
성실조건	S는 이 정보를 원한다.
본질조건	H에게 이 정보를 얻어 내려는 시도로 간주된다.

① 요청
② 선언
③ 언약
④ 질문

09 해당 적정조건이 나타내는 화행은 질문에 해당한다.

10 다음 중 설(Searle)이 분류한 다섯 가지 언어 행위 유형이 <u>아닌</u> 것은?

① 단언행위
② 명령행위
③ 질문행위
④ 정표행위

10 설이 분류한 다섯 가지 언어 행위 유형은 단언행위, 명령행위, 언약행위, 정표행위, 선언행위이다.

정답 09 ④ 10 ③

주관식 문제

01 진술문과 수행문에 대해 예를 들어 서술하시오.

01 정답
오스틴이 진술문과 수행문을 최초로 구분하였다. 진술문은 '그는 꼭 성공해서 데리러 오겠다고 내게 약속했다.'와 같이 참, 거짓을 가릴 수 있는 문장이고, 수행문은 참, 거짓을 가릴 수 없는 문장을 말한다. '이 두 사람이 부부가 된 것을 엄숙히 선언합니다.'와 같은 문장은 선언의 행위를 하는 수행문이다.

02 진술문 또한 수행문이 될 수 있다. 다음 진술문이 어떤 행위를 수반하는지 서술하시오.

> 솔직히 나는 너를 좋아한다.

02 정답
나는 너를 좋아한다고 솔직하게 말하는 행위를 수반한다고 볼 수 있다.

03 다음 내용에서 괄호 안에 들어갈 적절한 문장을 쓰시오.

예 창문 좀 열어줄래요?	
언표행위	"창문 좀 열어줄래요?"
언표수반행위	창문을 열어 줄 것을 요구함
언표효과행위	( )

03 정답
이 말을 들은 청자가 창문을 엶

04 간접 화행에 대해 예를 들어 서술하시오.

04 **정답**

간접 화행은 언표수반행위와 문장 유형이 일치하지 않는 화행을 이른다. '문 좀 닫아 줄 수 있어요?'라는 문장의 유형은 의문문이지만, 실제로는 질문이 아닌 요청을 수행하고 있다.

SD에듀와 함께, 합격을 향해 떠나는 여행

부록

최종모의고사

홀륭한 가정만한 학교가 없고, 덕이 있는 부모만한 스승은 없다.

– 마하트마 간디 –

제한시간: 50분 | 시작 ___시 ___분 – 종료 ___시 ___분

🠒 정답 및 해설 281p

01 다음 설명에 해당하는 이론은?

> 의미란 실제 세계의 지시물을 뜻한다.

① 지시설
② 개념설
③ 행동설
④ 용법설

02 다음 예문에 해당하는 의미 유형으로 옳은 것은?

> (가) 그는 가난하지만 행복하다.
> (나) 그는 행복하지만 가난하다.
> 🠒 (가)는 그가 가난한 것보다는 '행복하다'는 사실에, (나)는 그가 행복하다는 것보다는 '가난하다'는 사실을 강조하고 있다.

① 문체적 의미
② 감정적 의미
③ 주제적 의미
④ 개념적 의미

03 다음은 의미론 연구 흐름을 순서대로 나열한 것이다. 괄호 안에 들어갈 말로 알맞은 것은?

> 사적의미론–(   )–변형생성의미론–화용론

① 형식의미론
② 구조의미론
③ 인지의미론
④ 문법론

04 다음 중 언어 의미에 대한 설명으로 옳지 <u>않은</u> 것은?

① 언어의 의미는 상황과 문맥 속에서 다양하게 나타난다.
② 리치는 의미 유형을 개념적 의미, 연상 의미, 주제적 의미로 나누었다.
③ 개념설에서 개념은 다양한 관념 속에서 공통된 요소를 종합하여 얻은 하나의 보편적인 관념을 말한다.
④ 사적의미론은 트리어가 장 이론을 창시하면서 활발하게 진행되었다.

05 다음 중 대표적인 언어 상대성 가설에 해당하는 것은?

① 사피어–워프 가설
② 프레게 가설
③ 포르지히 가설
④ 소쉬르 가설

06 다음 중 성분 분석의 효용성에 해당하지 <u>않는</u> 것은?

① 단어의 의미관계 검증
② 문장의 속성 검증
③ 선택 제약 검증
④ 이분법적 사고

07 다음 예문에 해당하는 동의어 분석법은?

> • {태양/해}이/가 뜬다.
> • {태양/해}이/가 눈부시다.
> • {태양/해}은/는 아주 뜨거워서, 가까이 갈 수 없다.

① 대치검사
② 나열법
③ 반의어 사용법
④ 직렬

08 다음 중 등급 반의어에 대한 설명으로 옳지 <u>않은</u> 것은?

① 상보 반의어와 달리, 한쪽을 부정해도 다른 쪽을 긍정하지 않는다.
② 동시에 긍정하는 것, 부정하는 것이 모두 가능하다.
③ 정도부사의 수식이 가능하고, 비교 표현에도 사용될 수 있다.
④ 등급 반의어는 두 단어 중에 더 기본으로 인식되는 것이 있다.

09 다음 중 상하의관계의 특징으로 옳은 것만 고른 것은?

> ㉠ 이행성
> ㉡ 일방적 함의관계
> ㉢ 상호함의관계
> ㉣ 직시

① ㉠
② ㉡
③ ㉠, ㉡
④ ㉠, ㉡, ㉣

10 다음 중 부분-전체관계를 검증할 수 있는 문장은?

① A가 참이면 B도 반드시 참이다.

② A는 B를 함의한다.

③ B는 A를 가지고 있다.

④ A와 B는 하나의 의미를 가진다.

11 다음 유형에 해당하는 동음어의 종류는?

> • 말(言):-말(馬)-말(斗)
> • 눈(雪):-눈(眼)

① 동철자 동음이의어

② 이철자 동음이의어

③ 동철자 이음이의어

④ 이철자 이음이의어

12 다음 중 의미 변화와 관련하여 옳게 설명한 것의 개수는?

> ㉠ 아이들은 어른의 말을 유추하며 언어를 배우는데, 그 과정에서 잘못된 의미 유추를 하기도 한다.
> ㉡ 다의어가 의미 변화의 원동력이 되기도 한다.
> ㉢ 언어 의미의 보수성이란 단어가 서로 관련을 가지는 것을 의미한다.
> ㉣ 중의적으로 해석되는 문장과 문맥 상황에 의해 의미 변화가 일어나기도 한다.

① 0개

② 2개

③ 3개

④ 4개

13 다음 중 단어와 관련된 의미 변화 유형은?

① 은유
② 전염
③ 민간 어원
④ 생략

14 다음 중 언어의 변화 속도가 실제 세계의 변화 속도에 뒤처지는 것을 이르는 말은?

① 언어의 개신성
② 언어의 보수성
③ 언어의 진행성
④ 언어의 고정성

15 다음 중 '광대'의 의미 변화에 해당하는 것은?

① 의미 확대
② 의미 축소
③ 개량적 변화
④ 경멸적 변화

16 함의와 전제에 대한 설명으로 옳지 <u>않은</u> 것은?

① 어떤 문장 p가 참일 때 문장 q도 반드시 참이면, 'p는 q를 함의한다'고 한다.
② 전제의 경우 q는 p로 인해 새롭게 생겨나는 정보이다.
③ p가 q를 전제할 때 함의와 달리 전제는 q가 p를 발화하기 위한 배경적 지식으로 작용한다.
④ 함의와 달리 전제의 경우 p가 거짓이어도 q는 그대로 참이다.

17 다음 예문에 해당하는 동의문 유형으로 옳은 것은?

> (가) 그는 민지가 예쁘다고 생각한다.
> (나) 그는 민지를 예쁘다고 생각한다.

① 능동과 피동에 의한 동의문
② 단형과 장형에 의한 동의문
③ 어순 변화에 의한 동의문
④ 문장 성분의 계층 이동에 의한 동의문

18 다음 중 어휘적 중의문에 해당하는 것은?

① 찬란한 슬픔의 봄
② 나는 너보다 게임을 더 좋아한다.
③ 차를 준비했다.
④ 모든 남학생이 한 여학생을 좋아했다.

19 다음 예문에 해당하는 잉여정보 유형으로 옳은 것은?

> (가) 나도 또한 동의한다.
> (나) 매 시간마다 알람이 울린다.

① 문장 중복 사용
② 어휘적 잉여정보
③ 어휘 요소와 문법 요소의 중복
④ 수식어와 피수식어의 중복

20 다음 중 문장의 속성과 그 설명이 <u>잘못</u> 짝지어진 것은?

① 항진성 – 어떤 문장이 항상 참이 되는 것
② 모순성 – 어떤 문장이 항상 거짓이 되는 것
③ 변칙성 – 문장의 문법 규칙이 어긋난 것
④ 중의성 – 한 문장이 두 가지 이상의 의미를 나타내는 것

21 다음 중 화용론과 관련 <u>없는</u> 개념은?

① 맥락
② 발화
③ 파롤
④ 음운

22 다음 중 수행문에 해당하는 것을 모두 옳게 고른 것은?

> ㉠ 민수는 스물여덟 살이다.
> ㉡ 그는 꼭 성공해서 데리러 오겠다고 내게 약속했다.
> ㉢ 이 두 사람이 부부가 된 것을 엄숙히 선언합니다.
> ㉣ 거기 물 좀 건네주길 바라네.

① ㉠, ㉡
② ㉢, ㉣
③ ㉠, ㉡, ㉢
④ ㉡, ㉢, ㉣

23 다음 중 대화 격률과 그 설명이 옳게 짝지어진 것을 모두 고른 것은?

> ㉠ 질의 격률 – 충분한 증거가 없는 것을 말하지 말라.
> ㉡ 양의 격률 – 간결하게 하라.
> ㉢ 관계의 격률 – 관련된 발화를 하라.
> ㉣ 방식의 격률 – 표현의 애매성을 피하라.

① ㉠, ㉡
② ㉠, ㉡, ㉣
③ ㉠, ㉢, ㉣
④ ㉠, ㉡, ㉢, ㉣

24 다음 중 오스틴 이후 성공적인 의사소통의 네 가지 적정조건을 설정한 학자는?

① 설
② 프레게
③ 브레알
④ 촘스키

[주관식] [문제]

01 의미장의 빈자리의 의미를 예를 들어 서술하시오.

02 다음 예를 참고하여 괄호 안에 들어갈 적절한 용어를 순서대로 쓰시오.

> (가) a. 이 이야기는 참이다.
>   b. 이 이야기는 거짓이 아니다.
> (나) a. 과일 가게는 생선 가게 왼쪽에 있다.
>   b. 생선 가게는 과일 가게 오른쪽에 있다.

⬇

> (가)는 (㉠)을/를 사용한 동의문의 예이고, (나)는 (㉡)을/를 사용한 동의문의 예이다.

03 다음 내용에서 괄호 안에 들어갈 알맞은 숫자를 순서대로 쓰시오.

> '5명의 독서 모임 학생이 매주 10권의 책을 읽는다.'라는 문장은 매주 최소 (㉠)권에서 최대 (㉡) 권의 다른 책이 독서 모임 학생들에게 읽히는 것으로 해석할 수 있다.

04 p가 q를 전제할 때, q가 거짓인 경우 p의 진리치에 대해 예를 들어 설명하시오.

제한시간: 50분 | 시작 ___시 ___분 – 종료 ___시 ___분

⇨ 정답 및 해설 284p

01 다음 중 조사의 의미를 설명하는 데 유리한 이론은?

① 용법설
② 행동설
③ 진리조건설
④ 개념설

02 괄호 안에 들어갈 적절한 용어를 순서대로 알맞게 짝지은 것은?

> 언어의 의미는 상황과 문맥 속에서 다양하게 나타난다. 리치(G. Leech)는 의미 유형을 (㉠) 의미,
> 연상 의미, 주제적 의미로 나누고, 연상 의미를 내포적·문체적·감정적·반사적·배열적 의미의 다섯
> 가지 의미로 다시 나누었다.
> 그중 (㉡)는 개인의 경험, 느낌, 정서 등을 바탕으로 나타나는 의미이다. '고양이'에 대한 (㉡)의
> 예로는 '귀엽다, 도도하다, 부드럽다'와 같은 것이 있다.

	㉠	㉡
①	상황	문체적 의미
②	상황	반사적 의미
③	개념적	문체적 의미
④	개념적	내포적 의미

03 다음 중 변형생성의미론 이후에 나타난 연구 분야가 <u>아닌</u> 것은?

① 구조의미론
② 인지의미론
③ 화용론
④ 형식의미론

04 다음 설명과 관련 있는 의미 연구 분야로 옳은 것은?

> 사적의미론의 통시적 연구에서 벗어나 공시적 연구가 시작되었다.

① 사적의미론
② 인지의미론
③ 구조의미론
④ 형식의미론

05 다음 괄호 안에 공통으로 들어갈 용어로 옳은 것은?

> 언어 사용자들이 발화할 때, 수만 개의 단어에서 순식간에 적절한 단어를 찾아 조합한다. 이는 (   )을 통해 설명할 수 있다. (   )이란, 의미상으로 밀접한 관계를 가지는 말들이 하나의 집합을 이루고 있다고 보는 이론이다.

① 장 이론
② 단어 이론
③ 형태소 이론
④ 문장 이론

06 다음 중 성분 분석에 대해 옳게 설명한 것의 개수는?

> ㉠ 의미론에서는 단어를 의미 분석의 가장 작은 단위로 본다.
> ㉡ 의미 성분은 대괄호([ ]) 안에 넣어서 표현한다.
> ㉢ '할머니'는 [+사람], [+늙음], [+여자]와 같이 성분 분석할 수 있다.
> ㉣ 의미 구역은 특정 의미 성분을 공유하는 단어들의 집합이다.

① 1개
② 2개
③ 3개
④ 4개

07 다음 중 동의어 분석법에 해당하는 것을 모두 옳게 고른 것은?

> ㉠ 대치검사
> ㉡ 동음어 사용법
> ㉢ 나열법

① ㉠
② ㉠, ㉡
③ ㉠, ㉢
④ ㉠, ㉡, ㉢

08 다음 중 서로 대립하는 의미를 가진 두 단어관계를 의미하는 것은?

① 동음관계
② 동의관계
③ 다의관계
④ 반의관계

09 다음 중 공하의어에 해당하는 것을 옳게 고른 것은?

① 고양이, 개, 말, 소
② 식물, 나무, 소나무
③ 집, 방, 창문, 창틀
④ 다리, 발, 발가락, 발톱

10 다음 단어들 중 계층구조에서 가장 하위에 위치하는 단어는?

① 생물
② 인간
③ 동물
④ 식물

11 다음 유형에 해당하는 동음어의 종류는?

> • 비(雨)−비(彗, 빗자루)
> • 쓰다(用)−쓰다(書)
> • 빨다(손가락을)−빨다(빨래를)

① 동철자 동음이의어
② 이철자 동음이의어
③ 동철자 이음이의어
④ 이철자 이음이의어

12 다음 중 단어가 서로 관련을 가지는 것을 의미하는 용어는?

① 유연성
② 지속성
③ 관계성
④ 통합성

13 다음 설명이 의미하는 의미 변화의 기본 조건은?

> 중세 국어에서 '어리다'는 '어리석다(愚)'의 뜻으로 쓰이다가 근대 국어 시기에 '어리석다(愚)', '어리다(幼)'
> 의 뜻을 모두 가지게 되었다. 그 후 현대 국어에서 '어리다'는 결국 '어리석다(愚)'의 의미를 잃고 '어리다
> (幼)'의 뜻만 가지게 되었다.

① 언어 전수 과정에서 나타나는 비지속성
② 사물의 종합성과 의미의 불명료성
③ 의미의 본성적 다의성
④ 중의적으로 해석되는 문장과 문맥 상황

14 다음 중 의미 변화의 역사적 원인에 해당하지 <u>않는</u> 것은?

① 민간 어원

② 지시물의 변화

③ 지시물에 대한 지식 변화

④ 지시물에 대한 태도 변화

15 다음 중 의미 전이를 겪은 단어는?

① 광대

② 어리다

③ 귀하

④ 호랑이

16 다음 제시문과 관련된 의미 변화의 결과는?

> '화장실'은 한자를 보면 화장을 하기 위한 설비를 갖추어 놓은 방을 의미한다. 그러나 '화장실'이 '변소'의 완곡어로 쓰이게 되면서 의미 변화가 부정적인 방향으로 일어났다.

① 의미 확대

② 의미 축소

③ 개량적 변화

④ 경멸적 변화

17 다음 중 '해가 떴다.'의 동의문에 해당하는 것은?

① 태양이 떴다.

② 해가 진다.

③ 해가 뜬다.

④ 태양이 진다.

18 다음 문장에서 초점에 해당하는 것은?

> 어제 경희는 철호와 떡볶이를 먹었다.

① 어제
② 경희
③ 철호
④ 떡볶이

19 다음 예문에 해당하는 초점 실현 방식으로 옳은 것은?

> (가) 다혜만 사과를 먹는다.
> (나) 다혜는 사과만을 먹는다.
> (다) 다혜는 사과를 먹기만 한다.

① 음운적 강세
② 보조사
③ 목적격 조사
④ 분열문

20 다음 중 함의를 생성하는 요인이 <u>아닌</u> 것은?

① 상하의관계
② 성취동사
③ 음운적 강세
④ 보조사

21 다음 예문에 해당하는 화용론의 연구 영역으로 옳은 것은?

> 혜수는 키가 170이야.
> [의미 1] 여자 중에선 큰 편이야.
> [의미 2] 모델을 하기엔 키가 작아.

① 화자 의미
② 맥락 의미
③ 암시 의미
④ 상대적 거리

22 다음 중 지시의 삼원 체계에 해당하지 <u>않는</u> 것은?

① 이
② 그
③ 저
④ 너

23 다음 설명 중에서 옳지 <u>않은</u> 것은?

① '모든, 대부분, 많은, 약간의'와 같은 표현이 척도 표현의 예이다.
② 척도 표현에 의해 실현되는 척도 함축은 특수 대화 함축의 대표적인 예이다.
③ 일반 대화 함축은 취소가 가능하다.
④ 특수 대화 함축은 구체적 대화 상황에서 개별적으로 추론 가능한 함축이다.

24 다음 중 적정조건과 그 설명이 <u>잘못</u> 짝지어진 것은?

① 명제내용조건 – 화행의 명제내용이 명시되어야 한다는 조건
② 예비조건 – 화행 수행 전, 화자와 청자에게 요구되는 조건
③ 성실조건 – 화행의 성공적 수행을 위해 화자에게 요구되는 조건
④ 본질조건 – 화행의 성공적 수행을 위해 청자에게 요구되는 조건

주관식 문제

01 동음어와 다의어를 비교하여 서술하시오.

02 초점의 두 가지 역할에 대해 서술하시오.

03 다음 내용에서 괄호 안에 들어갈 적절한 용어를 쓰시오.

> 문장은 인간의 머릿속에만 존재하는 추상적인 언어 형식이다. 이것이 실제 세계에서 표현되어야 비로소
> (   )이/가 되는 것이다.

04 다음 문장의 함축 의미를 파악하고, 이에 해당하는 대화 함축의 특징에 대해 서술하시오.

> A : 오늘 들은 연주 어땠어?
> B : 마치 기계 같았어.

제1회 정답 및 해설 ㅣ 국어의미론

01	02	03	04	05	06	07	08	09	10	11	12
①	③	②	④	①	④	①	②	③	③	③	③
13	14	15	16	17	18	19	20	21	22	23	24
④	②	③	②	④	③	③	③	④	②	③	①

	주관식 정답
01	의미 체계상 존재 가능한 의미가 실제 의미장 내에서 공란으로 나타나는 부분을 말한다. 어휘 공백이라고도 한다. '그제-어제-오늘-(내일)-모래'에서 '내일'에 해당하는 고유어가 없었기에 내일(來日)이라는 한자어를 빌려와 공백을 채웠다.
02	㉠ 상보 반의어 ㉡ 방향 반의어
03	㉠ 10 ㉡ 50
04	'p : 규호의 누나는 대학생이다.', 'q : 규호는 누나가 있다.'는 전제관계에 있는 문장이다. 만일 q가 거짓이 되면 규호는 누나가 없는데, '규호의 누나는 대학생이다'라는 문장은 참이 될 수 없고, 거짓이 될 수도 없으므로 판단 불가라고 보는 것이 타당하다.

01 정답 ①

지시설에서 의미란 실제 지시물을 뜻한다. 예를 들어 고유명사 '김영희'의 의미는 김영희라는 실제 사람을 뜻하고, 보통명사 '학교'의 의미는 실제 세계 속 모든 학교의 집합을 의미한다.

02 정답 ③

어순에 따라 강조하는 내용이 달라진다. 이처럼 단어가 배열된 순서에 의해 얻게 되는 의미를 주제적 의미라 하고, 화자가 의도하는 바에 따라 전달 내용을 조직할 수 있으므로 의도 의미라고도 한다.

03 정답 ②

의미론 연구는 '사적의미론 → 구조의미론 → 변형 생성의미론 → 형식의미론 → 화용론 → 인지의미론'의 순으로 전개되었다.

04 정답 ④

사적의미론은 어휘의 역사적 변화를 연구한 것이다. 트리어는 장 이론을 창시한 구조의미론의 대표적 언어학자이다.

05 정답 ①

언어의 구조·질서·규칙이 세계를 바라보는 방식에도 영향을 미친다고 보는 것이 사피어-워프 가설이다.

06 정답 ④

성분 분석을 통해 단어의 의미관계 파악, 문장의 속성 파악, 선택 제약 검증을 행할 수 있다.

07 정답 ①

특정 문맥에서 두 단어가 교체 가능한지 알아보는 대치검사 분석법이다.

최종모의고사 제1회 정답 및 해설 **281**

08 정답 ②

등급 반의어는 동시에 긍정하는 것은 불가능하다.

09 정답 ③

상하의관계의 특징에는 이행성과 일방적 함의관계가 있다.

10 정답 ③

'A는 B의 부분이다' 또는 'B는 A를 가지고 있다'와 같은 문장으로 부분–전체관계를 확인할 수 있다.

11 정답 ③

철자나 음소가 같지만 소리의 높이, 길이, 세기 등의 운소가 다른 동철자 이음이의어이다.

12 정답 ③

㉠ 옳은 설명이다. 이와 같은 언어 전수 과정에서 나타나는 비지속성이 의미 변화의 원인이 된다.
㉡ 옳은 설명이다. '어리다'가 근대 국어에서 '어리석다(愚)', '어리다(幼)'의 뜻을 모두 가지다가 현대 국어에서 '어리석다(愚)'의 의미를 잃고 '어리다(幼)'의 뜻만 가지게 된 예가 있다.
㉢ 옳지 않은 설명이다. 단어가 서로 관련을 가지는 것은 언어 의미의 유연성이라 한다.
㉣ 옳은 설명이다. 이와 같은 예로 'count one's beads'의 'bead'가 '기도', '묵주'의 두 가지 의미를 가지게 된 경우가 있다.
㉠, ㉡, ㉣이 옳으므로 옳은 것의 개수는 3개이다.

13 정답 ④

① 의미 변화 유형에 해당하지 않는다.
② 문장과 관련된다.
③ 음운과 관련된다.

14 정답 ②

언어의 변화 속도가 실제 세계의 변화 속도에 뒤처지는 것을 언어의 보수성이라 한다.

15 정답 ③

'광대'는 과거에 부정적인 의미를 가지는 말이었으나, 현재에는 타고난 재능을 이를 때 쓰는 등 단어가 가리키는 의미가 원래의 의미보다 긍정적으로 변하는 개량적 변화를 겪었다.

16 정답 ②

함의의 경우 q는 p로 인해 새롭게 생겨나는 정보이고, 전제의 경우 q는 p를 발화하기 위한 배경적 지식으로 작용한다.

17 정답 ④

안긴문장 '민지가 예쁘다'의 주어 '민지'가 안은문장(상위문)의 목적어로 이동하면서 만들어지는 동의문이다. 즉, 문장 성분의 계층 이동에 의한 동의문이다.

18 정답 ③

'사람이나 짐을 실어 옮기는 기관'을 의미하는 '차'와 '차나무의 어린잎을 달이거나 우린 물'을 의미하는 '차'로, 동음어에 의한 중의문이다.
① '찬란한'이 '슬픔'을 수식하는 것인지, '봄'을 수식하는 것인지에 따라 의미가 다른 수식 범위에 의한 중의문이다.
② 비교를 나타내는 조사 '보다'의 범위에 따라 다른 의미로 해석될 수 있는 비교 범위에 의한 중의문이다.
④ 양화사 '모든'이 '남학생'에 작용하는지 또는 문장 전체에 작용하는지에 따라 의미가 달라지는 양화사 범위에 의한 중의문이다.

19 정답 ③

(가)에서는 보조사 '도'와 부사 '또한'이, (나)에서는 관형사 '매'와 보조사 '마다'가 의미가 중복된다.

20 정답 ③

변칙성은 적절한 단어를 선택하지 않아 문장의 의미가 자연스럽지 않은 것을 이른다.

21 정답 ④

화용론은 음운론, 문법론, 의미론과 달리 언어 표현을 둘러싼 화자, 청자, 시·공간적 배경, 맥락과 같은 외부 환경과 함께 발화 의미를 연구한다. 화용론에서 머릿속에서 떠올린 문장을 실제로 표현한 것을 발화라 하는데, 우리가 실제 사용하는 발화를 '파롤(parole)'이라고도 한다. 화용론은 이러한 발화, 파롤을 연구한다.

22 정답 ②

수행문은 진술문과 달리 행위를 위한 문장이다. ⓒ은 선언, ⓔ은 요청의 행위를 수행한다.

23 정답 ③

ⓒ의 '간결하게 하라.'는 방식의 격률에 대한 설명이다.

24 정답 ①

설은 성공적인 의사소통을 위해 지켜져야 할 조건을 '명제내용조건, 예비조건, 성실조건, 본질조건'의 네 가지로 설정하였다.

주관식 해설

01 정답

의미 체계상 존재 가능한 의미가 실제 의미장 내에서 공란으로 나타나는 부분을 말한다. 어휘 공백이라고도 한다. '그제-어제-오늘-(내일)-모래'에서 '내일'에 해당하는 고유어가 없었기에 내일(來日)이라는 한자어를 빌려와 공백을 채웠다.

02 정답

㉠ 상보 반의어
㉡ 방향 반의어

03 정답

㉠ 10
㉡ 50

04 정답

'p : 규호의 누나는 대학생이다.', 'q : 규호는 누나가 있다.'는 전제관계에 있는 문장이다. 만일 q가 거짓이 되면 규호는 누나가 없는데, '규호의 누나는 대학생이다'라는 문장은 참이 될 수 없고, 거짓이 될 수도 없으므로 판단 불가라고 보는 것이 타당하다.

01	02	03	04	05	06	07	08	09	10	11	12
①	④	①	③	①	③	③	④	①	②	①	①
13	14	15	16	17	18	19	20	21	22	23	24
③	①	②	④	①	④	②	③	②	④	②	④

주관식 정답	
01	동음어와 다의어는 형식과 의미의 일대다 대응관계라는 공통점이 있다. 그러나 동음어는 다의어와 달리 의미 간의 연관성이 결여되어 있다. 다의어가 한 형식에 연결된 의미들이 서로 연관성을 가지는 것과는 구별된다. 동음어와 다의어의 차이는 특히 사전 기술 방식에서 뚜렷이 차이가 나는데 동음어는 각각의 항목을 별개로 구분해 두지만, 다의어는 하나의 항목 안에 연관된 의미를 기술해 놓았다는 것에 차이점이 있다.
02	첫째로, 초점 분열문을 만들어 문장의 중의성을 해결할 수 있다. 둘째로, 초점을 이용해 문답쌍의 의미를 정확히 할 수 있다.
03	발화
04	B의 발화는 기계처럼 정확하고 놀라운 연주였다는 긍정적 의미를 함축할 수도 있지만, 기계처럼 감정이 없는 연주였다는 부정적 의미를 함축할 수도 있다. 대화 함축은 대화 맥락에 의해 발생하므로, 맥락에 따라 의미가 달라질 수 있다는 비확정성을 가진다.

01 정답 ①

용법설은 맥락 속에서 어휘의 의미를 파악하므로 다른 이론에서 설명하기 어려웠던 조사의 의미를 설명하는 것도 가능하다.

02 정답 ④

리치는 의미 유형을 개념적 의미, 연상 의미, 주제적 의미로 나누었다. 개인의 경험·느낌·정서 등을 바탕으로 나타나는 의미는 내포적 의미이다.

03 정답 ①

구조의미론은 변형생성의미론 이전의 연구 분야이다.

04 정답 ③

구조의미론은 언어는 체계를 이루고, 유기적으로 연결되어 있다고 보았다. 이러한 구조의미론을 통해 사적의미론의 통시적 연구에서 벗어난 공시적 연구가 시작되었다.

05 정답 ①

장 이론이란, 의미상으로 밀접한 관계를 가지는 말들이 하나의 집합을 이루고 있다고 보는 이론이다.

06 정답 ③

㉠, ㉡, ㉢은 옳은 설명이다.
㉣ 특정 의미 성분을 공유하는 단어들의 집합은 의미 영역이라 한다.

07 정답 ③

동의어 분석법에는 대치검사, 반의어 사용법, 나열법이 있다.

08 정답 ④

서로 대립하는 의미를 가진 두 단어관계를 반의관계라 이른다.

09 정답 ①

공하의어는 계층구조에서 같은 위치에 있는 단어들로, '고양이, 개, 말, 소'는 '동물'의 공하의어에 해당한다.
② '나무'는 '식물'의 하의어이자, '소나무'의 상의어로, 상하의관계에 해당한다.
③ '방, 창문, 창틀'은 '집'의 부분어로, 부분–전체관계에 해당한다.
④ '발, 발가락, 발톱'은 '다리'의 부분어로, 부분–전체관계에 해당한다.

10 정답 ②

문제의 단어들은 '생물–동물/식물–인간'의 상하의관계를 형성한다. 이 중 인간이 상대적으로 가장 하의어이다.

11 정답 ①

소리와 철자가 모두 동일한 동철자 동음이의어이다.

12 정답 ①

언어 의미의 유연성이란 단어가 서로 관련을 가지는 것을 의미한다. 한 단어에서 다른 단어가 파생되면 두 단어는 유연성을 가진다고 말한다.

13 정답 ③

다의어가 의미 변화를 이끄는 원동력이 될 수 있다. '어리다'는 근대 국어 시기에 다의어였고, 이로 인해 의미 변화를 겪게 되었다.

14 정답 ①

언어 변화의 역사적 원인으로는 지시물 본성의 변화, 지시물에 대한 지식의 변화, 지시물에 대한 태도의 변화 등이 있다. 민간 어원은 의미 변화의 언어적 원인에 해당한다.

15 정답 ②

'어리다'는 원래 어리석다는 의미였으나 이제는 나이가 어리다는 뜻으로 쓰이고 있다.

16 정답 ④

의미 변화로 인해 단어가 가리키는 의미가 원래의 의미보다 부정적으로 변하거나, 긍정적이었던 의미가 중립적으로 바뀌는 것을 경멸적 변화라고 한다. '화장실'은 '화장을 하기 위한 설비를 갖추어 놓은 방'이란 의미에서 '변소'로, 부정적인 방향으로 의미 변화가 일어났다.

17 정답 ①

동의문은 의미가 동일한 두 문장을 의미한다.
③ '뜬다'는 해가 뜨고 있는 진행 상황을, '떴다'는 해가 완전히 뜬 완료 상황을 나타낸다.

18 정답 ④

'떡볶이'에 목적격 조사 '를'이 붙어 있으며, 동사와 가까이 있으므로 '떡볶이'가 초점이 된다.

19 정답 ②

초점을 나타낼 수 있는 조사에 보조사 '만'이 있다. (가)~(다)에서 보조사 '만'이 붙은 '다혜', '사과', '먹다'가 문장의 초점이 된다.

20 정답 ③

함의를 생성하는 요인에는 상하의관계, 동의관계와 같은 어휘관계, 성취동사, 보조사, 연접과 이접, 능동문과 피동문이 있다.

21 정답 ②

'혜수는 키가 170이야.'라는 문장은 학급 여학생들의 키에 대해서 얘기하고 있는 상황에서는 혜수가 크다는 의미가 되지만, 혜수의 장래희망이 모델이라는 얘기를 하고 있는 상황에서는 키가 작다는 의미가 된다. 이처럼 맥락에서 알 수 있는 의미를 맥락 의미라 한다.

22 정답 ④

지시의 삼원 체계는 '화자와 가까운지, 청자와 가까운지, 화·청자 모두에게 가깝지 않은지'에 따라 '이, 그, 저' 세 종류의 지시어를 사용한다.

23 정답 ②

대화 함축은 대화의 맥락에 의해 발생하는 함축으로 '일반 대화 함축'과 '특수 대화 함축'으로 구분된다. 일반 대화 함축은 일반적 대화 상황에서 논리적으로 추론 가능한 함축으로 '모든, 대부분, 많은, 약간의', '항상, 종종, 가끔'과 같은 척도 표현에 의해 실현되는 척도 함축이 대표적인 예이다. 특수 대화 함축은 구체적 대화 상황에서 개별적으로 추론 가능한 함축으로 대화 맥락에 의존적이고, 예측이 불가능하다.

24 정답 ④

본질조건은 화행을 통해 화자나 청자에게 기대할 수 있는 반응을 예측할 수 있다는 것으로 화행의 성공적 수행을 위해 화자와 청자 모두에게 요구되는 조건이다.

주관식 해설

01 정답

동음어와 다의어는 형식과 의미의 일대다 대응관계라는 공통점이 있다. 그러나 동음어는 다의어와 달리 의미 간의 연관성이 결여되어 있다. 다의어가 한 형식에 연결된 의미들이 서로 연관성을 가지는 것과는 구별된다. 동음어와 다의어의 차이는 특히 사전 기술 방식에서 뚜렷이 차이가 나는데 동음어는 각각의 항목을 별개로 구분해 두지만, 다의어는 하나의 항목 안에 연관된 의미를 기술해 놓았다는 것에 차이점이 있다.

02 정답

첫째로, 초점 분열문을 만들어 문장의 중의성을 해결할 수 있다. 둘째로, 초점을 이용해 문답쌍의 의미를 정확히 할 수 있다.

03 정답

발화

04 정답

B의 발화는 기계처럼 정확하고 놀라운 연주였다는 긍정적 의미를 함축할 수도 있지만, 기계처럼 감정이 없는 연주였다는 부정적 의미를 함축할 수도 있다. 대화 함축은 대화 맥락에 의해 발생하므로, 맥락에 따라 의미가 달라질 수 있다는 비확정성을 가진다.

남도 전공심화과정인정시험 답안지(객관식)

컴퓨터용 사인펜만 사용

★ 수험생은 수험번호와 응시과목 코드번호를 표기(마킹)한 후 일치여부를 반드시 확인할 것.

전공분야

성명

수 험 번 호

3							
(1)	－		－		－		－

(2)
① ② ● ④

과목코드	응시과목

교시코드		
① ② ③ ④		

응시과목						
1	① ② ③ ④	14	① ② ③ ④			
2	① ② ③ ④	15	① ② ③ ④			
3	① ② ③ ④	16	① ② ③ ④			
4	① ② ③ ④	17	① ② ③ ④			
5	① ② ③ ④	18	① ② ③ ④			
6	① ② ③ ④	19	① ② ③ ④			
7	① ② ③ ④	20	① ② ③ ④			
8	① ② ③ ④	21	① ② ③ ④			
9	① ② ③ ④	22	① ② ③ ④			
10	① ② ③ ④	23	① ② ③ ④			
11	① ② ③ ④	24	① ② ③ ④			
12	① ② ③ ④					
13	① ② ③ ④					

답안지 작성시 유의사항

1. 답안지는 반드시 컴퓨터용 사인펜을 사용하여 다음 [보기]와 같이 표기할 것.
   [보기] 잘된 표기: ●   잘못된 표기: ⊘ ⊗ ⊙ ○ ◐
2. 수험번호 (1)에는 아라비아 숫자로 쓰고, (2)에는 "●"와 같이 표기할 것.
3. 과목코드는 뒷면 "과목코드번호"를 보고 해당과목의 코드번호를 찾아 표기하고,
   응시과목란에는 응시과목명을 한글로 기재할 것.
4. 교시코드는 문제지 전면 의 교시를 해당란에 "●"와 같이 표기할 것.
5. 한번 표기한 답은 긁거나 수정액 및 스티커 등 어떠한 방법으로도 고쳐서는
   아니되고, 고친 문항은 "0"점 처리함.

과목코드	응시과목					
	1	① ② ③ ④	14	① ② ③ ④		
	2	① ② ③ ④	15	① ② ③ ④		
	3	① ② ③ ④	16	① ② ③ ④		
	4	① ② ③ ④	17	① ② ③ ④		
	5	① ② ③ ④	18	① ② ③ ④		
	6	① ② ③ ④	19	① ② ③ ④		
	7	① ② ③ ④	20	① ② ③ ④		
	8	① ② ③ ④	21	① ② ③ ④		
	9	① ② ③ ④	22	① ② ③ ④		
	10	① ② ③ ④	23	① ② ③ ④		
	11	① ② ③ ④	24	① ② ③ ④		
	12	① ② ③ ④				
	13	① ② ③ ④				

[이 답안지는 마킹연습용 모의답안지입니다.]

※ 감독관 확인란
(인)

관 리 번 호
(연번)
(응시자수)

★ 수험생은 수험번호와 응시과목 코드번호를 코드번호란에 표기(마킹)한 후 일치여부를 반드시 확인할 것.

　년도 전공심화과정
인정시험 답안지(주관식)

전공분야

성　명

과목코드

① ② ③ ④ ⑤ ⑥ ⑦ ⑧ ⑨ ⓪	① ② ③ ④ ⑤ ⑥ ⑦ ⑧ ⑨ ⑩	① ② ③ ④ ⑤ ⑥ ⑦ ⑧ ⑨ ⑩	① ② ③ ④ ⑤ ⑥ ⑦ ⑧ ⑨ ⓪	① ② ③ ④ ⑤ ⑥ ⑦ ⑧ ⑨ ⓪

교시코드 ① ② ③ ④

수험번호

(1)		—				—				
(2)	① ② ③ ④ ⑤ ⑥ ⑦ ⑧ ⑨ ⓪	① ② ③ ④ ⑤ ⑥ ⑦ ⑧ ⑨ ⓪	① ② ③ ④ ⑤ ⑥ ⑦ ⑧ ⑨ ⓪	—	① ② ③ ④ ⑤ ⑥ ⑦ ⑧ ⑨ ⓪	—	① ② ③ ④ ⑤ ⑥ ⑦ ⑧ ⑨ ⓪	① ② ③ ④ ⑤ ⑥ ⑦ ⑧ ⑨ ⓪		

3
① ② ● ④

답안지 작성시 유의사항

1. ※란은 표기하지 말 것.
2. 수험번호 (2)란, 과목코드, 교시코드 표기는 반드시 컴퓨터용 싸인펜으로 표기할 것
3. 교시코드는 문제지 전면 의 교시를 해당란에 컴퓨터용 싸인펜으로 표기할 것.
4. 답란은 반드시 흑·청색 볼펜 또는 만년필을 사용할 것. (연필 또는 적색 필기구 사용불가)
5. 답안을 수정할 때에는 두줄(=)을 긋고 수정할 것.
6. 답란이 부족하면 해당답란에 "뒷면기재"라고 쓰고 뒷면 '추가답란'에 문제번호를 기재한 후 답안을 작성할 것.
7. 기타 유의사항은 객관식 답안지의 유의사항과 동일함.

※ 감독관 확인란
(인)

1차 확인·2차 확인 채점표

번호	※1차 점수	※1차 채점	※1차확인	응시과목	※2차확인	※2차 채점	※2차 점수
1	⓪①②③④⑤ ⑥⑦⑧⑨⑩						⓪①②③④⑤ ⑥⑦⑧⑨⑩
2	⓪①②③④⑤ ⑥⑦⑧⑨⑩						⓪①②③④⑤ ⑥⑦⑧⑨⑩
3	⓪①②③④⑤ ⑥⑦⑧⑨⑩						⓪①②③④⑤ ⑥⑦⑧⑨⑩
4	⓪①②③④⑤ ⑥⑦⑧⑨⑩						⓪①②③④⑤ ⑥⑦⑧⑨⑩
5	⓪①②③④⑤ ⑥⑦⑧⑨⑩						⓪①②③④⑤ ⑥⑦⑧⑨⑩

보드 전공심화과정인정시험 답안지(객관식)

★ 수험생은 수험번호와 응시과목 코드번호를 표기(마킹)한 후 일치여부를 반드시 확인할 것.

전공분야

성 명

수 험 번 호

※ 감독관 확인란

(인)

관리번호

(연번)

(응시자수)

과목코드

교시코드

응시과목

응시과목				
1	① ② ③ ④	14	① ② ③ ④
2	① ② ③ ④	15	① ② ③ ④
3	① ② ③ ④	16	① ② ③ ④
4	① ② ③ ④	17	① ② ③ ④
5	① ② ③ ④	18	① ② ③ ④
6	① ② ③ ④	19	① ② ③ ④
7	① ② ③ ④	20	① ② ③ ④
8	① ② ③ ④	21	① ② ③ ④
9	① ② ③ ④	22	① ② ③ ④
10	① ② ③ ④	23	① ② ③ ④
11	① ② ③ ④	24	① ② ③ ④
12	① ② ③ ④		
13	① ② ③ ④		

답안지 작성시 유의사항

1. 답안지는 반드시 컴퓨터용 사인펜을 사용하여 다음 보기와 같이 표기할 것.
   보기 정답 표기: ●
   잘못된 표기: ⊗ ◑ ○◐ ◯◑

2. 수험번호 (1)에는 아라비아 숫자로 쓰고, (2)에는 "●"와 같이 표기할 것.

3. 과목코드는 뒷면 "과목코드번호"를 보고 해당과목의 코드번호를 찾아 표기하고,
   응시과목란에는 응시과목명을 한글로 기재할 것.

4. 교시코드는 문제지 전면 의 교시를 해당란에 "●"와 같이 표기할 것.

5. 한번 표기한 답은 긁거나 수정액 및 스티커 등 어떠한 방법으로도 고쳐서는
   아니되고, 고친 문항은 "0"점 처리함.

[이 답안지는 마킹연습용 모의답안지입니다.]

년도 전공심화과정
인정시험 답안지(주관식)

★ 수험생은 수험번호와 응시과목 코드번호를 표기(마킹)한 후 일치여부를 반드시 확인할 것.

전공분야

성명

수험번호

과목코드

교시코드 ① ② ③ ④

답안지 작성시 유의사항

1. ※란은 표기하지 말 것.
2. 수험번호 (2)란, 과목코드, 교시코드 표기는 반드시 컴퓨터용 싸인펜으로 표기할 것.
3. 교시코드는 문제지 전면 의 교시를 해당란에 컴퓨터용 싸인펜으로 표기할 것.
4. 답안은 반드시 흑·청색 볼펜 또는 만년필을 사용할 것. (연필 또는 적색 필기구 사용불가)
5. 답안을 수정할 때에는 두줄(=)을 긋고 수정할 것.
6. 답란이 부족하면 해당답란에 "뒷면기재"라고 쓰고 뒷면 '추가답란'에 문제번호를 기재한 후 답안을 작성할 것.
7. 기타 유의사항은 객관식 답안지의 유의사항과 동일함.

※ 감독관 확인란

㊞

번호	※ 1차 점수	※ 1차 채점	※1차확인	응 시 과 목	※2차확인	※ 2차 채 점	※ 2 차 점 수
1							
2							
3							
4							
5							

넘도 전공심화과정인정시험 답안지(객관식)

★ 수험생은 수험번호와 응시과목 코드번호를 표기(마킹)한 후 일치여부를 반드시 확인할 것.

전공분야

성명

수험번호

(1) 3

(2) ① ● ③ ④

과목코드			교시코드	응시과목

응시과목		
1	① ② ③ ④	14 ① ② ③ ④
2	① ② ③ ④	15 ① ② ③ ④
3	① ② ③ ④	16 ① ② ③ ④
4	① ② ③ ④	17 ① ② ③ ④
5	① ② ③ ④	18 ① ② ③ ④
6	① ② ③ ④	19 ① ② ③ ④
7	① ② ③ ④	20 ① ② ③ ④
8	① ② ③ ④	21 ① ② ③ ④
9	① ② ③ ④	22 ① ② ③ ④
10	① ② ③ ④	23 ① ② ③ ④
11	① ② ③ ④	24 ① ② ③ ④
12	① ② ③ ④	
13	① ② ③ ④	

※ 감독관 확인란

관리번호 (연번)

(인)

관리번호 확인란 (응시자수)

답안지 작성시 유의사항

1. 답안지는 반드시 컴퓨터용 사인펜을 사용하여 다음 보기와 같이 표기할 것.
   [보기] 잘 된 표기: ●
   잘못된 표기: ⊗ ⊘ ⊙ ◐ ◑

2. 수험번호 (1)에는 아라비아 숫자로 쓰고, (2)에는 "●"와 같이 표기할 것.

3. 과목코드는 뒷면 "과목코드번호"를 보고 해당과목의 코드번호를 찾아 표기하고,
   응시과목란에는 응시과목명을 한글로 기재할 것.

4. 교시코드는 문제지 전면 의 교시를 해당란에 "●"와 같이 표기할 것.

5. 한번 표기한 답은 긁거나 수정액 및 스티커 등 어떠한 방법으로도 고쳐서는
   안되며, 고친 문항은 "0"점 처리함.

과목코드		응시과목

응시과목		
1	① ② ③ ④	14 ① ② ③ ④
2	① ② ③ ④	15 ① ② ③ ④
3	① ② ③ ④	16 ① ② ③ ④
4	① ② ③ ④	17 ① ② ③ ④
5	① ② ③ ④	18 ① ② ③ ④
6	① ② ③ ④	19 ① ② ③ ④
7	① ② ③ ④	20 ① ② ③ ④
8	① ② ③ ④	21 ① ② ③ ④
9	① ② ③ ④	22 ① ② ③ ④
10	① ② ③ ④	23 ① ② ③ ④
11	① ② ③ ④	24 ① ② ③ ④
12	① ② ③ ④	
13	① ② ③ ④	

년도 전공심화과정
인정시험 답안지(주관식)

★ 수험생은 수험번호와 응시과목 코드번호를 표기(마킹)한 후 일치여부를 반드시 확인할 것.

[이 답안지는 마킹연습용 모의답안지입니다.]

전공분야

성 명

과목코드

교시코드 ① ② ③ ④

수험번호

	※1차확인				응시과목		※2차확인	

※감독관 확인란

답안지 작성시 유의사항

1. ※란은 표기하지 말 것.
2. 수험번호 (2)란, 과목코드, 교시코드 표기는 반드시 컴퓨터용 싸인펜으로 표기할 것.
3. 교시코드는 문제지 전면의 교시를 해당란에 컴퓨터용 싸인펜으로 표기할 것.
4. 답란은 반드시 흑·청색 볼펜 또는 만년필을 사용할 것.
   (연필 또는 적색 필기구 사용불가)
5. 답안을 수정할 때에는 두줄(=)을 긋고 수정할 것.
6. 답란이 부족하면 해당답란에 "뒷면기재"라고 쓰고
   뒷면 '추가답란'에 문제번호를 기재한 후 답안을 작성할 것.
7. 기타 유의사항은 객관식 답안지의 유의사항과 동일함.

참고문헌

■ 국립국어원 우리말샘, https://opendict.korean.go.kr/main

■ 나찬연, 『현대 국어 의미론의 이해』, 경진출판, 2019.

■ 남경완, 『국어 의미의 탐구』, 한국문화사, 2020.

■ 남기심·고영근, 『표준국어문법론』, 박이정, 2014.

■ 박영순, 『한국어 의미론』, 고려대학교 출판부, 1994.

■ 심재기, 『國語語彙論』, 집문당, 1982.

■ 유현경 외, 『한국어 표준 문법』, 집문당, 2018.

■ 윤석민·조남호, 『언어와 의미』, 한국방송통신대학교출판문화원, 2021.

■ 윤평현, 『국어의미론 강의』, 역락, 2013.

■ 임지룡, 『국어 의미론』, 탑출판사, 1992.

■ 조항범, 『국어 어원론』, 충북대학교 출판부, 2014.

SD에듀와 함께, 합격을 향해 떠나는 여행

SD에듀 독학사 국어국문학과 3단계 국어의미론

초 판 발 행	2023년 08월 09일 (인쇄 2023년 06월 16일)
발 행 인	박영일
책 임 편 집	이해욱
편 저	김희숙
편 집 진 행	송영진 · 김다련
표지디자인	박종우
편집디자인	차성미 · 장성복
발 행 처	(주)시대고시기획
출 판 등 록	제10-1521호
주 소	서울시 마포구 큰우물로 75 [도화동 538 성지 B/D] 9F
전 화	1600-3600
팩 스	02-701-8823
홈 페 이 지	www.sdedu.co.kr
I S B N	979-11-383-5350-2 (13710)
정 가	24,000원